rowohlts deutsche
enzyklopädie

Das Wissen
des 20. Jahrhunderts
im Taschenbuch
mit
enzyklopädischem
Stichwort

★

Herausgeber
Prof. Ernesto Grassi
Universität München

Sachgebiet
LITERATUR-
WISSENSCHAFT

KARL OTTO CONRADY

Einführung in die Neuere deutsche Literaturwissenschaft

Mit Beiträgen von
Horst Rüdiger und Peter Szondi
und Textbeispielen zur Geschichte
der deutschen Philologie

ROWOHLT

1.–15. Tausend	Mai 1966
16.–23. Tausend	September 1966
24.–30. Tausend	August 1967
31.–38. Tausend	Dezember 1968

INHALTSVERZEICHNIS

ANHANG:

‹Zur Philologie muß man geboren sein, wie zur Poesie und zur Philosophie.›

FRIEDRICH SCHLEGEL, *Athenäums-Fragment 404*

‹Der Jüngling, wenn er mit dem Beginn der akademischen Laufbahn zuerst in die Welt der Wissenschaften eintritt, kann, je mehr er selbst Sinn und Trieb für das Ganze hat, desto weniger einen andern Eindruck davon erhalten als den eines Chaos, in dem er noch nichts unterscheidet, oder eines weiten Ozeans, auf den er sich ohne Kompaß und Leitstern versetzt sieht. Die Ausnahmen der Wenigen, welchen frühzeitig ein sicheres Licht den Weg bezeichnet, der sie zu ihrem Ziele führet, können hier nicht in Betracht kommen. Die gewöhnliche Folge jenes Zustandes ist: bei besser organisierten Köpfen, daß sie sich regel- und ordnungslos allen möglichen Studien hingeben, nach allen Richtungen schweifen, ohne in irgend einer bis zu dem Kern vorzudringen, welcher der Ansatz einer allseitigen und unendlichen Bildung ist, oder ihren fruchtlosen Versuchen im besten Fall etwas anders als, am Ende der akademischen Laufbahn, die Einsicht zu verdanken, wie vieles sie umsonst getan und wie vieles Wesentliche vernachlässigt; bei andern, die von minder gutem Stoffe gebildet sind, daß sie gleich anfangs die Resignation üben, alsbald sich der Gemeinheit ergeben und höchstens durch mechanischen Fleiß und bloßes Auffassen mit dem Gedächtnisse so viel von ihrem besonderen Fach sich anzueignen suchen, als sie glauben, daß zu ihrer künftigen äußeren Existenz notwendig sei.›

F. W. J. SCHELLING, *Vorlesungen über die Methode des akademischen Studiums, gehalten 1802 an der Universität Jena*

EINLEITUNG

Über Notwendigkeit und Sinn der Einführung

Dieses Büchlein kann leicht Mißverständnissen ausgesetzt sein. Darum will ich sogleich erklären, weshalb es geschrieben wurde, welchen Sinn es hat und welche Absicht es nicht verfolgt.

Wer heute an einer deutschen Universität lehrend in einem sogenannten Massenfach tätig ist, muß fast täglich erleben, wie groß die Unsicherheit, ja Hilflosigkeit der Studierenden (vor allem in den frühen Semestern) ist, mit der sie sich in ihrem Studienfach bewegen. Viele von ihnen irren umher, ohne zu wissen, welchen Weg sie beschreiten sollen, wie sie ihr Studium aufbauen können und was besonders zu Anfang sinnvollerweise zu tun sei. Das ist nicht allein ihre Schuld, und wir Lehrenden machen es uns zu einfach, wenn wir diese Schwierigkeiten geringachten oder meinen, sie bedrängten nur die nicht hinreichend begabten Studenten und es zeichne das deutsche Hochschulstudium gerade aus, daß jeder für sich, angeregt durch das in Vorlesungen und Seminaren Gehörte und Erarbeitete, seinen Pfad in die Wissenschaft zu finden habe, frei und nicht eingeengt durch bindende Studienpläne und störende, in steter Wiederkehr sich einstellende Zwischenprüfungen.

Solche Ansichten, denen wir teils aus Bequemlichkeit, teils aus Hingabe an Wert und Würde der Wissenschaft nur zu gern, insgeheim oder offen, huldigen, haben den fatalen Nachteil, daß sie der Wirklichkeit unserer Universitäten nicht (mehr) entsprechen. Allerdings gilt das allein für die von riesigen Studentenzahlen heimgesuchten Fächer, in denen der unmittelbar persönliche Kontakt zwischen Lehrendem und Studierendem schwierig ist und die auf die Fähigkeiten und Neigungen des einzelnen zugeschnittene Lenkung und Unterweisung so gut wie unmöglich geworden sind.

Angesichts dieser Lage, die nicht zu leugnen und oft genug Gegenstand öffentlicher Klage ist, muß nach praktischen Möglichkeiten gesucht werden, dem Studenten zu helfen. Diese Hilfe muß jetzt geleistet, sie darf nicht länger aufgeschoben werden. Sie ist überall dort nötig und erwünscht, wo die Verhältnisse es verwehren, daß der Student von seinem Hochschullehrer in kontinuierlicher persönlicher Beratung die konkreten Ratschläge erhält, die er erwartet und deren er in den meisten Fällen auch bedarf.

‹Der Jüngling, wenn er mit dem Beginn der akademischen Laufbahn zuerst in die Welt der Wissenschaften eintritt›, hat heutzutage von den Fächern, denen er sich widmen will, nicht nur (wie je) den Eindruck ‹eines weiten Ozeans, auf den er sich ohne Kompaß und Leitstern versetzt sieht›, sondern auch und vor allem glaubt er hilflos in der anonymen Masse der Studierenden unterzugehen, die unsere Hochschulen bevölkert und von der doch keiner überflüssig zu sein scheint, wenn die moderne Gesellschaft ihre Aufgaben bewältigen will. Es kostet jeden einzelnen bittere Mühe und wertvolle Zeit, sich zurechtzufinden und darüber nicht die anfangs doch wohl lebendige und ihn zum Studium drängende Begeisterung zu verlieren.

Noch steht die Universität dem Ansturm ihrer Adepten in vielen Fächern so gut wie hilflos gegenüber. Das sollte man nicht vorschnell, wie es oft geschieht, ihrer vermeintlichen Rückständigkeit und Schwerfälligkeit zuschreiben. Zu vehement sind die Studentenzahlen in die Höhe geschnellt, als daß die Bemühungen um eine Anpassung an die neuen Gegebenheiten damit hätten Schritt halten können. Sie sind ein – vielleicht das wichtigste – Kapitel aus dem Katalog dessen, was unter dem Namen Hochschulreform zum strapazierten Schlagwort geworden ist. Ihre Verwirklichung fordert vom Staat und von den Universitäten selbst noch ganz andere finanzielle und organisatorische Anstrengungen, als wir sie bisher in durchaus schon beachtlichem Ausmaß erlebt haben. Denn an der Wurzel kann das Übel, das Lehrende wie Lernende gleichermaßen quält, erst beseitigt werden, wenn die Zahl der Studenten, die ein Dozent zu betreuen hat, auf ein vernünftiges Maß vermindert ist, d. h. soviel Lehrkräfte ausgebildet werden und zur Verfügung stehen, daß eine wirkliche *universitas magistrorum et scholarium* sich im persönlichen Miteinander überschaubarer Arbeitskreise zu bilden vermag. Daß damit die Qualität der akademischen Lehre noch keineswegs wie selbstverständlich gewährleistet ist, versteht sich von selbst. Das ist ein vielschichtiges Problem, dem hier nicht nachgegangen werden kann. Eine die jetzigen Fragwürdigkeiten beseitigende und zukünftige Entwicklungen richtig einkalkulierende Lösung ist nicht leicht zu finden, und auch die Reißbrettzeichnung neuer Universitäten liefert sie nicht mit.

Es ist aber keine Frage, daß die Bedingungen, unter denen die Hochschulen heute leben und noch leiden, und die gesellschaftlichen Verhältnisse und Forderungen, denen sie ausgesetzt sind, zu einem kritischen Durchdenken der Erfordernisse und Möglichkeiten der akademischen Lehre zwingen. Auch darüber kann und soll hier nicht ausführlich und bis in die Details hinein gehandelt werden. Doch geht es schwerlich anders, als daß auch der Leser, der nur praktische Ratschläge für sein Studium erwartet, auf diese Fragen hingewiesen wird und sie mitbeachtet. Vielleicht gelingt es ihm dann auch selbst, an seinem Platz zu helfen und zu bessern.

Professor EDUARD BAUMGARTEN, ein unbestechlicher Kritiker der deutschen Universität, hat im November 1961 geäußert: ‹Man hat den anschwellenden Massen der Studierenden die ‚Freiheit des Lernens' gelassen. Unter den bestehenden Umständen bedeutete diese Freiheit für die Mehrzahl der Studierenden, daß sie vornehmlich rezeptive Besucher von Riesenkollegs oder, schlimmer noch, Riesenseminaren wurden, für die Zwecke von Examina eifrig Mitschreibende, d. h. autoritätshörige Lernende und mechanisch Memorierende; die von Grund auf nötige Anpassung hätte darin bestehen müssen, den tief unwahr gewordenen Begriff der Freiheit des Lernens zurückzuholen zu seiner Wahrheit. Die Aufgabe war gestellt: die umständehalber entstandenen Massen rezeptiver Kollegbesucher zu individualisieren zu geistig verantwortlichen Personen in Gruppen. Zum Teil haben sich die Studierenden in dieser Richtung instinktsicher selber geholfen, zum Teil wurden sie dabei auch hilfreich unterstützt durch Professoren und Dozenten, die von dieser Initiative und Aktivität oft ebenso überrascht wie erfreut waren. Allein, die Individualisierung von Massen zu Gruppen, in denen tätig, intelligent, phantasievoll gelernt werden kann durch Zugreifen, Mitwirken, Beitragen, kann nicht so einfach improvisiert werden. Übungen, Seminare, sogar die Kollegs, sogar die Prüfungen müssen reorganisiert werden, um zu solcher Selbstaktivierung der Studierenden zu passen, sie zu fördern, statt sie, wie jetzt zum Teil, zu blockieren oder zu entmutigen. Um hier das grundlegend Nötige zu ermöglichen, müßte sehr viel nächstes Nötige zur Verfügung sein: z. B. große Zahlen von Tutoren (Tutorinnen), die die Arbeitsgruppen leiten; nötig wären Massen von Büchern, Zeitschriften in jeweils vielen Exemplaren; sehr viele Lehrbücher, die oft nur in anderer Sprache verfügbar sind, also nötig und obligatorisch: der Besitz von Sprachkenntnissen für das Selbststudium wichtigster ausländischer Literatur; vor allem aber nötig wäre Zeit, Zeit zu solchem Selbststudium: also Verkürzung der Vorlesungen von 5 oder 4 auf 3, womöglich 2 Stunden; nötig wäre eine hiermit automatisch einhergehende Entrümpelung und sachliche Konzentration vieler sogenannter großer Vorlesungen: Aussiedlung großer Teile von Lehrstoff aus den Vorlesungen in Praktika, Übungen oder Selbststudium; das nächste Nötige wären radikale Veränderungen der Prüfungsordnungen mit dem Ziel, Wissensanforderungen nicht ständig zu verbreitern, sondern zu vertiefen; nicht so sehr memorierte Kenntnisse zu prüfen, sondern Intelligenz, Auffassungsvermögen, Fähigkeiten, Fragen zu behandeln, Entscheidungen zu erwägen, Entscheidungen zu treffen, für gestellte Aufgaben vernünftige Hilfsmittel zu gebrauchen oder doch in der Prüfung anzugeben, welche solche gegebenenfalls und wie zu gebrauchen wären, statt was in solchen gedruckten Hilfsmittel-Nachschlagewerken etc. bequem zu lesen steht, ganz unnötigerweise selber aufsagen zu müssen.› [1]

Das ist ein Programm *in nuce*. Nur eine ausführliche Erörterung der Hochschulreform insgesamt könnte die Fülle von Fragen berühren, die in ihm stecken. Es zielt darauf, bestimmten Prinzipien der deutschen Universität Rechnung zu tragen und sie in gewandelten Verhältnissen zur Wirkung kommen zu lassen. Was BAUMGARTEN im Blick auf die Neugründungen von Hochschulen sagt, gilt nicht nur für diese: ‹Das von Grund auf Nötige ist eine entschlossene Anpassung der bekenntnismäßigen Prinzipien der deutschen Universitäten an radikal veränderte Situationen. [...] Die ursprünglichen Ziele sind bekannt; es sind universelle, keineswegs bloß HUMBOLDTsche Ziele: Primat der Forschung, Lehre kraft Forschung; Freiheit der Forschung, Freiheit der Lehre, Freiheit des Lernens. Die neuen Universitäten müssen Mittel und Wege finden, diese Ziele wieder wahrzunehmen.›

Damit ist ein Stichwort gefallen, das durch die Diskussionen unserer Tage geistert: Einheit von Forschung und Lehre. Diese Formel kann mehreres bedeuten: daß nur lehren soll, wer zugleich auch forscht; daß im Vollzug des Forschens selbst (durch den Studenten) die Lehre einbeschlossen ist; daß die Universität die Stätte ist, wo Forschung und Lehre untrennbar beieinander sind und sich gegenseitig befruchten. Gleich, auf welcher Seite dieser Auslegung der Nachdruck liegen mag (sie gehören ohnehin zusammen), die Universitäten glauben mit gutem Grund auf dieses Postulat nicht verzichten zu können, wenn sie sich nicht selbst aufgeben und zu Fachschulen für bestimmte Berufe werden wollen.

So steht denn auch in den ‹Empfehlungen des Wissenschaftsrates zum Ausbau der wissenschaftlichen Einrichtungen›: ‹Gewichtige Gründe sprechen [...] gegen eine Trennung von Forschung und Lehre. Beide würden hierbei schweren Schaden erleiden. Eine lebendige Lehre erhält starke Impulse aus der Forschungsarbeit des Lehrenden. Eine Beschränkung der Forschung auf die jeweiligen Lehrgegenstände aber ist schwer denkbar. Andererseits würde die Forschung bei einer Trennung der beiden Aufgaben die Anregungen entbehren, die dem Gelehrten aus der zusammenhängenden Darstellung von Forschungsergebnissen in der Vorlesung und aus

---

1 EDUARD BAUMGARTEN, Kriterien zum Entwurf neuer Universitäten, in: Universität neuen Typs? Vorträge einer Tagung in der Evangelischen Akademie Loccum, Göttingen 1962, S. 39 ff (Schriften des Hochschulverbandes, H. 11).

ihrer Diskussion in Seminaren und Kolloquien erwachsen. — Ein wesentliches Merkmal der deutschen Hochschulen, daß nämlich dem Studenten die Möglichkeit gegeben ist, in den höheren Semestern unmittelbar an der Forschung teilzunehmen, würde ebenfalls verlorengehen. Auch die Auswahl des wissenschaftlichen Nachwuchses würde erschwert. Sind Forschung und Lehre an den Hochschulen verbunden, so steht der Forschung unmittelbar ein großes Reservoir von Nachwuchskräften zur Verfügung. [...] Die Trennung von Forschung und Lehre gefährdet demnach die Auswahl des wissenschaftlichen Nachwuchses, die Ausbildung der Studenten und den Gehalt des wissenschaftlichen Unterrichts.›

Selbst ein Kritiker, der fordert, ‹die deutschen Universitäten sollten mutig die Lehre vor die Forschung stellen› (welche Forderung zu hitzigen Diskussionen geführt hat), sagt andererseits doch auch: ‹Die Forschung befruchtet die Lehre, ein akademischer Unterricht, von einem Lehrer erteilt, der nicht forscht, müßte verarmen› (HANS DICHGANS). Freilich, *wie* jene Einheit von Forschung und Lehre auch heute realisiert werden kann, und zwar nicht um eines von der Tradition geheiligten Prinzips, sondern um des vernünftigen Sinns der Sache willen, dazu bedarf es ständiger Überlegungen und praktischer Versuche. Es ist bekannt, daß manche Reformer für die Trennung in ein *undergraduate* und *postgraduate* Studium plädieren, wobei also das eigentlich wissenschaftliche Studium mit seiner Forderung nach eigener – wie immer begrenzter – Forschung einer Minorität vorbehalten bliebe.

Kein Zweifel aber kann darüber bestehen, daß der Versuch, die Einheit von Forschung und Lehre aufrechtzuerhalten, angesichts der heutigen Studentenzahlen die konkrete, Umwege ersparende Lenkung des Studierenden voraussetzt. Die vielberedete Freiheit des Lernens hat sich von den Anforderungen der Sache, über die der Student genau zu informieren ist, bestimmen zu lassen. Die Zeiten, aus denen sich die akademische Freiheit herleitet, sind Vergangenheit, der nicht nachtrauern sollte, wer die Ausbreitung von Erkenntnis und Wissenschaft wünscht. Da ‹saßen in den Vorlesungen vielleicht ein bis zwei Dutzend Hörer, und jeder von ihnen war dem Professor bekannt. Ein Fortbleiben fiel gleich auf, und ein Untergehen in der Masse gab es noch nicht. Das Studium auch des einzelnen vollzog sich unter den Augen des Professors, der selber noch dafür sorgen konnte, daß dieses Dutzend seiner eigenen Studenten den richtigen Weg ging.› [2]

2 WOLFGANG CLEMEN, Für und wider die akademische Freiheit, DIE ZEIT vom 26. 10. 1962.

Was heute als erstes nottut, sind Hilfen, in denen sich straffe Lenkung mit der Freiheit des Lernens paart. Nur dann öffnet sich ein Spielraum, in dem die Einheit von Forschung und Lehre fruchtbar wirken kann, weil der einzelne sich von Anfang an die unerläßlichen Grundlagen hat schaffen können, um überhaupt den Wirkungen jenes Prinzips gewachsen zu sein.

Kern der Forderung aber, daß Forschung und Lehre nicht getrennt werden dürfen, ist die Überzeugung, daß die Universität ihren Sinn verliert, ‹wenn sie von sich nicht verlangt, daß jeder Student einmal selbständig und aktiv echter wissenschaftlicher Forschung begegnet, ohne Rücksicht auf die Verwendbarkeit in der künftigen Berufspraxis. Sie ist in keinem Fach dazu da, eine vollständige Ausstattung für den Beruf zu liefern, sondern eben den Kontakt mit der Wissenschaft, der paradoxerweise nach vielfältigen Zeugnissen immer die Hauptwurzel bleibt, aus der große Leistungen in den akademischen Berufen hervorgehen.› [3]

HERMANN HEIMPEL hat einmal die der deutschen Universität zugrunde liegende Bildungsidee so umrissen: ‹Anwendung der Wissenschaft, Bildung des Menschen durch Wissenschaft; durch eine Wissenschaft, welche nicht als ausgebreitetes Dogma, sondern als Einheit von Forschung und Lehre besteht. Es wird daran festgehalten, daß nicht die Abrichtung für einen Beruf als solche, sondern die Liebe zur Wahrheit und die im Beispiel des Forschers vorgelebte wissenschaftliche Gesinnung den Menschen und den Staatsbürger bilde, soweit er sich in voller Freiheit des Lehrens und Lernens der von der Hochschule verwalteten Wahrheit öffnet, die eben eine wissenschaftliche, also *neben* der geoffenbarten Wahrheit *gesuchte* Wahrheit ist.› [4] In diesem Sinne hat der Göttinger Historiker treffend zwischen Berufs*aus*bildung und Berufs*vor*bildung unterschieden; nur diese kann die Aufgabe der Universität sein.

Vor solchem Hintergrund, den einige Zitate konturieren sollten, sind Notwendigkeit und Sinn des vorliegenden Bändchens zu verstehen. Es will dem Studenten der Neueren deutschen Literaturwissenschaft einen ersten Überblick über sein Fach vermitteln und will ihm konkrete Ratschläge geben, wie er sein Studium gestalten kann. Es will die planmäßige Selbstarbeit fördern helfen, ohne die ein Studium leer bleibt; gerade sie zu intensivieren ist ein Gebot der Stunde in der überfüllten Hochschule.

---

3 GERD TELLENBACH, Der Hochschullehrer in der überfüllten Hochschule, Göttingen 1959, S. 8 (Schriften des Hochschulverbandes, H. 10).
4 HERMANN HEIMPEL, Probleme und Problematik der Hochschulreform, 2. Aufl. Göttingen 1962, S. 7 (Schriften des Hochschulverbandes, H. 8).

Wieder und wieder müssen wir Hochschullehrer in den Sprechstunden – der nicht selten einzigen Gelegenheit zu knappstem persönlichen Gespräch – bemerken, daß viele Studenten wertvolle Zeit vertan haben; nicht, daß sie nichts getan hätten oder überhaupt unfähig seien, aber ihre Bemühungen entbehrten des sachgerechten Zusammenhangs, und es fehlte vor allem der sichere systematische Ansatz zu produktivem Lernen im noch fremden Feld der selbstgewählten Wissenschaft. So mußte es zu Irrungen und Wirrungen oft schmerzhafter Art kommen. Nun wird man freilich durch Irren klug, sagt das Sprichwort, doch kann sich weder die Universität noch der Student selbst (wenigstens in den seltensten Fällen) solche Zeitvergeudung leisten. Auch hier möchte das Büchlein ein wenig Abhilfe schaffen.

Mehr und mehr wird die überhandnehmende Länge des Studiums kritisiert, und man sinnt auch in politischen und administrativen Gremien auf Änderungen (mitunter höchst zweifelhafter Art, die die Eigengesetzlichkeit des Universitätsstudiums verkennen). Es gibt mancherlei Gründe für das in der Tat vielfach zu lange Hinausschieben des Studienabschlusses. Oft bestehen nur vage Vorstellungen von dem, was in einem Studium erarbeitet werden kann und muß. Dann grassieren unter den Studenten wie eine ansteckende Krankheit die unsinnigsten Gerüchte über das, was von diesem oder jenem Prüfer im betreffenden Abschlußexamen gefordert werde. (Die bestehenden Prüfungsordnungen sind viel zu unbestimmt, auch zu weitgreifend, als daß sie einigermaßen sicheren Anhalt bieten könnten.) Natürlich tragen zur Verlängerung des Studiums auch die hinderlichen Zustände in den ‹Massenfächern› nicht wenig bei: Mangel an Arbeitsplätzen, Schwierigkeiten bei der Beschaffung von wichtigen Büchern, zahlenmäßige Begrenzung der Teilnehmer an Übungen u. ä. m., was auch in der Öffentlichkeit bekannt ist. Vor allem jedoch wird nach meiner Erfahrung entscheidende und nicht wieder einzubringende Zeit in den Anfangssemestern verspielt. Ein sinnvolles Studium aber hat mit aller Intensität vom ersten Semester an zu beginnen. Das gilt gerade auch dann, wenn man sich des Faches, das man endgültig studieren will, noch nicht ganz sicher ist; denn nur im intensiven Eindringen entdeckt man die Eigentümlichkeiten eines Gebietes.

So soll die Einführung helfen, das Studium zu konzentrieren, es vom ersten Tag an energisch zu betreiben, und ist daher in erster Linie für die jungen Studenten gedacht, die sich zurechtzufinden trachten.

Es handelt sich um Hinweise und um einige Ratschläge, nicht um mehr. Mit einem verbindlichen Lehrplan haben sie nichts zu tun.

Sie sollen das Fachgebiet vorstellen und wollen Hilfen bieten, wenn sich die Frage meldet, wie das Studium zu gestalten sei. Niemand soll sich durch sie ‹gegängelt› fühlen, jeder soll sich vielmehr stets seiner Freiheit bewußt sein, in der Literaturwissenschaft auch auf andere Weise heimisch werden zu können. Entscheidend ist allein das Ergebnis. Ich bin überzeugt, daß mancher Student seinen eignen Weg zu gehen weiß und der vorgezeichneten Schritte nicht oder kaum bedarf, halte es aber für eine Utopie der Lehrenden und der lehrenden Tätigkeit keineswegs für dienlich, so zu tun, als dürfte und müßte diese begrüßenswerte Selbständigkeit vorausgesetzt werden.

Sogar eine Leseliste habe ich beigefügt. Ich weiß, daß das ein Wagnis ist und wahrscheinlich lebhafte Kritik hervorrufen wird. Denn wer kann sich anmaßen, einen Kanon der in einem Studium der Literaturwissenschaft vor allem zu lesenden Literatur aufzustellen? Und wird nicht schon durch das Angebot einer Leseliste die freie Wahl des literarisch Interessierten, der der Student doch sein und bleiben soll, beeinträchtigt? Mir scheint jedoch, die Gefahren sehen heißt in diesem Fall bereits, ihnen nicht zu erliegen. Auch die Leseliste ist nichts weiter als eine Anregung, die derjenige getrost verschmähen mag, der die Literatur auf eigene Faust entdecken und in ihre vergessenen Winkel vordringen will. Kaum ein akademischer Lehrer, der solche Entdeckungsfahrten nicht honorieren würde. Angesichts des zu oft anzutreffenden Mangels an Literaturkenntnis ist es jedoch geboten, dem Studierenden klare Hinweise zu geben, welche Werke während eines literaturwissenschaftlichen Studiums, das immer auch ein literarhistorisches ist, seine Aufmerksamkeit verdienen müßten.

Natürlich mag ein anderer eine andere Auswahl treffen und andere Akzente setzen. Ein anderer mag auch in den einzelnen Kapiteln andere Erwägungen vortragen. Es ist nur selbstverständlich, daß die folgenden Seiten von persönlichen Ansichten nicht frei sind. Dennoch hoffe ich, daß meine Ratschläge mit der Meinung mancher Universitätslehrer dieses Fachgebiets harmonieren, verhehle aber auch nicht, daß einiges hier Vorgetragene als Anregung gedacht ist, bisher geübten Brauch zu ändern oder zumindest kritisch zu überprüfen. Daher bleibt es nicht aus, daß an ein paar Stellen Fragen behandelt werden, die nicht unmittelbar etwas mit Ratschlägen für die Gestaltung des Studiums zu tun haben. Mögen sie für den Anfänger belanglos sein, während des Studiums stößt er sehr bald auf sie.

Was den Aufbau des Bändchens betrifft, so schien es richtig zu sein, zunächst das Fach selbst vorzustellen und seine Aufgabenbereiche zu skizzieren. Erst danach können Sinn und Möglichkeiten des Studiums dieses Faches beschrieben und Ratschläge im einzelnen gegeben werden.

Mit Literaturangaben bin ich absichtlich ganz sparsam gewesen. Die Arbeiten, die genannt werden, sollte der Studierende, der mit dem Fach und seinen Problemen vertraut werden möchte, allerdings kennenlernen. Dort findet er jeweils auch weiterführende Literatur verzeichnet, auf die er angewiesen ist. Zu bedenken ist jedoch, daß wissenschaftliche Literatur leicht veralten und durch neuere Publikationen rasch überholt werden kann.

Die Aufsätze und Zitate, die im Anhang geboten werden, sollen in die Geschichte des Faches einführen und seine gegenwärtige Situation beleuchten. Den Verfassern der beiden Aufsätze und ihren Verlagen habe ich für die Freundlichkeit zu danken, daß sie den Abdruck der Arbeiten gestattet haben.

Dieser Wegweiser unterscheidet sich von anderen vorliegenden Einführungen in das Studium der Germanistik bzw. der Literaturwissenschaft, etwa von RICHARD NEWALDS ‹Einführung in die Wissenschaft der deutschen Sprache und Literatur›.[5] Nachdem er Anleitungen zum Studieren selbst gegeben hat, mustert NEWALD die Arbeitsbereiche des Gesamtgebietes der Deutschen Philologie und beschreibt sie. Dabei bietet er bereits kurze Darstellungen von fachlichen Problemen und Sachgebieten, erörtert z. B., was unter ‹Stil› zu verstehen sei, spricht über die mit der Entstehung einer Dichtung zusammenhängenden Fragen, zeichnet einen Abriß der Geschichte der Deutschen Philologie u. ä. m. NEWALD lag es nach seinen eignen Worten daran, ‹besonders dem Anfänger die ungeheure Weite des Stoffes zum Bewußtsein zu bringen und ihm die Zusammenhänge der einzelnen Abteilungen mit dem Ganzen vor Augen zu führen; er kann dadurch vielleicht eher ein Teilgebiet finden, zu dessen eingehenderer Behandlung ihn seine Begabung und Neigung befähigen›. Sein letztes Ziel aber war, dem Studenten ‹den Zugang zu einem geistigen Besitz, den er sich selbst erwerben muß, zu öffnen› (S. 11).

Mein Vorhaben ist viel bescheidener: allein ein Wegweiser für das *Arbeiten* ist beabsichtigt, wobei es jedoch unerläßlich ist, einige

5 RICHARD NEWALD, Einführung in die Wissenschaft der deutschen Sprache und Literatur, 2. Aufl. Lahr 1949. Leider ist die Schrift im Buchhandel nicht mehr zu haben.
Über die Terminologie ‹Germanistik›, ‹Literaturwissenschaft›, ‹Deutsche Philologie› wird weiter unten gesprochen, S. 21 ff.

grundsätzliche Bemerkungen über das Fach ‹Neuere deutsche Literaturwissenschaft› vorauszuschicken und die Arbeitsbereiche zu umreißen. Diese Kapitel wollen allerdings nur knappe Hinweise liefern.

Gut eignet sich zu einer eindringlicheren Einführung in Probleme der Literaturwissenschaft selbst der ausführliche Forschungsbericht, den MAX WEHRLI 1951 vorgelegt hat. Das Buch, das im Sommer 1950 abgeschlossen wurde, berichtet über bemerkenswerte wissenschaftliche Arbeiten, die seit den dreißiger Jahren in den verschiedenen Sparten der Literaturwissenschaft entstanden sind, und setzt sich kritisch mit ihnen auseinander. Der auswählende kommentierende bibliographische Bericht bietet mehr als nur ‹eine Art bescheidener Einführung in die Wissenschaft und ihre Probleme›, wie der Verfasser allzu zurückhaltend meint.[6]

Die Kompendien von FRIEDRICH VON DER LEYEN und FRITZ STROH sind Überblicke über die zahlreichen Sachgebiete der Deutschen Philologie und beschränken sich zudem fast ausschließlich auf die sogenannte Altgermanistik, wobei STROHS Handbuch noch die alte Voreingenommenheit gegenüber der Literaturwissenschaft (im Unterschied zur ‹Philologie›) pflegt.[7]

6 MAX WEHRLI, Allgemeine Literaturwissenschaft, Bern 1951 (Wissenschaftliche Forschungsberichte, Geisteswissenschaftliche Reihe, Bd. 3). Es wäre zu wünschen, daß dieser kritische Gesamtüberblick über die Zeitgrenze von 1950 hinaus weitergeführt würde.

7 FRIEDRICH VON DER LEYEN, Deutsche Philologie. Eine Einführung in ihr Studium, Stuttgart 1952. – FRITZ STROH, Handbuch der germanischen Philologie, Berlin 1952.

ERSTER TEIL:

DAS FACH UND DIE AUFGABENBEREICHE DER NEUEREN DEUTSCHEN LITERATUR-WISSENSCHAFT

I. DAS FACH ‹NEUERE DEUTSCHE LITERATURWISSENSCHAFT›

Wer auf der Universität deutsche Sprache und Literatur studiert, heißt ‹Germanist›, er treibt ‹Germanistik›. Aber auch ‹Deutsche Philologie› nennt man sein Fachgebiet. Es wird gegliedert in ‹Altgermanistik› und ‹Neugermanistik›, wie die unschönen Ausdrücke lauten, und die vorliegende Einführung wiederum ist der ‹Neueren deutschen Literaturwissenschaft› gewidmet. Eine klärende Abgrenzung der Bezeichnungen und der mit ihnen gemeinten Bereiche muß zunächst versucht werden, und sei es nur für die Absichten dieses Buches. Denn es ist kaum zu hoffen, daß meine hier vorgeschlagene und der Wirklichkeit des akademischen Unterrichts sich anpassende Sprachregelung einhellige Zustimmung finden wird.

Es hat manche Diskussionen um die angemessene, d. h. den Intentionen der wissenschaftlichen Arbeit entsprechende Benennung des Faches gegeben. Von ihnen erfährt, wer sich mit der Geschichte der Deutschen Philologie beschäftigt. Hier nur soviel: Vom ‹Studium des deutschen Altertums› sprachen die BRÜDER GRIMM. WILHELM GRIMMS Worte an die Studenten vom 24. Februar 1843 erläutern: ‹das erkenntnis unsres alterthums, seiner sprache, seiner poesie, seines rechts, seiner sitte will die geschichte erklären, beleben, erfrischen und schmücken, will den baum des deutschen lebens tränken aus eigenem quell.› ‹Germanist› hieß jemand, der sich mit den hier genannten Gebieten des deutschen Altertums forschend und lehrend beschäftigte.[1]

---

1 Ausführlich erläutert die mit dieser Ansprache ebenfalls im Anhang (unten S. 180 ff) wiedergegebene Rede JACOB GRIMMS die wechselseitigen Beziehungen und die Verbindung der drei unter dem Namen ‹Germanisten› vereinten Wissenschaftler: der deutschen Geschichtsforscher, Rechtsforscher und Sprachforscher. – ‹Über den namen der germanisten› handelt ein anderer Vortrag JACOB GRIMMS (Kleinere Schriften, Bd. 7, Gütersloh 1884, S. 568–569). – WERNER RICHTER, Von der Literaturwissenschaft zur Literaturgeschichte, Monatshefte für deutschen Unterricht (Wisconsin) 33, 1941, S. 9: ‹WILHELM VON HUMBOLDT hat im Vollzuge HERDERscher Anregungen die Philologie als die Wissenschaft von der Nationalität definiert, und die BRÜDER GRIMM vereinigten sich mit Historikern wie DAHLMANN und GERVINUS im Bekenntnis zu einer Wissenschaft vom deutschen Wesen und Volkstum. Diesen Männern schien es selbstverständlich, daß sich die Erfassung des deutschen Wesens und Geistes nur im Spiegel der Geschichte [...] ermöglichen lasse. Sämtliche Lebensgebiete des deutschen Geistes sollten auf ihre unterscheidenden, sie von andern Völkern abhebenden Merkmale hin betrachtet und gedeutet werden. HUMBOLDT, der bei seiner Zielsetzung zunächst die klassische Philologie im Auge hatte, sah seine Forderung

H. A. Korff hat in seiner geistesgeschichtlichen Gesamtdarstellung der klassisch-romantischen Epoche diese Auffassung von Germanistik aus dem Zusammenhang des ‹romantischen Zeitgefühls› erläutert, für das alle höheren Werte zu Anbeginn liegen und die Geschichte den Grundcharakter einer zunehmenden Entfernung von diesem Höchsten hat, das einmal war und mit dem sie beginnt: ‹Germanistik ist eine historische Wissenschaft. Sie ist die Wissenschaft von Sprache und Dichtung der deutschen Vergangenheit und alles dessen, was dazugehört, um diese zu verstehen. Allgemein gesprochen daher: deutsche Altertumskunde. Sie hat ihrem Wesen nach ein rückwärtsgerichtetes Gesicht. Sie geht in Richtung auf alles Alte: das Altdeutsche, Altgermanische – ja dahinter zurück auf den indogermanischen Mythos. Diese Richtung entspringt praktisch aus mannigfachen Motiven: aus Stolz auf die nationale Vergangenheit, aus reiner Gelehrsamkeit, die nichts anderes will als Erweiterung unseres Wissens, und anderem. Tiefsten Grundes aber ist sie der Ausdruck eines romantischen Gefühls für die tiefe Bedeutung der Vergangenheit ganz allgemein.›²

Der Bedeutungsbereich der Wörter ‹Germanist› und ‹Germanistik› hat sich seitdem eingeengt und erweitert zugleich. Er ist enger geworden, weil Germanist nur noch genannt wird, wer sich mit deutscher Sprache und Literatur befaßt (was die Notwendigkeit, über ihre Grenzen hinauszublicken, nicht ausschließt); er ist weiter geworden, weil die Beschränkung auf das ‹deutsche Altertum›

---

angesichts der Universalität der klassischen Philologen sehr viel besser erfüllt, als es jemals in modernen Philologien der Fall war. Welcker und Boeckh [klassische Philologen] und ihre Nachfahren strebten immer zum Ganzen. Ihnen war nicht nur die Sprache und die Literatur das Objekt, sondern ebenso der Glaube und die bildenden Künste und die Philosophie und die materielle Kultur. Es ist sehr folgenschwer gewesen, daß angesichts der viel größeren Stoffülle die so oft verkündete Erfassung des deutschen Volkstums nicht von den Philologen und Literarhistorikern allein vollzogen werden konnte. Nur die ganz Großen wie noch die Brüder Grimm und gerade auch Wilhelm Scherer sahen weit über die Zaunpfähle der Sprache und der Dichtung hinaus. Im allgemeinen hat die notwendigerweise etwas einseitige Beschäftigung mit der Sprache und Literatur den Blick der Forschung zu stark begrenzt.›

2 H. A. Korff, Geist der Goethezeit, IV. Teil: Hochromantik, Leipzig 1953, S. 175. Dort das Kapitel ‹Die romantische Germanistik› (S. 138 bis 196), in dem die Bemühungen derer besprochen werden, die sich in jener Zeit, lange vor der akademischen Institutionalisierung des Faches, um alte deutsche Dichtung etc. gekümmert haben (Tieck, Görres, Arnim, Brentano). – Über frühere germanistische Unternehmungen vgl. die Literatur zur Geschichte der Deutschen Philologie (unten S. 39).

längst gefallen ist und Wissenschaft von deutscher Sprache und Literatur, das Feld des Germanisten, den Zeitraum von den Anfängen bis zur Gegenwart umspannt.

Es hat lange gedauert, bis ‹neuere› Literatur von der akademischen Wissenschaft für würdig befunden wurde, gesichtet und erörtert zu werden. Zünftige Germanistik (oder Deutsche Philologie) hieß im 19. Jahrhundert Beschäftigung mit sprachlichen Zeugnissen und literarischen Denkmälern, auf denen die Würde und der vermeintliche Glanz des Alten ruhten, hieß Ergründen der frühen Sprachstufen des Deutschen, hieß Sprachwissenschaft und Sprachgeschichte, meinte Herstellung und Pflege der Texte aus altdeutscher Zeit, und mancherorts hegt man noch heute, mehr oder minder verborgen, den durch seine Tradition sanktionierten Glauben, solcherart Tätigkeit allein sei wahre Wissenschaft oder sei zumindest doch das Herzstück dessen, was Deutsche Philologie heiße.

Es war ein Ereignis, als sich KARL LACHMANNS (1793–1851) philologischer Eifer der Schriften und Dichtungen eines LESSING annahm, um sie in die rechte Ordnung zu bringen, und heftiger Argwohn ist einem WILHELM SCHERER (1841–1886) und seinem Schüler ERICH SCHMIDT (1853–1913) begegnet, als sie mit der Selbstverständlichkeit des der Dichtung Hingegebenen auch die neuere Literatur in den akademischen Unterricht einbezogen. Es geschah erst in den letzten Jahrzehnten, daß an den Universitäten neben den Ordinariaten für Deutsche Philologie (womit ‹Altgermanistik› gemeint war) gleichberechtigte Lehrstühle für die neuere deutsche Literaturgeschichte errichtet wurden und es Professoren nun als eine eigene und anerkannte Aufgabe ansehen durften, sich allein der neueren Literatur zu widmen, d. h. Texten aus der Zeit von etwa 1400/1500 bis zur Gegenwart.

Das ist ein im Grunde paradoxer Vorgang. Denn ehe es an den Universitäten Deutsche Philologie als ein besonderes Fach gab, befaßten sich geistige Ahnherren der Literaturwissenschaft wie die BRÜDER SCHLEGEL ebenso hingebungsvoll wie sorgsam mit der gegenwärtigen Literatur, und wer den Umgang mit Dichtung an meisterlichen Beispielen studieren und methodisch lernen will, sieht sich noch heute (um angesichts der leichthändigen Interpretationen unserer Tage nicht zu sagen: gerade heute) an die literaturkritischen Schriften der SCHLEGELS verwiesen: Welche Möglichkeiten des Lernens an FRIEDRICHS Essays über GOETHES ‹Wilhelm Meister›, über LESSING, über GEORG FORSTER, welche Kunst der philologisch behutsamen Analyse in AUGUST WILHELMS Studien zu SCHILLERS ‹Künstlern›, GOETHES ‹Hermann und Dorothea›, in dem umfassenden, SCHILLERS Kritik zurechtrückenden Aufsatz über GOTTFRIED AUGUST BÜRGER: – Arbeiten zur Gegenwartsliteratur!

Die akademisch werdende und sich institutionalisierende Deutsche Philologie verschloß sich, wie gesagt, zunächst solchen Unternehmungen, erkannte sie wenigstens offiziell nicht an. Das hat seinen Grund in der spätromantischen Rückwendung zur nationalen Vergangenheit, in deren Umkreis die BRÜDER GRIMM ihr nachfolgestiftendes Werk begannen und weiterführten, gebannt von dem Glauben an den ursprünglichen Wert alles Frühen, dem gegenüber das Spätere nur einen Abstieg bedeute.

Solcher Mythos der Frühe vermag uns nicht mehr zu binden, und es ist mittlerweile zur Selbstverständlichkeit geworden, daß Deutsche Philologie (oder Germanistik) das Ganze meint: Wissenschaft von der deutschen Sprache und Literatur von den Anfängen bis zur Gegenwart.

Das ist ein unermeßliches Gebiet und mit seinen mannigfachen Einzelregionen von einem einzelnen forschend und auch lehrend nicht mehr zu beherrschen, wenigstens nicht so, wie es von einem Fachgelehrten zu erwarten und zu verlangen wäre. So ist es nur eine Konsequenz der Entwicklung, daß eine Teilung des Gebiets vorgenommen wurde. Sie ist nach und nach an allen deutschen Universitäten durchgeführt worden und zeigt sich in der Trennung des Gesamtfaches Deutsche Philologie in die sogenannte ‹Ältere Abteilung› und ‹Neuere Abteilung› mit eignen Lehrstühlen. Dabei ist es, was hier nicht zu erörternde historische Gründe hat, Brauch geworden und bisher fast ausnahmslos geblieben, daß der Fachvertreter der ‹Älteren Abteilung› den sprachwissenschaftlichen Sektor mitbetreut. Der Student, der Deutsche Philologie (oder Germanistik oder einfach auch ‹Deutsch›) als eines seiner Hauptfächer wählt, hat nach den bis heute gültigen akademischen Spielregeln und Examensbestimmungen sein Studium intensiv in beiden Abteilungen zu betreiben.[3]

Die Bezeichnung ‹‚Ältere Abteilung' und ‚Neuere Abteilung' des Faches Deutsch› – so wird mitunter formuliert – ist alles andere als glücklich. Man könnte sich jedoch auf eine Terminologie einigen, die der Sache gerechter würde, trotz der auch dann nicht zu vertreibenden Ungereimtheiten. Die Ausdrücke ‹Germanist› und ‹Germanistik› werden stets *im allgemeinen Sinne* den Gesamtbereich der ‹Wissenschaft von deutscher Sprache und Literatur› meinen (was der treffendste Terminus ist), so daß Germanist auch ge-

---

3 Über Hauptfächer, Nebenfächer und mögliche Kombinationen siehe unten S. 85 ff.

nannt wird, wer sich vornehmlich, ja ausschließlich der neueren deutschen Literatur und Sprache widmet.

Angesichts der Verhältnisse aber, die sich herausgebildet haben und die die Wirklichkeit akademischer Forschung und Lehre bestimmen, ist *für den speziellen Fachbereich* folgende Terminologie geraten: Das Gesamtgebiet der Wissenschaft von deutscher Sprache und Literatur trage den Namen ‹Deutsche Philologie›; das Fachgebiet der Älteren Abteilung heiße ‹Germanistik›, das der Neueren Abteilung ‹Neuere deutsche Literaturwissenschaft›, eventuell ergänzt oder gar ersetzt durch den Titel ‹Neuere deutsche Literaturgeschichte›. Mit dieser Namensgebung, die im folgenden allein verwandt wird, ist auch erklärt, in welches Studiengebiet dieses Büchlein einführen will.[4] Literaturwissenschaft meint die Gesamtheit der auf die literarischen Werke selbst, auf ihre biographischen und geschichtlichen Zusammenhänge und auf das Spezifische der Literatur überhaupt gerichteten Betrachtungsweisen. Sie bestimmen den Umgang mit der neueren deutschen Literatur.

Die hier vorgeschlagene Terminologie ist nichts als ein Notbehelf. Auch anderwärts trifft man solche Notlösungen. In der Promotionsordnung der Philosophischen Fakultät der Universität Hamburg (in der Fassung vom 11. 1. 1964) werden die beiden Abteilungen des Faches Deutsch so unterschieden: ‹Deutsche Philologie› (= Germanistik nach obiger Sprachregelung) – ‹Deutsche Literaturgeschichte und Allgemeine Literaturwissenschaft›. – Die Promotionsordnung der Philosophischen Fakultät der Universität Erlangen/Nürnberg nennt die Fächer ‹Germanische und Deutsche Philologie› und ‹Neuere deutsche Literaturgeschichte›.

---

4 RICHARD ALEWYN gebraucht die Bezeichnung ‹Neuere deutsche Literaturwissenschaft› in seinem Bericht über die Aufgaben des Faches (in: Aufgaben deutscher Forschung, Köln 1956, S. 181). – Der Ausdruck ‹Literaturwissenschaft› erscheint meines Wissens zum ersten Male in THEODOR MUNDTS Vorwort (datiert vom September 1852) zur 2. Auflage seiner ‹Geschichte der Literatur der Gegenwart›, Leipzig 1853 (und nicht, wie vielfach angegeben, in der – gar nicht existierenden – Einleitung zur 1. Auflage von 1842): ‹Diese zweite Auflage meiner Geschichte der Literatur der Gegenwart erscheint in einer wesentlich neuen Bearbeitung, in der sowohl die ideellen Zusammenhänge der europäischen Literatur seit dem Jahre 1789 umfassender ausgeführt, als auch das literarhistorische und bibliographische Material mit größerer Vollständigkeit aufgenommen worden ist. Mein Buch ist dadurch hoffentlich der Lösung seiner Aufgabe, die literarischen und geistigen Zustände Europa's in ihrer inneren Entwickelung vorüberzuführen und zugleich thatsächlich festzustellen, um einen wesentlichen Schritt näher getreten [. . .] Ich hatte in diesem Buche, wie in mei-

An den meisten Universitäten beherbergen Einrichtungen mit Namen wie ‹Seminar für deutsche Philologie› (Göttingen), ‹Deutsches Seminar› (Heidelberg), ‹Germanistisches Institut› (Münster) die Germanistik und die Neuere deutsche Literaturwissenschaft äußerlich ungetrennt. An der Universität Kiel bestehen für beide Fächer gesonderte Institute, die natürlich aufs engste verbunden sind: das ‹Germanistische Seminar› und das ‹Institut für Literaturwissenschaft›. Gründe für die unterschiedliche Bezeichnung derselben Sache (‹Seminar› und ‹Institut›) sind schwer zu erkennen. Überlieferung spielt die entscheidende Rolle. Die Klassische Philologie hat zuerst Pflanzstätten (*seminarium*) für die Pflege ihrer Wissenschaft eingerichtet: Arbeitskreise, in denen unter der Leitung eines Hochschullehrers wissenschaftlich gearbeitet wurde, und zugleich Räumlichkeiten, in denen das Material (Texte, wissenschaftliche Literatur, Hilfsmittel) bereitgestellt wurde und Arbeitsmöglichkeiten für die Studierenden vorhanden waren. Die Deutsche Philologie ist nach diesem Muster verfahren und hat Seminare für ihr Fach aufgebaut, die zunächst selbstverständlich nur der Germanistik dienten. WILHELM SCHERER hat dann, zuerst in Straßburg, später in Berlin, für die Gründung von Abteilungen auch der neueren deutschen Literatur Entscheidendes getan und damit Schule gemacht.

Die Ausweitung des Arbeitsbereiches über das deutsche Altertum hinaus bis zur neuesten Literatur, wie sie im 19. Jahrhundert begonnen hat und im 20. Jahrhundert kräftig fortgeschritten ist, hat natürlich zu ständigen Überlegungen über Gegenstand und

---

nen übrigen Darstellungen der alten und neueren Literaturgeschichte, das wissenschaftliche Element der Behandlung von vorn herein darin gesucht, daß die einzelnen Erscheinungen nicht willkürlich und nach Maaßgabe einer bloß kritischen Auffassung hingestellt, sondern als die nothwendigen Bestandtheile ihrer Epoche und Nationalität auf dem Grunde derselben gezeichnet und entwickelt würden. Es ist dazu nicht minder die ideelle als die factische Begründung der Thatsachen erforderlich, und zugleich hatte sich zu diesem Zweck der bisherige Horizont der Literaturgeschichten zu erweitern, da in das Gebiet derselben nothwendig auch ein Theil der Wissenschaft, soweit diese mit der inneren Nationalbewegung selbst zusammenfällt, hinübertreten mußte. In diesem Begriff läßt sich lediglich Das feststellen, was man Literaturwissenschaft zu nennen befugt ist, wogegen das schnöde Handwerkerthum, das sich mit seinen geistlos zusammengerafften Materialmassen vornehmer dünkt als die Idee selbst und als alle principielle Entwickelung, auch auf diesem Gebiet die Geltung eines eigentlich wissenschaftlichen Thuns nicht erlangen kann.›

Aufgaben der Deutschen Philologie insgesamt, insbesondere aber der Neueren deutschen Literaturwissenschaft geführt. Wir begnügen uns mit einigen Anmerkungen. Der Leser findet in den Aufsätzen und Texten des Anhangs weitere Anregungen, sich mit diesen und anderen hier angeschnittenen Fragen in eigner Auseinandersetzung weiter zu befassen.

Sprachlichen Zeugnissen wenden wir unsere Aufmerksamkeit zu. Da wir zu ihnen in ein liebevoll verstehendes – wenngleich nicht unkritisch passives – Verhältnis kommen wollen, nennen wir uns Philologen. Philologie heißt Liebe zum Wort und zu dem in ihm aufbewahrten Geist. Sprachliche Zeugnisse sind Dokumente menschlichen Geistes, menschlichen Welt- und Selbstverständnisses, unablässiger Wahrheitssuche. Wir haben es mit Dokumenten verschiedener Art zu tun: Einmal ist jegliche sprachliche Äußerung der Beachtung des Philologen wert, zum andern aber konzentrieren *Literatur*wissenschaftler ihr Augenmerk auf die *literarischen* Äußerungen. Dieser Unterschied hebt im groben die Bereiche der *Sprach*wissenschaft und der *Literatur*wissenschaft voneinander ab. Beide sind dicht verzahnt: ‹Sprache und Literatur stehen in innigem Zusammenhang; deshalb lassen sich auch die beiden Wissensgebiete nicht willkürlich voneinander trennen. Literatur und Sprache liefern einander das Material. Literatur ist ohne Sprache undenkbar, und die geschichtliche Erforschung einer Sprache und ihrer Wandlungen ohne die Literaturdenkmäler wäre der gleiche Unsinn. Nur die Methoden und Ziele der beiden Wissenschaften sind andere.›[5] *Sprach*wissenschaft erforscht das Wesen der Sprache, von den Elementen der Lautlehre bis zu den kompliziertesten Organisationsformen, zeichnet die Entwicklung einer Sprache oder Sprachgruppe und deren Wandlungen (Sprachgeschichte).[6] *Literatur*wissenschaft

5 R. NEWALD, Einführung in die Wissenschaft der deutschen Sprache und Literatur, 2. Aufl. Lahr 1949, S. 41.
6 Über ‹Ziele und Arbeitsweisen der modernen Sprachwissenschaft› informiert der gleichnamige Aufsatz von HANS GLINZ, Archiv für das Studium der neueren Sprachen und Literaturen 200, 1964, S. 161–181. (S. 161: ‹Die Bezeichnungen ‚Sprachwissenschaft' und ‚Linguistik' *(linguistique, linguistics)* werden oft gleichbedeutend gebraucht, sind aber nach dem heutigen Selbstverständnis der Wissenschaft nicht ganz gleichen Inhalts. ‚Sprachwissenschaft' wird meist in einem weiteren Sinn verstanden, als Sammelbegriff für Sprachgeschichte, Sprachgeographie, Grammatik, Lexikologie u. a. m., wobei vor allem an die stoffliche Durcharbeitung der verschiedenen Sprachen und Sprachgruppen gedacht wird. ‚Linguistik' legt den Ton mehr auf ‚Erforschung der Sprache an sich' und berührt sich dabei oft mit dem, was man im Deutschen auch ‚Sprachtheorie' nennt.›)

bemüht sich um das Verständnis der aus Sprache geschaffenen Werke und ihrer geschichtlichen Zusammenhänge. Der Literaturwissenschaftler, der stets zugleich Literaturhistoriker ist, sieht sich immer wieder auf die Erkenntnisse der Sprachwissenschaft und Sprachgeschichte verwiesen, wenn er Texte verstehen will.[7] So ist sprachwissenschaftliche Schulung in jedem literaturwissenschaftlichen Studium unerläßlich, wenngleich über deren Möglichkeiten im Sinne einer Begrenzung auf das für den Literaturwissenschaftler Nötige nachzudenken ist; denn ‹auch für den Linguisten vom Fach wird eine umfassende Orientierung je länger je schwieriger› (H. GLINZ).

Potentieller Gegenstand der Literaturwissenschaft sind sämtliche schriftlich fixierten Denkmäler. ‹Dieser weite Umfang ist dennoch viel kleiner als der des Gegenstandes der Sprachwissenschaft, weil zwar die gesamte Menschheit Spracherzeuger, aber nur ein beschränkter Kreis Literaturerzeuger ist. Naturgemäß muß die Literaturwissenschaft eine Beschränkung ihres Gegenstandes vornehmen. Während für den Vertreter der Sprachwissenschaft jede sprachliche Äußerung Forschungsgegenstand sein kann, muß der Literaturforscher an seinen Gegenstand gewisse Wertmaßstäbe anlegen und nach diesen eine Auswahl treffen, er muß abstufen und auswählen. Entscheidend dafür ist das Interesse, das das Material beansprucht.›[8]

Hier ist die Frage angeschnitten: Sind alle schriftsprachlichen Äußerungen Gegenstand der Literaturwissenschaft? Oder sind es nur solche Texte, die sprachliche Kunstwerke sind oder zu sein scheinen? Was unterscheidet überhaupt einen ‹literarischen› Text von anderen schriftlichen Fixierungen? In den theoretischen Arbeiten zur Literatur und Literaturwissenschaft werden diese Fragen ausgiebig erörtert, mit denen der Studierende sich frühzeitig befassen sollte, seien sie bisweilen auch noch so schwierig und kaum eindeutig zu entscheiden. Denn der Unterschied zwischen literarischer und nicht-literarischer Äußerung (hier in qualitativem Sinne gemeint) bleibt fließend.[9]

Kein Zweifel jedoch scheint heute darüber zu bestehen, daß *im Zentrum* literaturwissenschaftlicher Bemühungen sprachliche Kunst-

---

7 Vgl. HUGO KUHN, Sprach- und Literaturwissenschaft als Einheit?, in: Festschrift für Jost Trier, Meisenheim 1954, S. 9–33.

8 R. NEWALD, Einführung . . ., S. 59.

9 Vgl. den Abschnitt ‹Definitionen und Unterscheidungen› bei WELLEK/ WARREN, Theorie der Literatur, und die unten auf S. 35 genannte einführende Literatur.

werke stehen. WOLFGANG KAYSER vor allem hat so das Gebiet der Literaturwissenschaft eingegrenzt. Schon in der Einleitung seiner ‹Einführung in die Literaturwissenschaft›, die den programmatischen Titel ‹Das sprachliche Kunstwerk› trägt, sucht er von der ‹Literatur im weiteren Sinne› einen engeren Bezirk abzusondern. Zwei Kriterien werden von ihm dafür benannt: ‹das besondere Vermögen solcher literarischen Sprache, eine Gegenständlichkeit eigener Art hervorzurufen, und der Gefügecharakter der Sprache, durch den alles in dem Werk Hervorgerufene zu einer Einheit wird›. Die eigengesetzliche Welt der Dichtung ist gemeint. An anderer Stelle formuliert KAYSER prägnant: ‹Dichtung ist die einheitliche Gestaltung einer eigenen Welt mittels der Sprache.›[10] (Die Bezeichnung ‹einheitlich› meint hier natürlich nicht Eintönigkeit, Fehlen von Dissonanzen u. ä., sondern künstlerisches Zusammenstimmen der die Dichtung bauenden Elemente.)

Damit wird Literaturwissenschaft eingeengt zur Dichtungswissenschaft, welchen Begriff man mitunter auch bewußt verwendet. ‹So dürfen wir also sagen, daß die Schöne Literatur der eigentliche Gegenstand der Literaturwissenschaft ist und daß dieser Gegenstand von hinreichender Eigenart gegenüber allen anderen Texten ist.›[11]

Das ist eine fragwürdige Eingrenzung. FRIEDRICH SCHLEGEL hat einmal lockerer und doch treffender den Bereich der ‹Poesie› umschrieben. Die Vorrede zum Studiumsaufsatz (‹Über das Studium der griechischen Poesie›) beginnt: ‹Eine Geschichte der griechischen Poesie in ihrem ganzen Umfange umfaßt auch die der Beredsamkeit und der historischen Kunst. Die wahrhafte Geschichte des THUKYDIDES ist nach dem richtigen Urteil eines griechischen Kenners zugleich ein schönes Gedicht; und in den DEMOSTHENischen Reden wie in den SOKRATischen Gesprächen ist die dichtende Einbildungskraft zwar durch einen bestimmten Zweck des Verstandes beschränkt, aber doch nicht aller Freiheit beraubt und also auch der Pflicht, schön zu spielen, nicht entbunden: denn das Schöne soll sein, und jede Rede, deren Hauptzweck oder Nebenzweck das Schöne ist, ist ganz oder zum Teil Poesie.›

Lassen wir uns nicht durch die an SCHILLERS Formulierungen anklingenden Wendungen vom ‹Schönen› zu sehr beeinflussen, so werden hier Texte, die einen gewissen Grad künstlerischer For-

---

10 WOLFGANG KAYSER, Vom Werten der Dichtung, in: W. K., Die Vortragsreise, Bern 1958, S. 58.

11 WOLFGANG KAYSER, Das sprachliche Kunstwerk, 4. Aufl. Bern 1956, S. 15.

mung besitzen, als Gegenstand des Literaturgeschichtsschreibers und damit des Literaturwissenschaftlers bestimmt.[12] Jener ‹gewisse Grad künstlerischer Formung› kann nicht überzeitlich gültig definiert werden; er ist und bleibt abhängig vom Wandel des durch viele Faktoren bedingten künstlerischen Bewußtseins, beim Schaffenden wie beim Aufnehmenden.

Doch auch diese Grenze wird der Literaturwissenschaftler, der nicht nur Ästhetiker, sondern immer auch Historiker ist oder doch sein sollte, wieder und wieder zu überschreiten haben. Der literarhistorisch Arbeitende, dem es um die Erkenntnis einer Epoche, um literatursoziologische Fragen u. ä. geht, muß auch hinabsteigen in niedrigere Landschaften. Dort ist nicht selten mehr zu spüren und zu fassen vom ‹Geist der Zeit› als auf den Höhen.[13] Der Historiker greift auch zu Schriften, die der interpretierende Ästhetiker verschmäht, den das besondere Sosein des literarischen Werks und seiner Welt in Bann schlägt. Mag immerhin die Bemühung ums ‹sprachliche Kunstwerk› im Zentrum literaturwissenschaftlicher Arbeit stehen, die anderen Aufgaben dürfen nicht vernachlässigt werden.

So erstreckt sich der Bereich der Literaturwissenschaft unendlich weit, und nicht jeder kann sich allem widmen, weder der Lehrer noch der Student. Beschränkung zwingt die Sache selbst auch dem Eifrigsten unweigerlich auf. Das ist kein Unglück, wenn nur das Bewußtsein von den Ansprüchen, die das Ganze stellt, lebendig bleibt. *In summa* jedoch: Texte aus vielen Zeiten als Dokumente

---

12 WELLEK/WARREN, die ‹Hauptunterschiede› zwischen literarischem, alltäglichem und wissenschaftlichem Sprachgebrauch hervorhebend, resümieren mit ähnlichem, wenn auch verschärftem Akzent: ‹Es scheint das Beste, nur jene Werke als Literatur zu betrachten, in denen die ästhetische Funktion das Übergewicht [!] hat, während wir zur gleichen Zeit anerkennen, daß es ästhetische Elemente wie Stil und Komposition in Werken gibt, die einem völlig anderen, nicht ästhetischen Zweck dienen, wie z. B. wissenschaftliche Abhandlungen und philosophische Traktate, politische Broschüren oder Predigten› (Theorie der Literatur, Bad Homburg 1959, S. 25).

13 Mit diesen ‹niedrigeren Landschaften› haben sich neuerdings befaßt: MARTIN GREINER, Die Entstehung der modernen Unterhaltungsliteratur. Studien zum Trivialroman des 18. Jahrhunderts, Reinbek 1964 (rde, Bd. 207). – WALTER NUTZ, Der Trivialroman, seine Formen und seine Hersteller. Ein Beitrag zur Literatursoziologie, Köln 1962 (Kunst und Kommunikation, Bd. 4). – WOLFGANG LANGENBUCHER, Der aktuelle Unterhaltungsroman. Beiträge zu Geschichte und Theorie der massenhaft verbreiteten Literatur, Bonn 1964 (Bonner Beiträge zur Bibliotheks- und Bücherkunde, Bd. 9).

menschlichen Geistes fordern die hingebungsvolle Aufmerksamkeit des Literaturwissenschaftlers. Das Untersuchungsziel, das der Betrachtende verfolgt, bestimmt die Wahl der schriftsprachlichen Quellen. Man muß eine Ader historischer Erlebnisfähigkeit haben, wenn man Literaturwissenschaft studieren will. Man muß die Bereicherung erfahren können, die der Umgang mit Texten aus nahen und fernen Zeiten beschert.

Seit dem Altertum gilt die Sprache als das den Menschen auszeichnende Merkmal. Nicht nur CICERO und QUINTILIAN sprechen in hochgemuten Sätzen davon, die zu variieren die europäischen Humanisten nicht müde geworden sind.* Mit Hilfe der Sprache begreift der Mensch Welt und eignes Leben. In der Sprache vollzieht sich geistige Erkenntnis. Erst in und mit der Sprache haben wir Welt. Philologie sucht das in der Sprache Erfaßte, wozu das Geahnte und traumhaft und visionär Geschaute mitgehören, zu erkennen. AUGUST BOECKH hat in seiner ‹Enzyklopädie und Methodologie der philologischen Wissenschaften› (Leipzig 1877) der Philologie als Aufgabe zugewiesen ‹die Nachkonstruktion der Konstruktionen des menschlichen Geistes in ihrer Gesamtheit›. Er beschreibt ihren Zweck: ‹er liegt in der historischen Konstruktion des ganzen Erkennens und seiner Teile und in dem Erkennen der Ideen, die in demselben ausgeprägt sind. Hier ist mehr Produktion in der Reproduktion als in mancher Philosophie, welche rein zu produzieren vermeint; auch in der Philologie ist das produktive Vermögen eben die Hauptsache, ohne dasselbe kann man nichts wahrhaft reproduzieren, und daß die Reproduktion ein großer Fortschritt und eine wahre Vermehrung des wissenschaftlichen Kapitals ist, zeigt schon die Erfahrung. Das Erkannte wiedererkennen, rein darstellen, die Verfälschung der Zeiten, den Mißverstand wegräumen, was nicht als Ganzes erscheint, zu einem Ganzen vereinigen, das alles ist wohl nicht ein *actum agere*, sondern etwas höchst Wesentliches, ohne welches bald alle Wissenschaft ihr Ende erreichen würde. In jeder Wissenschaft muß sogar philologisches Talent sein; wo dasselbe ausgeht, tritt die Ignoranz ein; es ist die Quelle des Verstehens, welches keine so leichte Sache ist.›

BOECKH überantwortet der Philologie eine, wie er selbst betont, unendliche Aufgabe, die von einzelnen immer nur partiell erfüllt werden kann. Und wenn er der Philologie das Erkennen des Erkannten, d. h. des vom menschlichen Geist Hervorgebrachten, als Ziel setzt, so macht er die gesamte menschliche Kultur zum Gegen-

---

* Vgl. hierzu EUGENIO GARIN, Geschichte der Pädagogik II. Humanismus, Reinbek 1966 (rde, Bd. 250/251). (Anm. d. Red.)

stand der Philologie. In der Tat will der Philologe (vornehmlich der Altphilologe im Blick auf das Altertum) so weit dringen. Aber auch wenn wir die Worte BOECKHS eingeschränkter auf den Umgang mit literarischen Zeugnissen beziehen, bleibt ihre Wahrheit offenkundig.

Lange wäre nun nachzudenken über das Wesen *wissenschaftlichen* Umgangs mit Literatur und Kunst überhaupt. Freilich ist der Begriff Literatur*wissenschaft* schon fragwürdig genug, weil er falsche Vorstellungen hervorrufen kann. Das braucht uns indes nicht zu irritieren, wenn wir uns nur davon freimachen, naturwissenschaftliche Exaktheitsforderungen als für unsere Arbeit verbindlich anzusehen. Unsere Genauigkeit hat sich durch die ‹Evidenz der Anschauung› auszuweisen: ‹Auch in den historischen Wissenschaften gibt es Evidenz. Es ist die Evidenz der Anschauung. Was in der Anschauung aufgewiesen ist, kann nicht mehr übersehen werden.›[14] Weitaus besser wäre es zwar, wenn nicht von Literatur*wissenschaft* gesprochen würde, sondern wenn uns ein Analogon zum englischen ‹*literary criticism*› zu Verfügung stünde. Aber unser Wort ‹Literaturkritik› ist (noch) mit einer andern Bedeutung besetzt.

Nicht immer ist man sich der durch den speziellen Gegenstand, die Literatur, gegebenen besonderen Erkenntnismöglichkeiten und Verstehensbedingungen bewußt genug, nicht immer einmal der Tatsache, ‹daß die Erkenntnis von Werken der Kunst ein anderes Wissen bedingt und ermöglicht, als es die übrigen Wissenschaften kennen›.[15] Der Unterschied zwischen den Naturwissenschaften und den sogenannten Geisteswissenschaften ist allerdings Anlaß zu vielfältigen Überlegungen gewesen, die deren Herrschaftsbereiche und Grenzen bestimmen sollten. Schon der Anfänger tut gut daran, hier wenigstens Umschau zu halten, um dabei eine Klärung der Voraussetzungen auch des eignen Tuns zu gewinnen.[16]

Ungeachtet dieser in den Bezirk der Grundlagenforschung der Wissenschaft gehörenden weitreichenden Überlegungen darf grundsätzlich gelten: Wissenschaftlich im allgemeinsten Sinne verfahren wir, wenn unser — mit welchen methodischen Mitteln auch immer unternommenes — Vorgehen darauf zielt, einen Gegenstand

---

14 ERNST ROBERT CURTIUS, Europäische Literatur und lateinisches Mittelalter, 2. Aufl. Bern 1954, S. 385.

15 PETER SZONDI, Zur Erkenntnisproblematik in der Literaturwissenschaft, Die Neue Rundschau 73, 1962, S. 146–165. Einen Auszug dieses Aufsatzes, der die hier berührten Fragen behandelt, hat der Verfasser freundlicherweise dem Anhang dieses Bändchens beigesteuert.

16 Literatur ist auf S. 35 f genannt.

unserer Betrachtung um seiner selbst willen zu erfassen, frei von erbaulich-gemütvollen Absichten, von pädagogischen Zwecken oder anderen Interessen. Daß dabei die Person des Betrachtenden, seine persönliche Einstellung (die von vielen Faktoren bestimmt wird), nicht ausgeschaltet werden kann, ist selbstverständlich.[17] Wissenschaftliches Bemühen heißt immer auch: Ordnung schaffen, dem Beobachteten seinen Platz in der Welt des Erkannten zuweisen, Bekanntes verknüpfen, Zusammenhänge freilegen. Das ist nur möglich, wenn historisches Verstehen geübt wird, das Erkennen von Bedingungen und Verflechtungen verschiedenster Art, die den Gegenstand der Beobachtung erst zu dem gemacht haben, was und wie er ist. Wissenschaftliches Begreifen kann ohne geschichtliches Verstehen nicht sein.

Solches wissenschaftliche Verhalten schließt keineswegs kritische Stellungnahmen aus, die jedoch die Erkenntnis der Sache in ihren eigenen Zusammenhängen voraussetzen. Der junge FRIEDRICH SCHLEGEL hat in einer Besprechung der 7. und 8. Sammlung von HERDERS Humanitätsbriefen konstatiert: ‹Die Methode, jede Blume der Kunst, ohne Würdigung, nur nach Ort, Zeit und Art zu betrachten, würde am Ende auf kein andres Resultat führen, als daß alles sein müßte, was es ist und war.› Damit ist in unübertrefflicher Prägnanz ein Grundproblem des Historismus benannt, der das je Gewordene an seinem geschichtlichen Ort zu verstehen sucht. Wer werten will, sieht sich aber sogleich den weitreichenden Fragen nach den Kriterien der Kritik ausgesetzt. Dazu ist später noch einiges zu bemerken.

Wir dürfen nicht vergessen, jene Literaturwissenschaft, die im andern Teil Deutschlands getrieben wird und die eine stetig wachsende Zahl von Publikationen vorlegt, im Blick zu behalten. Offiziell wird dort eine ‹marxistische› Literaturbetrachtung gefordert. Ihr sind bestimmte Perspektiven und verbindliche Maßstäbe der Kritik vorgegeben: Der Marxismus-Leninismus hat die Gesetze der geschichtlich-gesellschaftlichen Entwicklung erkannt; die ‹Par-

---

17 Es ist bekannt, welche Differenzierungen hergebrachte Vorstellungen von der Erkenntnis ‹objektiver Realität› auch in der modernen Physik erfahren haben. ‹Wenn wir uns ein Bild von der Art der Elementarteilchen machen wollen, können wir [...] grundsätzlich nicht mehr von den physikalischen Prozessen absehen, durch die wir von ihnen Kunde erlangen [...] Dies hat schließlich zur Folge, daß die Naturgesetze, die wir in der Quantentheorie mathematisch formulieren, nicht mehr von den Elementarteilchen an sich handeln, sondern von unserer Kenntnis der Elementarteilchen› (WERNER HEISENBERG, Das Naturbild der heutigen Physik, Hamburg 1955, 11. Aufl. 1963, S. 12. rde, Bd. 8)

tei der Arbeiterklasse› wirkt auf der Basis dieser für allein wahr gehaltenen Erkenntnisse. Objektive Wahrheit zu finden vermag nur, wer sich vom Marxismus-Leninismus und seiner Partei leiten läßt. Die im Anhang gebotenen Zitate aus einem programmatischen Aufsatz über ‹Aktuelle Aufgaben der Germanistik nach dem XXII. Parteitag der KPdSU und dem 14. Plenum des ZK der SED› verdeutlichen die Lage. Er ist in den ‹Weimarer Beiträgen› (8, 1962) erschienen, welche Zeitschrift sich als ‹Organ der Literaturwissenschaftler der DDR› betrachtet. In ihrem Programm steht u. a.: ‹Die Zeitschrift will helfen, ein historisch-materialistisches Bild der deutschen Literaturentwicklung zu entwerfen und die Traditionslinie des Realismus herauszuarbeiten. [...] Es ist ihr Ziel, objektive Gesetzmäßigkeiten in den literarischen Prozessen herauszuarbeiten. [...] Die Zeitschrift will den Reichtum der überlieferten und zeitgenössischen Literatur für die Bildung sozialistischer Persönlichkeiten fruchtbar machen, sie will die ästhetische Urteilsbildung der Gesellschaft und die Aufbauprozesse einer sozialistischen Nationalkultur wissenschaftlich unterstützen. Der Gesamtbereich einer sozialistischen ‚Literaturgesellschaft‘ ist in die wissenschaftliche Thematik einbezogen.› In der Vorrede einer vor solchem Horizont geschriebenen Arbeit kann es heißen: ‹Die Partei der Arbeiterklasse [...] lehrt uns vor allem die Parteilichkeit, die notwendiger Bestandteil einer nach objektiven Gesetzen forschenden Wissenschaft ist. Dieser Lehre gegenüber sind wir alle Lehrlinge, und auch die von mir hier vorgelegte Arbeit ist nur ein Versuch, dieser Parteilichkeit gerecht zu werden.›[18] Das Vorwort zum ‹Deutschen Schriftstellerlexikon› (Weimar 1960) stellt fest: ‹Was [...] dieses Lexikon von ähnlichen bürgerlicher Prägung unterscheidet, sind: ein marxistischer, vom historischen Fortschritt der menschlichen Kultur und Gesellschaft überzeugter Standpunkt sowie – auf dieser Basis – Parteilichkeit bei Wertung und Auswahl.›

Trotz aller Gegensätze der Grundpositionen muß der nicht-marxistisch-leninistische Literaturwissenschaftler jene Arbeiten, die oft beachtliche Ergebnisse vorzuweisen haben, sorgfältig studieren, und vor allem sollte er sich durch jene Art der Literaturbetrachtung gedrängt fühlen, mehr als bisher üblich auf gesellschaftliche Verhältnisse, in denen Literatur steht und auf die sie wirken will, zu achten.

Noch ehe im nächsten Kapitel für unsere Zusammenhänge die Auf-

---

18 EDITH BRAEMER, Goethes Prometheus und die Grundpositionen des Sturm und Drang, Weimar 1959.

gabenbereiche der Neueren deutschen Literaturwissenschaft umrissen werden, seien einige Arbeiten genannt, die dem Studierenden als Einführung in das Fach und seine schon erwähnten Probleme dienen können. In ihnen ist weitere spezielle Literatur verzeichnet.

RENÉ WELLEK/AUSTIN WARREN, Theorie der Literatur, Bad Homburg 1959 (amerikanische Originalausgabe: Theory of Literature, 1942); auch als Ullstein-Buch Nr. 420/421, 1963.

WOLFGANG KAYSER, Das sprachliche Kunstwerk. Eine Einführung in die Literaturwissenschaft, 1. Aufl. Bern 1948; 10. Aufl. 1964.

MAX WEHRLI, Allgemeine Literaturwissenschaft, Bern 1951 (Wissenschaftliche Forschungsberichte, Geisteswissenschaftliche Reihe, Bd. 3).

Einen kritischen Überblick bietet die streitbare Schrift von ERIK LUNDING, Strömungen und Strebungen der modernen Literaturwissenschaft, Kopenhagen 1952. (Sie verfolgt die Absicht, ‹in kritischem Wägen Richtlinien anzugeben und Ordnungsysteme anzudeuten›.)

Bemerkungen zu Fragen der Terminologie wirft auf: PAUL KLUCKHOHN, Literaturwissenschaft, Literaturgeschichte, Dichtungswissenschaft, Deutsche Vierteljahrsschrift für Literaturwissenschaft und Geistesgeschichte (DVjs.) 26, 1952, S. 112–118.

Eine wissenschaftsgeschichtliche Einführung bietet der Vortrag von ERICH TRUNZ, Literaturwissenschaft als Auslegung und als Geschichte der Dichtung, in: Festschrift für JOST TRIER, Meisenheim 1954, S. 50–87.

Mit der Situation der gegenwärtigen Literaturwissenschaft beschäftigt sich HORST RÜDIGER, Zwischen Interpretation und Geistesgeschichte, Euphorion, 57, 1963, S. 227–244.[19]

Eine nach der oft ausschließlichen Hinwendung zur Interpretation der einzelnen Dichtung aktuelle Frage berührt BENNO VON WIESE, Geistesgeschichte oder Interpretation?, in: B.v.W., Zwischen Utopie und Wirklichkeit. Studien zur deutschen Literatur, Düsseldorf 1963, S. 11–31.

Mit grundsätzlichen Fragen der Geisteswissenschaften und ihrer Methode machen vertraut: ERICH ROTHACKER, Einleitung in die Geisteswissenschaften, Tübingen 1920. – DERS., Logik und Systematik der Geisteswissenschaften, München 1927. – HANS GEORG GADAMER, Wahrheit und Methode. Grundzüge einer philosophischen Hermeneutik, Tübingen 1960; 2. Aufl. 1965.

Scharfe Kritik an der geistesgeschichtlichen Orientierung der Literaturwissenschaft in der Nachfolge WILHELM DILTHEYS übt WER-

19 Siehe unten S. 137–154.

ner Krauss, Literaturgeschichte als geschichtlicher Auftrag, in: W. K., Studien und Aufsätze, Berlin 1959, S. 19–71 (auch in: W. K., Zur Dichtungsgeschichte der romanischen Völker, Leipzig 1965, Reclams Universal-Bibliothek, Bd. 199).

Die Neuere deutsche Literaturwissenschaft hat sich erst allmählich ihr Eigenrecht erwerben und es im Rahmen der Deutschen Philologie begründen und durchsetzen können. Sie gilt als untrennbar mit der Germanistik verbunden, und überall wird das Studium der Deutschen Philologie als eine Einheit betrachtet und dementsprechend gefordert und durchgeführt. Unter der oft berufenen ‹Einheit des Faches›, für die gute Gründe anzuführen sind, wird verstanden der unlösliche Zusammenhang der wissenschaftlichen Beschäftigung mit deutscher Sprache und Literatur von frühester Zeit bis zur Gegenwart. Wer das Fach Deutsch studiert und einen Studienabschluß mit einem Examen anstrebt, ist, auch wenn seine besondere Neigung der neueren Literatur und Sprache gilt, gehalten, Germanistik und Neuere deutsche Literaturwissenschaft gleichermaßen zu berücksichtigen.

Dennoch ist schwerlich zu bestreiten, daß die Einheit des Faches weit weniger in der Sache selbst als vielmehr in bestimmten Traditionen des Faches als einer vorzüglich nationalen Wissenschaft begründet ist. Die wahre Einheit einer (erst noch auszubauenden) modernen Literaturwissenschaft hat sich weit mehr auf Querverbindungen zu stützen, die über die Grenzen der Nationalliteratur hinausreichen, als auf die bis in die fernste Frühe zurückführenden Längsverbindungen in den Bahnen des Deutschen. Ihnen ist nachzugehen. Ernst Robert Curtius hat emphatisch deutlich gemacht, daß die Beschränkung auf Nationalliteraturen der Sache nicht gerecht werden kann. Homer und Aischylos, Horaz und Vergil, Tibull und Properz, Dante und Petrarca, Shakespeare und Calderón, um nur einiges zu nennen: aus solchen Regionen wächst der deutschen Literatur der neueren Zeiten Bedeutendes zu, sie gilt es zu studieren, und englische, französische, russische Romane des 18. und 19. Jahrhunderts sind zu kennen und vieles andere mehr. Um dafür in der nun einmal begrenzten Zeit eines Studiums Möglichkeiten zu schaffen, bedürfte es der Modifikation mancher Studien- und Examensbestimmungen. Die Zeit ist wohl noch nicht reif dafür, doch es ist sicher, daß so, wie sich seit dem vorigen Jahrhundert die neuere Literaturgeschichte gegen manche Widerstände durchgesetzt hat, eines Tages auch den als unerläßlich erkannten Bedingungen einer modernen Literaturwissenschaft entsprochen werden wird.

Immerhin ist es ein ermutigendes Zeichen, wenn die Promotionsordnung der Philosophischen Fakultät der Universität Hamburg dem Fach ‹Deutsche Literaturgeschichte und Allgemeine Literaturwissenschaft› (=Neuere deutsche Literaturwissenschaft) den Wert eines eigenständigen Hauptfaches zuerkennt, so daß es sich in der gewünschten Weise ausdehnen kann. Zu Recht wird, wenn dieses Fach als Hauptfach gewählt wird, ‹Deutsche Philologie› (=Germanistik) als eines der Nebenfächer verbindlich gemacht. Auch die Philosophische Fakultät der Universität Erlangen/Nürnberg sieht in ihrer Promotionsordnung ‹Germanische und Deutsche Philologie› und ‹Neuere deutsche Literaturgeschichte› als eigene Fächer an.

II. AUFGABENBEREICHE DER NEUEREN
DEUTSCHEN LITERATURWISSENSCHAFT

Unsere Fachbezeichnung meint allen wissenschaftlichen Umgang mit deutscher Literatur und Sprache seit etwa 1500. Über die Ungenauigkeit dieser Grenze lohnt es nicht zu streiten. Immer wird es Überschneidungen geben, und Neigung und Forscherdrang der einzelnen überspielen solche fragwürdigen Grenzziehungen. Wollte man einen wirklichen Neuansatz in der deutschen Literatur nennen, der die Gliederung einleuchtend begründete, müßte man auf MARTIN OPITZ und verwandte Bemühungen vor ihm und um ihn zu Ende des 16. und zu Anfang des 17. Jahrhunderts hinweisen, die sämtlich darauf zielen, eine an europäischen Vorbildern und Traditionen sich orientierende künstlerisch durchgebildete Dichtung auch in deutscher Sprache heraufzuführen.

Es sollen im folgenden die hauptsächlichen Aufgabenbereiche skizziert werden, die sich innerhalb der Neueren deutschen Literaturwissenschaft abzeichnen. Ein Fach bildet sich im historischen Ablauf der in seinem Rahmen unternommenen wissenschaftlichen Bemühungen aus. Wer in seinem Studiengebiet heimisch werden will, sollte daher in die Geschichte des Faches eindringen; denn die von FRANZ SCHULTZ in seiner wissenschaftsgeschichtlichen Studie ausgesprochene Überzeugung gilt, ‹daß die Geschichte der Wissenschaft die Wissenschaft selber ist, daß auch in ihr, wie in allem geschichtlichen Leben, einmal Vorhandengewesenes und Erzeugtes nicht abstirbt, sondern in immer neuer, immer wechselnder Gestaltung einmal gefundene Haltung des menschlichen Geistes in der Problematik und Dialektik der ‚Gegenwart‘ wiederkehrt›.[1]

Zugleich aber haben Aufgaben der Wissenschaft ihre geschichtliche Stunde. Antriebe wissenschaftlichen Tuns ändern sich; Perspektiven der Betrachtung wandeln sich; Methoden können veralten, weil sie durch neue Erkenntnisse überholt werden. Der Gegenstand der Beobachtung, die Literatur, bleibt gleich, aber die Beobachtenden sind nie die gleichen; wechselnde Bedingungen prägen sie, persönlicher wie gesellschaftlich-geschichtlicher Art; und die Absichten, unter denen sie sich der Literatur zuwenden, wechseln ebenso. Die Erörterung dieser Fragen führt ins Feld geisteswissenschaftlicher Hermeneutik, das wir hier nicht zu betreten haben.

---

1 FRANZ SCHULTZ, Die Entwicklung der Literaturwissenschaft von Herder bis Wilhelm Scherer, in: Philosophie der Literaturwissenschaft, hg. v. EMIL ERMATINGER, Berlin 1930, S. 1–42.

Die Geschichte der Deutschen Philologie hat nachzuzeichnen versucht JOSEF DÜNNINGER, in: Deutsche Philologie im Aufriß, hg. v. WOLFGANG STAMMLER, 2. Aufl. Berlin 1957, Bd. I, Sp. 83–222.[2] Diese Darstellung verzichtet leider fast ganz auf kritische Auseinandersetzungen, die unerläßlich sind. Den Problemen, die sich aus den offenkundigen und verborgenen ‹Ideologisierungen› des Faches als einer nationalen Wissenschaft ergeben und zur ‹volkhaften Literaturwissenschaft› im Dritten Reich geführt haben, wird ausgewichen. Das Wort Nationalsozialismus erscheint nicht einmal.

Früher geschriebene Geschichten des Faches reichen nur bis an die Schwelle oder bis in die Mitte des 19. Jahrhunderts: RUDOLF V. RAUMER, Geschichte der germanischen Philologie, vorzugsweise in Deutschland, München 1870. – HERMANN PAUL, Geschichte der germanischen Philologie, in: Grundriß der germanischen Philologie, Bd. I, Straßburg 1891, S. 9–151. – SIGMUND V. LEMPICKI, Geschichte der deutschen Literaturwissenschaft bis zum Ende des 18. Jahrhunderts, Göttingen 1920.

RICHARD NEWALD hat den Aufgabenkreis, den die Literaturwissenschaft stellt, in vier verschiedenen Tätigkeiten gesehen: ‹1. dem *Sammeln*, dazu gehören Bücherkunde, Herausgabe von Texten und Zurechtlegung des Materials für die eigentliche Forschung; 2. dem *Verstehen* und *Auswerten* des Gesammelten, der Kritik und dem Prüfen der Echtheit; 3. der *Einschätzung*, Bewertung und ordnenden Gliederung, dem Aufdecken der Zusammenhänge; 4. dem *Auslegen*, sinnvoll Erklären und Deuten›.[3] Die erste und zweite Tätigkeit rechnet NEWALD ‹zur Philologie, soweit diese als Hilfswissenschaft und Grundlage der Literaturwissenschaft aufgefaßt werden kann›.

Solche Einteilung, hier unter Verzicht auf fachliche Ausdrücke in lockerer Umschreibung geboten, besagt nun keineswegs, daß der wissenschaftlich Arbeitende der Reihe nach die genannten Tätigkeiten auszuführen habe. Vielmehr greift eins ins andere, und jeweils bestimmt das Ziel der Untersuchung, was und in welcher Reihenfolge oder in welcher Verknüpfung zu tun ist. Dafür kann kein Schema aufgestellt werden. So ist auch meine, geläufige Termini benutzende Gliederung nicht als eine Aufzählung der nacheinander zu leistenden Arbeiten aufzufassen, und die Zusammenhänge der Arbeitsfelder werden durch die Erläuterungen von selbst hinreichend deutlich.

---

2 Vgl. dazu die Rezension von H. SPARNAAY, Anzeiger für deutsches Altertum 69, 1956/57.

3 RICHARD NEWALD, Einführung . . ., S. 70.

Folgende Hauptaufgabenbereiche zeichnen sich mir innerhalb des Gesamtgebiets der Neueren deutschen Literaturwissenschaft ab: 1. Edition und philologische Untersuchungen im engeren Sinne, 2. Literaturgeschichte, 3. Wissenschaft vom spezifischen Sein der Literatur und Analyse und Deutung der Werke, 4. Literaturkritik, 5. Hilfswissenschaften.[4]

1. Edition und philologische Untersuchungen im engeren Sinn

Es hat stets zu den vornehmsten wissenschaftlichen Pflichten im Umgang mit literarischen Werken gezählt, ihren einwandfreien Text herzustellen. Philologie hieß zunächst einmal Klärung und Bereitstellung des Textes, was sich von selbst verband mit einer Erläuterung schwerverständlicher Stellen. Daraus konnten durchlaufende Kommentare entstehen, wie sie vor allem Klassische Philologen für manchen antiken Text geschaffen haben. In einem auf diese Arbeiten begrenzten Sinn wird das Wort Philologie auch heute noch oft verstanden und gebraucht.

Vorbild auf diesem Felde war (und ist weitgehend noch) die Klassische Philologie. Sie verfügte, als sich die Deutsche Philologie zu formieren begann, bereits über weiter entwickelte Arbeitsmethoden, die seither freilich erheblich verbessert worden sind. Wer auch neuere deutsche Texte in Ordnung zu bringen suchte, war selbstverständlich durch die Schule der Klassischen Philologie und ihrer Editionstechnik gegangen; Karl Lachmann etwa, der Lessing seine editorische Aufmerksamkeit schenkte und mit der kritischen Ausgabe seiner Werke die Reihe von philologischen Editionen neuerer deutscher Literatur eröffnete, die jedoch bis heute schmal geblieben ist und erstaunliche Lücken aufweist. Überhaupt galt es lange Zeit als beste Schule, in der Beschäftigung mit Texten des klassischen Altertums den rechten Umgang mit Literatur überhaupt zu erler-

4 Im folgenden werden selbstverständlich nur Hauptlinien gezogen. Eine Methodenlehre (mit Hinweisen auf einschlägige Literatur) hat vor einiger Zeit entworfen: Horst Oppel, Methodenlehre der Literaturwissenschaft, in: Deutsche Philologie im Aufriß, 2. Aufl., Bd. I, Berlin 1957, Sp. 39–82. – Einen vorzüglichen knappen Überblick über Aufgaben des Fachs gibt Richard Alewyn in dem Sammelband: Aufgaben deutscher Forschung, hg. v. Leo Brandt, Köln 1956, S. 181–191. – Siehe auch: Erik Lunding, Literaturwissenschaft, in: Reallexikon der deutschen Literaturgeschichte, 2. Aufl., Bd. II, Berlin 1965, S. 195–212.

nen. Müllenhoffs Antwort an Wilhelm Scherer ist berühmt, als
dieser ihn fragte, was er unternehmen solle: ‹Lesen Sie Terenz!›

Es sollte auch heute als eine besondere Leistung auf literaturwis-
senschaftlichem Gebiet gelten, eine kritische Ausgabe herzustellen,
ist doch für das editorische Verfahren und die dabei zu fällenden
Entscheidungen die Beherrschung der vielfältigen literaturwissenschaftlichen Methoden die Vorbedingung. Indes ist bekannt genug,
daß oftmals schnellfertige, tiefsinnig und bedeutend klingende Interpretationen, in denen von Seinsweise und Geworfenheit, von
sich lichtender Wahrheit und Existenzerhellung gekündet wird,
mehr gelten als die entsagungsvolle Mühe einer kritischen Ausgabe.[5]

Der sachkundigen Herausgabe ist die Kommentierung eines Textes benachbart. Ihre Aufgabe ist es, die für das sachliche Verständnis des Textes erforderlichen Erläuterungen zu geben. Ein solcher
Kommentar führt in den besten Fällen unmittelbar bis an die
Schwelle der Interpretation, stellt zumindest die Hilfen dafür bereit. Er kann nur geschrieben werden, wenn sein Verfasser für sich
eine Interpretation des Ganzen bereits vollzogen hat; denn vieles
einzelne, was der Erläuterung bedarf, entdeckt seinen wahren Sinn
erst in umfassender Analyse und Deutung des Ganzen. Der Kom-
mentator muß in der Sprachgeschichte wie in der allgemeinen Kul-
turgeschichte, in der Literatur- und Geistesgeschichte wie in der
Wissenschaft von der Dichtung und ihren Formen gleichermaßen
zu Hause sein, wenn er – mitunter auf knappem Raum – bündige
Erläuterungen geben will.

---

5 Damit ist die Warnung Werner Richters vor einer Selbstüberschät-
zung der editorischen Philologie nicht gegenstandslos geworden: ‹Die
Philologie sollte im Bereiche der deutschen Literaturwissenschaft niemals
als Selbstzweck angesehen werden dürfen. Die Philologie, welche der Herausgabe von historischen oder andern prosaischen Texten gilt, hat eine
andere Zielsetzung als diejenige, welche wir Kunstphilologie nennen
können. Alle der Dichtung zugewandte Philologie soll der Erfassung und
Vergegenständlichung dichterischer Eigenart dienen. Sie soll zugleich ein
Mittel sein, künstlerisches Sehen und Verstehen im Bereich der Poesie zu
fördern. Tut sie das nicht, so ist sie nur Hilfsmittel und hat im Reich der
Literaturwissenschaft eine eingeschränkte Bedeutung. Denn wo die Philologie der Materialbereitung, der Edition an sich, der Prioritätsfragen, als
Selbstzweck auftritt, ist sie zwar die *eine*, die nämliche Philologie, welche
allen Wissenschaften zugleich dient, aber sie entbehrt des charakteristischen Merkmals unserer Literaturwissenschaft. Der Kunstphilologe muß
noch eine andere Perspektive haben als der allgemeine Philologe› (Von
der Literaturwissenschaft zur Literaturgeschichte, Monatshefte für deutschen Unterricht 33, 1941, S. 5).

‖ Georg Witkowski hat im Vorwort seines methodologischen Versuchs zur Edition neuerer Literatur die sich stellenden Aufgaben angedeutet: ‹Die Philologie schafft die Grundlagen für alle, noch so verschiedenen Absichten dienenden Ausgaben von Schriftdenkmälern. Sie hat durch die *Textkritik* den Wortlaut zu sichern oder seine Verschlechterungen zu beseitigen. Sie hat die Vollständigkeit der Überlieferung des einzelnen Werkes und der Gesamtausgaben zu überwachen, bei Zweifeln an der Autorschaft diese mit den Hilfen der *höheren Kritik* festzustellen und, soweit dafür eine Notwendigkeit gegeben ist, aus Sprache und Inhalt die Entstehungszeit der Werke und ihrer verschiedenen Fassungen zu erschließen. Diese wiederum sind miteinander zu vergleichen, die *Lesarten* zu verzeichnen. Skizzen und in das Werk selbst nicht aufgenommene Stellen (*Paralipomena*) sind heranzuziehen, und das alles wird in einer Beigabe vereinigt, die man den *Apparat* nennt.

Bei diesem philologischen Teil der Herausgebertätigkeit hat die Literaturwissenschaft vielfältige Hilfsdienste zu leisten. Und ebenso kann auch sie auf ihrem eignen Arbeitsgebiet die Unterstützung der Philologie nicht entbehren. Dieses Gebiet umfaßt alles, was dem Verständnis und Genuß wissenschaftliche Förderung gewähren kann: Sach- und Worterklärung, Entstehungsgeschichte, augenblickliche und spätere Wirkung, Quellenkunde, biographische und kulturhistorische Voraussetzungen, Aufschluß über geistigseelischen Gehalt und künstlerische Form [...]›

Der Student wird in den seltensten Fällen dazu kommen, praktische editorische Arbeit zu leisten. Dessen ungeachtet muß er mit den Prinzipien und Problemen der Edition vertraut werden. Auch wenn an den Universitäten heute bedauerlicherweise nicht oft Übungen in dieser hohen Kunst veranstaltet werden, kann er sich doch anhand folgender, nicht umfangreicher Literatur in dieses Gebiet wenigstens einarbeiten:

Georg Witkowski, Textkritik und Editionstechnik neuerer Schriftwerke. Ein methodologischer Versuch, Leipzig 1924.

Hans Werner Seiffert, Edition, in: Reallexikon der deutschen Literaturgeschichte, 2. Aufl. Bd. I, Berlin 1958, S. 313–320. Der Artikel informiert über die Praxis der Edition und ihre Grundbegriffe und zeichnet – wie der nächste Aufsatz – eine knappe Geschichte der Editionstechnik, deren Prinzipien sich seit dem 19. Jahrhundert erheblich gewandelt haben.

Manfred Windfuhr, Die neugermanistische Edition. Zu den Grundsätzen kritischer Gesamtausgaben, DVjs. 31, 1957, S. 425 bis 442. Der Aufsatz ist besonders gut zur Einführung in die *Probleme* der Edition und ihrer Technik geeignet.

Hans Zeller, Zur gegenwärtigen Aufgabe der Editionstechnik, Euphorion 52, 1958, S. 356–377.

Dietrich Germann, Zu Fragen der Darbietung von Lesarten in den Ausgaben neuerer Dichter, Weimarer Beiträge 8, 1962, S. 168 bis 188.

Wolf-Hartmut Friedrich und Hans Zeller, Textkritik, in: Das Fischer Lexikon, Bd. 35, 2 (Literatur 2, 2), Frankfurt 1965, S. 549 bis 563. – Wolf-Hartmut Friedrich, Philologische Methode, ebenda, S. 408–422.

Als repräsentativer Versuch einer modernen kritischen Edition darf die Stuttgarter Hölderlin-Ausgabe gelten, die Friedrich Beissner betreut hat. Sein editorisches Verfahren hat der Herausgeber mehrfach erläutert und begründet, z. B.: Aus der Werkstatt der Stuttgarter Hölderlin-Ausgabe, in: F. Beissner, Hölderlin. Reden und Aufsätze, Weimar 1961, S. 251–265. – Über diese Ausgabe berichtet ausführlich Hans Pyritz, DVjs. 21, 1943 (Referatenheft), S. 88–123; ders., Zum Fortgang der Stuttgarter Hölderlin-Ausgabe, in: Hölderlin-Jahrbuch 1953, S. 80–105.

Die sich an Beissners Verfahren anschließende Diskussion ‹machte die Problematik einer Reihe prinzipieller Entscheidungen sichtbar und führte im Apparat von C. F. Meyers Gedichten (1964 ff) zu einer Darstellung, welche die bei der Handschriftenwiedergabe auf Grund bloß des Textzusammenhangs und nicht zugleich auf Grund graphischer Indizien getroffenen Entscheide kennzeichnet, Dokumentation und Deutung der Überlieferung (deskriptive und interpretierende Information) trennt, unsichere Deutungen als solche bezeichnet und eventuell weitere mögliche Deutungen mitteilt› (H. Zeller, Textkritik, in: Das Fischer Lexikon, Bd. 35, 2, S. 562).

2. Literaturgeschichte

Als Literarhistoriker wollen wir Kenntnis gewinnen von dem, was gewesen ist; suchen das einzelne an seinem geschichtlichen Ort auf; bemühen uns, es dort zu verstehen und in den Ablauf der Geschichte einzuordnen. So ist Literaturgeschichte Kunde von dem, was gewesen ist, und – wenn sie die Gegenwart einbezieht – von dem, was ist. Die Universität und die hier besorgte Literaturgeschichte sind eine Stätte der Bewahrung dessen, was war und ist, ein Ort der möglichen Erinnerung. Es muß eine solche Stätte geben, damit nicht beliebig vergessen wird. An ihr, mit den in den Bibliotheken versammelten Büchern und in der Literaturgeschichtsschreibung selbst, wird Altes und Neues aufbewahrt, auf daß es in seiner Fülle bereitstehe und Zugänge, wenn sie gewünscht werden, möglich sind. Texte werden hier gehütet, gesichtet, in ihren ordentlichen Zustand gebracht, d. h. in den legitimen Wortlaut, und eingeordnet in den geschichtlichen Zusammenhang. Daraus erwächst auch dem einzelnen Werk Nutzen; denn auch das einzelne, mögen wir es noch sosehr für eine Sonderbetrachtung isolieren, steht in Zusammenhängen, ist von ihnen bedingt, und das Verstehen ist in den meisten Fällen nur möglich, wenn auch diese Verflechtungen und Bedingungen erkannt und entsprechend veranschlagt werden. Wissenschaftliches Verstehen wenigstens vollzieht sich so und ist dadurch ausgezeichnet und zu einem Teil in seinem Wesen bestimmt.

Literaturgeschichtliche Arbeit selbst, also literaturgeschichtliche Einzelforschung, für die es mannigfache Aspekte gibt, und literaturgeschichtliche Teil- und Gesamtdarstellungen sind ständige Aufgaben der Literaturwissenschaft. Das darf in einer Phase, in der sich – oft zu einseitig – das Interesse vieler Lehrender und Studierender vor allem auf die ‹Interpretation› des einzelnen Werkes richtet, nicht vergessen werden. Interpretation selbst ist nicht möglich ohne Literaturgeschichte; denn das Werk verliert nicht den Charakter der Geschichtlichkeit, sondern ist davon gezeichnet, mag es auch zeitlose Geltung beanspruchen können. Diese spannungsvolle Doppelheit ist erst des Erfragens wert. Und ebenso sieht sich das Begreifen und Darstellen literarhistorischer Zusammenhänge auf das analysierend-interpretierende Verstehen des einzelnen Werkes verwiesen. Das eine läßt sich vom andern nicht trennen.

Ohne Zweifel schien in der jüngsten Vergangenheit vielen die Literarhistorie eine nebensächliche Angelegenheit zu sein, ja von den eigentlichen Aufgaben der auf die Erschließung des Werks gerichteten Literaturwissenschaft wegzuführen. ‹So lassen sich denn auch heute die antihistorischen Proklamationen der Literaturwissenschaft in großer Zahl anführen›, schrieb WEHRLI 1950.[6] KAYSER und WELLEK/WARREN konnten als Kronzeugen erscheinen: ‹WOLFGANG KAYSER schließt die Literaturgeschichte aus dem Kreis der Literaturwissenschaft aus, und selbst die ruhig abwägenden und enzyklopädistisch interessierten Verfasser der ‚Theory of Literature‘ räumen der Literary History nur ein schmales abschließendes Kapitel ein. Man kann wohl von der schlagwortartigen communis opinio sprechen, daß Kunst als zeitlose bzw. jederzeitige in einem rangmäßigen und wesensmäßigen Sinne der Ge-

6 MAX WEHRLI, Allgemeine Literaturwissenschaft, S. 133 f.

schichte als dem Zeitlichen und Veränderlichen prinzipiell entge-gegengesetzt sei.> Aber auch WOLFGANG KAYSERS späteres Wort ist bezeugt: ‹Ich habe die Kategorie des Geschichtlichen wieder für mich entdeckt.›[7] Sein früher Tod hat es verhindert, daß sich dieses Wissen auch in Arbeiten genuin literarhistorischer Art auswirkte. Inzwischen ist die Wichtigkeit der literaturgeschichtlichen Arbeit weithin wieder erkannt worden.[8]

Angemessenes Begreifen aber kann sich, um es an dieser Stelle nochmals zu erwähnen, weder in der Literaturgeschichte noch in der Literaturwissenschaft überhaupt in den mehr oder minder zu-fälligen Grenzen der Nationalliteraturen vollziehen. Das gilt für den Forschenden und tätig-produktiv Literaturgeschichte Treiben-den wie für den Studierenden. Die Entwicklung des Romans im 18. Jahrhundert etwa bleibt unverständlich ohne die Kenntnis der Romane eines RICHARDSON, FIELDING, STERNE, und wie wollte man die jüngsten Erscheinungen auch im deutschen Sprachraum verste-hen ohne das Studium von JOYCE, PROUST, VIRGINIA WOOLF, FAULK-NER und anderen? In den übrigen Gattungen verhält es sich nicht anders.

Und noch ein erweiternder Aspekt für literarhistorisches Arbei-ten, der ebenfalls schon berührt worden ist: Literaturgeschichte will den Gang der Literatur durch die Zeiten, will Zeitabschnitte, ihren Zusammenhang untereinander und die Besonderheit ihres eignen geistig-literarischen Lebens erfassen. (Die Fragen der Periodisie-rung und der Epochenbestimmungen und -charakterisierungen ha-ben Literarhistoriker stets lebhaft beschäftigt.) Dazu genügt es nicht, nur die Gipfelleistungen der Literatur zu kennen. Der ‹Geist der Zeit› prägt sich nicht selten besonders deutlich in Werke min-derer Art ein.

Die Aufgabenbreite ist immens, Grenzen sind kaum sichtbar, und der einzelne kann schier verzweifeln. Doch ist Gesamtkenntnis für jeden Studierenden, den Lehrenden wie den Lernenden, der nie zu erreichende Idealzustand. Auch ein Universitätsstudium kann auf solchen sich ins Endlose dehnenden Bogen nicht gespannt wer-den. Das Studium hat notwendigerweise den Charakter einer Ein-führung. Wer das nicht bedenkt, kommt aus dem beklemmenden

---

7 In HANS NEUMANNS Trauerrede (28. 1. 1960), in: W. KAYSER, Schiller als Dichter und Deuter der Größe, Göttingen 1960, S. 38 (Göttinger Uni-versitätsreden 26).

8 Vgl. FRIEDRICH SENGLE, Aufgaben und Schwierigkeiten der heutigen Literaturgeschichtsschreibung, Archiv für das Studium der neueren Spra-chen und Literaturen 200, 1964, S. 241–264.

und fruchtlosen Zustand, ständig die gähnenden Lücken der eignen Kenntnisse abzuschätzen, nicht hinaus.

In seinem Referat über die Aufgaben der Literaturwissenschaft hat R. ALEWYN (s. oben S. 40, Anm. 4) im Kapitel ‹Literatur als Geschichte›, aus dem hier ausführlich zitiert sei, darauf hingewiesen, daß sich der geschichtliche Schwerpunkt der Forschung von Generation zu Generation verschiebe: ‹Während um die zwanziger Jahre das bisher unverstandene Zeitalter des Barock plötzlich in den Mittelpunkt der Aufmerksamkeit rückte, scheint dieses Interesse heute verebbt, leider noch bevor es zu gültigen Formulierungen der wichtigen – nicht nur literaturgeschichtlichen, sondern auch soziologischen und ästhetischen – Einsichten gekommen ist, die wir dieser Erfahrung verdanken. – Gleichzeitig ist das geistesgeschichtlich und soziologisch nicht minder merkwürdige Zeitalter des Humanismus und der Reformation in den Schatten getreten und literaturgeschichtlich verwaist [...]. – Das vorklassische 18. Jahrhundert, Klassik und Romantik haben sich dagegen seit Generationen gleichmäßig der Gunst der Forschung erfreut. Freilich hat man diese Epochen – von GOETHE vielleicht abgesehen – zu einseitig und oberflächlich nach dem ‚geistesgeschichtlichen‘ Verfahren ausgebeutet, d. h. die Dichtung, wenn nicht überhaupt vernachlässigt (wie in der Romantik), so doch vorwiegend auf ihre gedankliche Aussage abgefragt. Die literarischen Unterströmungen, die viel wichtigeren seelengeschichtlichen Vorgänge blieben im Dunkeln. – Das neunzehnte Jahrhundert war stets der Gegenstand anhaltender Einzelbemühungen. Daß sich von seiner Literatur her kein Gesamtbild herstellen will, daß sich das Bild seiner Literatur mit dem seiner Philosophie und seiner Gesellschaft sowie mit dem der nichtdeutschen Literaturen nicht recht decken will, dürfte in der Sache begründet sein. – Die zwei jüngsten Generationen liegen im Zwielicht eines einerseits noch aktuellen, andererseits schon historischen Interesses und einer teils noch leidenschaftlich Anteil nehmenden, teils schon objektiv wissenschaftlichen Bemühung. Für diese Periode, in der die Wurzeln und die Schlüssel zur Gegenwart vergraben liegen, sind umfangreichere und planmäßigere Anstrengungen nötig, als ihr bisher zuteil geworden sind. Die [...] Schwierigkeiten der Materialbeschaffung dürfen angesichts der Dringlichkeit der Aufgabe kein Hindernis bilden. – Es gehört endlich zu der Eigenart der Wissenschaften von den modernen Literaturen, daß ihr Gegenstand sich vor ihren Augen ständig vermehrt. Auch vor der werdenden Literatur ist der Beruf des Literarhistorikers nicht zu Ende.›

Seit 1956, als diese Anmerkungen veröffentlicht wurden, scheint das 17. Jahrhundert wieder an wissenschaftlicher Aufmerksamkeit gewonnen zu haben, nachdem auch das allgemeine Interesse am ‹Barock›, vor allem an der Barockmusik, lebhaft geworden ist, die allerdings fast ein Jahrhundert jünger ist als die Barockliteratur. Merkwürdig schwach ist nach wie vor die Beschäftigung mit der Aufklärung, die in Deutschland ohnehin ein schlimmes Schicksal gehabt hat, indem sie von früh an banalisiert und fälschlich mit plattem Rationalismus gleichgesetzt worden ist. Auch Vorlesungen über das vorklassische 18. Jahrhundert sind in Deutschland nicht eben häufig. Der Mangel an bedeutender Dichtung spielt dabei natürlich eine nicht unerhebliche Rolle.

Innerhalb dieses riesigen Gesamtbereichs der Literaturgeschichte gibt es besondere Aufgabengebiete, von denen wenigstens einige erwähnt seien. Auf manche der hier genannten Arbeiten kann dann später in den Ratschlägen zum Aufbau des Studiums zurückverwiesen werden.

a) Gesamtdarstellung der Geschichte deutscher Literatur

Die Literaturgeschichtsschreibung hat es heute außerordentlich schwer. Nach den Ergebnissen, die die Literaturwissenschaft in der analysierenden Bemühung um das einzelne Werk, der Interpretation, gewonnen hat, muß sie ihre Aufgaben und Methoden neu durchdenken. Die Forderungen, die an sie gestellt werden und nach Lage der Dinge auch gestellt werden müssen, sind so groß, daß es fraglich ist, ob ein einzelner noch das Wagnis einer Gesamtdarstellung der Geschichte der deutschen Literatur auf sich nehmen kann. Einerseits ist es nicht akzeptabel, in kühner geistesgeschichtlicher Manier, die freilich bedeutsame Einsichten nicht verhindert, Literaturgeschichte zu schreiben, wie es GÜNTHER MÜLLER und PAUL HANKAMER eindrucksvoll in ihren nach wie vor studierenswerten Darstellungen von Geist und Dichtung des 17. Jahrhunderts getan haben. Andererseits ist die Ausbreitung des bloßen Faktenmaterials ebenso unbefriedigend wie die Aneinanderreihung von biographischen Abrissen. Eine Literaturgeschichte ist heute ohne die exemplarische Analyse einzelner bedeutender Werke nicht mehr möglich. Wie wenig solchen, dem Stand der Literaturwissenschaft adäquaten Forderungen schon entsprochen werden kann, zeigen die vorliegenden literaturgeschichtlichen Darstellungen, auch diejenigen, die nur einem Teil der Literaturgeschichte gewidmet sind.

Um dem Studierenden Anhaltspunkte zu geben, wenn er nach literaturgeschichtlichen Werken Umschau hält, seien hier einige aufgeführt und mit knappsten erläuternden Bemerkungen versehen.[9]

WILHELM SCHERER hat im vorigen Jahrhundert ein epochemachendes Werk geliefert, das der Student trotz der Eigenwilligkeiten und Zeitgebundenheit noch kennenlernen sollte: die ‹Geschichte der deutschen Literatur› (Berlin 1883). Das Buch ist bis in die Gegenwart immer wieder neu aufgelegt worden.[10]

JOSEF NADLERS umfangreiche Arbeit ‹Literaturgeschichte der deutschen Stämme und Landschaften› (3 Bde., Regensburg 1912–18) bietet eine Fülle an Namen und Werken, die sonst selten genannt werden, wird aber schwer beeinträchtigt durch die nur teilweise fruchtbare, oft jedoch geradezu absurde Perspektive, die Literatur den deutschen Stämmen und Landschaften zuzuordnen und von dorther ihre Besonderheiten zu bestimmen. Die im Dritten Reich erschienene, neu bearbeitete und ergänzte 4. Auflage trägt allzu deutlich die düsteren Zeichen der Zeit, besonders in den das 20. Jahrhundert betreffenden Passagen. Der neue Titel zeigt es bereits an: ‹Literaturgeschichte des deutschen Volkes. Dichtung und Schrifttum der deutschen Stämme und Landschaften› (4 Bde., Berlin 1938 bis 41). Wichtig bleibt das Werk durch den Nachweis vieler anderwärts nicht erwähnter Autoren. Es ist aber eine bedenkliche Irreführung, gerade diese so tief fragwürdige Darstellung ‹eine der nützlichsten Literaturgeschichten› zu nennen.[11]

Andere wichtige Gesamtdarstellungen der deutschen Literaturgeschichte sind Gemeinschaftsunternehmen mehrerer Verfasser.

Von HELMUT DE BOOR und RICHARD NEWALD ist eine mehrbändige ‹Geschichte der deutschen Literatur von den Anfängen bis zur

---

9 Sie sind auch, neben anderen, genannt in den beiden für die Hand des Studenten bestimmten bibliographischen Einführungen: PAUL RAABE, Einführung in die Bücherkunde zur deutschen Literaturwissenschaft, 4. Aufl. Stuttgart 1964, S. 43 ff. (Sammlung Metzler); JOHANNES HANSEL, Bücherkunde für Germanisten. Studienausgabe, 3. Aufl. Berlin 1965 (Kap.: ‹Darstellungen zur deutschen Literaturgeschichte›). Allerdings sind die in diesen Einführungen mitunter gegebenen bewertenden Hinweise mit Vorsicht aufzunehmen.

10 Knappe Angaben darüber bei J. HANSEL, Bücherkunde..., S. 51. – P. RAABES Meinung, dieses Werk sei ‹wegen der gültigen Urteile bestechend› (Einführung in die Bücherkunde..., S. 44) ist so pauschal nicht haltbar.

11 P. RAABE, Einführung in die Bücherkunde..., S. 44. KARL VIËTORS Bemerkungen sind (neben vielen anderen) deutlich genug: ‹Eine regionale Literaturgeschichte hatte ERICH SCHMIDT schon 1886 gefordert. 1907 entwarf AUGUST SAUER das unzulänglich durchdachte Programm einer

Gegenwart› begründet worden (München 1949 ff). Von ihr sind bisher einige Bände erschienen, die jeweils in sich mehr oder minder abgerundete Epochendarstellungen sind: Die Bände 1, 2 und 3 (Teil I) umspannen die Zeit von 770 bis 1350 (Verfasser: H. DE BOOR) ; Band 5 behandelt den Zeitraum von 1570 bis 1750 (Verfasser: R. NEWALD), Band 6, Teil I, Ende der Aufklärung und Vorbereitung der Klassik (Verfasser: R. NEWALD). Diese umfassende Literaturgeschichte, zwar gleichartig in der Grundanlage, aber sehr unterschiedlich in der Einzelgestaltung, bemüht sich, ‹die Summe aus der heute gültigen Forschung zu ziehen und sie so übersichtlich geordnet darzubieten, daß der Studierende ein geschlossenes Bild erhält und zugleich Ausgangspunkt und Anstoß für die eigene Arbeit findet›. Zweifellos wird sich der Student hier literaturgeschichtliche Belehrung holen können; es ist aber auch nicht zu verhehlen, daß die Bände NEWALDS nur eine (als solche wertvolle) Materialsammlung bieten; literaturgeschichtliche Darstellung ist das noch nicht (s. unten S. 51).

Eine Gemeinschaftsarbeit zahlreicher Fachgelehrter sind die ‹Annalen der deutschen Literatur. Geschichte der deutschen Literatur von den Anfängen bis zur Gegenwart›, hg. v. HEINZ OTTO BURGER (Stuttgart 1952, Neuauflage seit 1962). Der gewichtige, reichhaltige Band verfährt nach dem besonderen Prinzip der Annalistik, so daß nicht das thematisch und geistig Verwandte zusammenrückt, sondern das gemäß der Jahreszahl Zusammengehörige. Wichtig sind die ständigen Verweise auf Daten und Fakten auch außerhalb der deutschen Literatur. Es empfiehlt sich, das Studium dieses Werks mit der Lektüre anderer Darstellungen zu verbinden, die mehr auf die Erfassung größerer Zusammenhänge gerichtet sind.

---

solchen ‚literaturgeschichtlichen Betrachtung von unten'. Was als Supplement sein bescheidenes Recht hätte, tritt nun mit einem Anspruch auf [bei NADLER], den man als absurd abtun könnte, wäre er nicht so gefährlich durch seinen Zusammenhang mit dem Hexenwahn unserer Zeit, dem Aberglauben, daß das Blut der Grund aller Dinge ist. Der Geist wird aufgefaßt als bestimmt durch das Geistfernste, Unbegreiflichste und bisher Unbegriffenste. Das ist kein wissenschaftlich gesichertes Faktum, sondern ein Glaubensdogma des biologischen Materialismus, dem die Vermischung mit Elementen der romantischen Volksgeist-Metaphysik einen schillernden Aufputz gibt. Dazu treten noch politische Doktrinen aus der Sphäre des zeitgemäßen ‚völkischen' Nationalismus› (Deutsche Literaturgeschichte als Geistesgeschichte. Publications of the Modern Language Association of America 60, 1945, S. 912 f.). – Vgl. auch WALTER MUSCHG, J. Nadlers Literaturgeschichte, in: W. M., Die Zerstörung der deutschen Literatur, 3. Aufl. Berlin 1958; auch List-Taschenbuch 156.

In den ‹Epochen der deutschen Literatur› (Stuttgart 1912 ff) liegt eine Reihe eigenständiger Epochendarstellungen erheblichen Umfangs vor, die sich zu einer Gesamtgeschichte noch zusammenschließen sollen.[12]

Es gibt eine Anzahl kurzgefaßter Literaturgeschichten. Zu manchen kann der Student greifen, wenn er Grundzüge repetieren will (was für ihn eine ständige Aufgabe ist). Ich nenne drei, die mir für solche Zwecke empfehlenswert zu sein scheinen, wenn auch solche Versuche raffender Gesamtdarstellung immer der Quadratur des Kreises gleichen.

TH. C. VAN STOCKUM und J. VAN DAM haben eine zweibändige ‹Geschichte der deutschen Literatur› geschrieben (3. Aufl. Groningen 1961), die sich durch knappe sachliche Informationen auszeichnet. – Mehrere Verfasser haben in einer Folge von Aufsätzen, die verschiedene literaturgeschichtliche Betrachtungsweisen zeigen, eine einbändige ‹Deutsche Literaturgeschichte in Grundzügen› entworfen (hg. v. BRUNO BOESCH, 2. Aufl. Bern 1961). Hier findet man weniger Unterrichtung im einzelnen als vielmehr Überblicke über größere Zeiträume, die deren eigentümliches Wesen zu erfassen suchen. – An GERHARD FRICKES Darstellung ist die Präzision der Formulierungen und die Treffsicherheit der knappen Epochencharakterisierungen zu rühmen (‹Geschichte der deutschen Dichtung›, Tübingen 1949; 11. Aufl. Lübeck 1965, zus. mit VOLKER KLOTZ, der die Gegenwartsliteratur behandelt).

b) Darstellung einzelner Abschnitte der deutschen Literaturgeschichte

Die Forderungen, die an eine Geschichte der Literatur vom heutigen Standpunkt aus gestellt werden müssen (und noch nicht erfüllt sind), sind deutlich: Nicht Ansammlung bloßer Fakten, keine Zusammenstellung von Kurzbiographien oder Inhaltsangaben, sondern: Mitteilung der für die Entwicklung wichtigen Tatsachen; In-

---

12 Es liegen vor: WOLFGANG STAMMLER, Von der Mystik zum Barock. 1400 bis 1600, 2. Aufl. Stuttgart 1950. – PAUL HANKAMER, Deutsche Gegenreformation und deutsches Barock. Die deutsche Literatur im Zeitraum des 17. Jahrhunderts, 3. Aufl. 1964. – FERDINAND JOSEF SCHNEIDER, Die deutsche Dichtung der Aufklärungszeit. 1700 bis 1775, 2. Aufl. 1948. – DERS., Die deutsche Dichtung der Geniezeit. 1750 bis 1800, 1952. – FRANZ SCHULTZ, Klassik und Romantik der Deutschen, 2 Bde., 3. Aufl. 1959. – FRITZ MARTINI, Deutsche Literatur im bürgerlichen Realismus. 1848 bis 1898, 2. Aufl. 1964.

formationen über die für die literarischen Werke wesentlichen biographischen und geschichtlichen Daten, Ereignisse, Voraussetzungen; Nachzeichnung des geschichtlichen Ganges, verbunden mit und verdeutlicht an der Analyse und Auslegung repräsentativer Werke, gestützt auf die Erkenntnisse historischer Philologie, wie sie vor allem ERNST ROBERT CURTIUS gefordert hat. Solchen Postulaten läßt sich noch am ehesten in Teildarstellungen der Literaturgeschichte gerecht werden. Aber auch hier ist noch vieles, wenn nicht alles zu tun. Das zeigen e contrario besonders deutlich zwei Arbeiten:

RICHARD NEWALDS Beitrag ‹Vom Späthumanismus zur Empfindsamkeit. 1570–1750›, 4. Aufl. München 1963 (Geschichte der deutschen Literatur, hg. v. H. DE BOOR u. R. NEWALD, Bd. 5), ist bedeutsam wegen der Fülle des Materials, das gesichtet wird. Gerade das war für das 17. Jahrhundert nach den geistesgeschichtlich orientierten Büchern GÜNTHER MÜLLERS und PAUL HANKAMERS durchaus erwünscht.[13] NEWALD wendet sich bewußt von der Art seiner Vorgänger ab. Aber nun bleibt er allzusehr im reinen Material stekken. Nicht zu Unrecht hat man davon gesprochen, daß sich die Reaktion auf die übergeistige Geistesgeschichte als so stark erwiesen habe, daß NEWALD bis in den naiven Positivismus der Schererzeit zurückgestoßen worden sei.[14]

EMIL ERMATINGER, ‹der in früheren Jahrzehnten für eine geistbetonte Forschung tatkräftig eintrat und den Materialismus des Positivismus leidenschaftlich bekämpfte›,[15] ist in seinem späten Werk ‹Deutsche Dichter von 1700 bis 1900. Eine Geistesgeschichte in Lebensbildern› (Bonn 1948–49; überarb. Aufl. Frankfurt 1961) zu einem psychologisch ausgerichteten Positivismus zurückgekehrt und hat vor jeglicher Werkanalyse haltgemacht. Aber auch Geistesgeschichte ist in dieser Aneinanderreihung von Lebensbildern, die zu lesen durchaus reizvoll und lohnend ist, nicht verwirklicht.

Den oben skizzierten Forderungen an eine moderne literaturgeschichtliche Arbeit sucht jetzt zu entsprechen FRITZ MARTINI in seiner umfangreichen ‹Deutschen Literatur im bürgerlichen Realismus. 1848 bis 1898›, Stuttgart 1962 (Epochen der deutschen Literatur, Bd. 5). ‹In diesem Werk wird sowohl berichtet wie interpretiert› (F. SENGLE).

---

13 G. MÜLLER, Deutsche Dichtung von der Renaissance bis zum Ausgang des Barock, Berlin 1927, 2. Aufl. Darmstadt 1957. – P. HANKAMER, Deutsche Gegenreformation und deutsches Barock, Stuttgart 1935, 3. Aufl. 1964.

14 ERIK LUNDING, Strömungen und Strebungen der deutschen Literaturwissenschaft, Kopenhagen 1952, S. 37.

15 E. LUNDING, ebenda.

Um nicht mißverstanden zu werden: Abschätzige Bemerkungen über den sogenannten Positivismus, wie sie eben zu lesen waren, können immer nur das Prinzip einer im vorigen Jahrhundert auf die exakten Naturwissenschaften als Vorbild blickenden Arbeitsweise treffen, in der Vollständigkeitssucht zu oft das Bedeutende nicht vom Nebensächlichen schied und die über dem einzelnen das Ganze aus dem Blick verlor. Für Textkritik, für biographische Studien, für die unentbehrliche und immer wieder zu unternehmende Faktenforschung in den verschiedensten Bereichen ist ‹Positivismus›, das sorgsame Achthaben aufs einzelne und Greifbare, unerläßlich. Gerade literar*historische* Arbeit kann darauf nie verzichten.

c) Gattungsgeschichtliche Untersuchung

Literarhistorische Arbeit kann unter bestimmten Aspekten erfolgen. Ein ebenso wichtiges wie lohnendes Unternehmen ist es, sich mit der Geschichte einer literarischen Gattung zu befassen. Die Schwierigkeiten sind freilich nicht gering. Wer den Weg einer Gattung durch die Zeiten verfolgen will, muß er nicht bereits eine bestimmte Vorstellung von Art und Gesetz der betreffenden Gattung besitzen? Muß er nicht vorab wissen und fixiert haben, was eine Novelle, ein Roman, eine Elegie, eine Ballade, ein Lied, eine Tragödie, eine Komödie usw. sei? Aber nach dem Abbau der normativen Poetik seit der Mitte des 18. Jahrhunderts, die vorschrieb, wie die Stücke einer bestimmten Gattung auszusehen hatten, haben solche vorgegebenen Bestimmungen keine Geltung mehr. Sie würden dem lebendig freien Wachstum der einzelnen Werke nicht gerecht werden können, es vielmehr behindern. Doch gibt es gewiß etwas, was sich in aller Geschichte einer Gattung durchhält als Gemeinsames, Verbindendes, mag es mitunter auch nur schwach ausgeprägt sein. Das allein festzustellen und ihm nachzuspüren wäre jedoch zu wenig, und so müssen moderne Gattungsgeschichten sich notwendigerweise auf eine Phänomenologie des Verschiedenen innerhalb nicht starr und streng gezogener Gattungsgrenzen einlassen. Gattungen können vielfaches Leben in sich tragen. Um es zu erfassen, dürfen wir nicht nur auf das Gemeinsame, das sich durchhält, achtgeben, sondern müssen dem einzelnen unser Augenmerk schenken.

Hier nur soviel: Was ein Sonett ist, kann ich freilich nach äußerlichen Gesichtspunkten bestimmen; die sprachliche Füllung der übernommenen äußeren Form aber kann sehr verschiedener Art sein. Es ist belanglos, aufzählend zu wissen, daß KLOPSTOCK, HÖLTY, HÖLDERLIN Oden geschrieben und etwa dasselbe Versmaß benutzt haben. Bedeutungsvoll wird es erst, wenn sichtbar wird, in wie verschiedener Weise der sprachliche Stoff in das Odenmaß eingeht und die Fügung der Worte unter dem gleichen Metrum verschiedene dichterische Wirklichkeiten von eigner Tonart und Färbung schafft, nicht zuletzt im Widerspiel zwischen dem Maß der Strophe und der sprachlichen Füllung.

Bei der Novelle versagen schlechterdings alle Versuche eindeutiger Bestimmung ihres Gattungswesens; die vorliegenden Geschichten der deutschen Novelle demonstrieren das Dilemma eindringlich.[16]

Diese Hinweise auf die Schwierigkeiten der Gattungsgeschichte müssen hier genügen. Allerdings ist zu bedenken, daß man bei der Betrachtung von Literatur, die im Herrschaftsbereich normativer Poetik entstanden ist, viel stärker auf die Forderungen und Konsequenzen zu achten hat, die aus den für verbindlich gehaltenen Gattungsgesetzlichkeiten herrühren, als bei der Literatur jüngerer Zeiten. Ältere Literatur ist an Gattungen gebunden. Damit sind nicht die Abstraktionen Lyrik, Epos, Drama gemeint, ‹sondern konkrete Erscheinungen wie Fastnachtsspiel, Heldenroman, Hochzeitgedicht, Trinklied usw., vorgegebene literarische Muster, in denen sämtliche Elemente einer Dichtung von der Sprache über die Motive bis zu den Gesinnungen zu verbindlichen Einheiten organisiert sind und die es als anachronistisch erscheinen lassen, nach der Psychologie oder der Weltanschauung einer individuellen Dichterpersönlichkeit zu fragen. Diese Bindungen lockern sich erst in neuerer Zeit, und seither strebt jedes dichterische Werk, die Organisation seiner Elemente auf eigentümliche und nur ihm angemessene Weise zu lösen.›[17]

Dabei können sich nun einander verwandte Strukturen zusammenstellen und Gruppen ergeben, die nicht mit Gattungen früherer Art identisch sind. So unterscheidet z. B. CLEMENS HESELHAUS, dem es in seiner ‹Deutschen Lyrik der Moderne von Nietzsche bis Yvan Goll› (Düsseldorf 1961) um eine ‹Phänomenologie der modernen lyrischen Formen› (S. 11) geht, ‹lyrische Zyklen› und ‹Zeilenkompositionen›, die ‹lyrische Groteske›, die ‹magischen Figuren›, das ‹lyrische Paradox›.[18]

KARL VIËTOR hat 1923 den Plan einer ‹Geschichte der deutschen

---

16 Siehe dazu den ausgezeichneten Forschungsbericht von KARL KONRAD POLHEIM, Novellentheorie und Novellenforschung (1945–1963), DVjs. 38, 1964 (Sonderheft), S. 208–316.

17 R. ALEWYN, in: Aufgaben der Forschung, Köln 1956, S. 185.

18 Vgl. auch die bedeutende Arbeit von HUGO FRIEDRICH, Die Struktur der modernen Lyrik, Hamburg 1956, 8. Aufl. Reinbek 1965 (rde, Bd. 25).

Literatur nach Gattungen› entworfen und ihn im Rahmen eines Sammelwerks zu verwirklichen unternommen. Es ist zunächst freilich bei zwei (jedoch bedeutenden) Arbeiten geblieben: KARL VIËTOR, Geschichte der deutschen Ode, München 1923; GÜNTHER MÜLLER, Geschichte des deutschen Liedes vom Zeitalter des Barock bis zur Gegenwart, München 1925. Doch ist seitdem die Geschichte der Gattungen immer wieder beachtet worden, und es liegt mittlerweile für die verschiedenen Sparten eine ganze Reihe (qualitativ allerdings sehr unterschiedlicher) Darstellungen vor.[19]

d) Biographische Arbeit

Die Wichtigkeit dieses literarhistorischen Arbeitsbereichs scheint wieder stärker erkannt zu werden, wie einige repräsentative Biographien der letzten Jahre bezeugen. Gerade auf diesem Felde sollte moderne Literaturwissenschaft ihre Methoden erproben und ihre Fruchtbarkeit beweisen. Denn hier handelt es sich jeweils um ein relativ überschaubares, wenn auch nur mit äußerster Vorsicht und genauer Kenntnis der Details zu bewältigendes Gebiet. ‹Biographismus› allerdings ist nicht erwünscht, d. h. einsinnige Versuche, Eigentümlichkeiten und Aussagen der Dichtung auf lebensgeschichtliche Ereignisse des Autors zurückzuführen und das Werk selbst möglichst ganz aus biographischen Zusammenhängen zu erläutern.

Moderne Dichterbiographie wird, so dürfen wir postulieren, Werkbiographie zu sein haben. Das bedeutet, daß auf dem Verständnis der Werke, ihrer Gestalt und ihres Gehalts, der Nachdruck liegt, aber nun nicht als isolierter sprachlicher Kunstwerke, sondern die Verflechtungen sollen erkennbar werden, in denen die Werke im Rahmen des Dichterlebens und damit auch, da das Dichterleben ein geschichtliches ist, im Horizont der Geschichte und ihrer mannigfachen Bedingungen stehen.

Eigentümliche Schwierigkeiten ergeben sich, auf die auch EMIL STAIGER im Vorwort zu seinem ‹Goethe› kurz eingeht: Kein Einzelwerk darf zu einem allein herrschenden Brennpunkt gemacht werden, auf das alle Betrachtung bezogen ist und in dem sich die andern Werke beziehungsvoll sammeln. Das einzelne Werk hat zugleich in seiner Abgeschlossenheit und Selbstgenügsamkeit und als Phase eines lebensgeschichtlichen, historischen Prozesses zu erscheinen.

Es kann auch nicht darum gehen, in *schlechter* positivistischer

---

19 Die Arbeiten sind verzeichnet bei JOH. HANSEL, Bücherkunde . . ., im Abschnitt ‹Deutsche Literaturgeschichte nach Gattungen›.

Manier alle Daten zusammenzutragen, die mit dem Leben des Autors zusammenhängen. Eine Biographie wird mit den vorliegenden lebens- und werkgeschichtlichen Fakten auswählend verfahren; denn mag auch der liebe Gott im Detail stecken, so will der Biograph doch, zwar gestützt auf genaue Details, den Gesamtbau des Lebens und zugehörigen Werks in seinen eigentümlichen Zügen aufführen und anschaulich werden lassen. Nicht alles, was sich begibt, ist für ein Leben bedeutungsvoll, und auch nicht jedes Leben ist nacherzählenswert.[20]

Nach 1945 sind drei biographische Arbeiten erschienen, die hervorgehoben zu werden verdienen: FRIEDRICH SENGLE, Wieland, Stuttgart 1949. – EMIL STAIGER, Goethe, 3 Bde., Zürich 1957 ff. – BENNO v. WIESE, Friedrich Schiller, Stuttgart 1959. Alle streben der Werkbiographie zu: STAIGER am entschiedensten, v. WIESE am ausgewogensten in der analysierend darstellenden Zeichnung von Leben und Werk, SENGLE noch am stärksten aufs Lebens- und Zeitgeschichtliche sein Augenmerk richtend. Der Student sollte auf das Studium dieser Bücher nicht verzichten.

Die eben angedeuteten Prinzipien literaturwissenschaftlicher Biographie gelten natürlich auch für biographische Teilstudien, von denen als ein besonders lesens- und liebenswertes Beispiel hier genannt sei: PAUL HANKAMER, Spiel der Mächte. Ein Kapitel aus Goethes Leben und Goethes Welt, Tübingen 1948.

e) Spezielle literaturgeschichtliche Forschungen

Literaturgeschichtliche Arbeit erforscht die historischen Zusammenhänge, in denen Literatur lebt und ihre Gehalt-Gestalt-Einheit gewinnt. Es versteht sich von selbst, daß zu diesem Zweck spezielle Untersuchungen unter verschiedenen Gesichtspunkten angesetzt werden können und müssen. In diesem Bereich, der hier nicht in seinen zahlreichen Einzelheiten besprochen werden soll, fallen form- wie motivgeschichtliche Studien, literatursoziologische wie allgemein kulturhistorische Forschungen u. a. m. Besonders dringlich sind Arbeiten, in denen über die Grenzen des rein Literarischen hinausgeblickt und Literatur im allgemeinen geschichtlich-gesellschaftlichen Raum zu erfassen gesucht wird, ihre Funktion, ihr Ort im literarischen Leben überhaupt und im geistigen Haushalt der Völker. Dazu ist eine viel stärkere Vertrautheit des Betrachters

---

20 Vgl. FRIEDRICH SENGLE, Zum Problem der modernen Dichterbiographie, DVjs. 26, 1952, S. 100–111.

mit soziologischen Fragen und Erkenntnissen erforderlich als bisher. Doch steht auf dem Gebiet der Literatursoziologie die westdeutsche Literaturwissenschaft erst am Anfang, während die Dogmatik des Marxismus-Leninismus fruchtbare Ansätze schnell deformiert. MAX WEHRLI hat in seinem Forschungsbericht die Wichtigkeit der soziologischen Fragestellung hervorgehoben: ‹Soweit das dichterische Werk, gerade als Werk, über sich hinausweist, betrifft es nicht nur die dichterische Persönlichkeit, sondern den Dichter als Gesellschaftswesen; Dichtung ist nicht denkbar ohne ihren sozialen Aspekt, als gesellschaftsbestimmendes und -bestimmtes, als gesellschaftsrepräsentierendes Wort. Es gibt nicht nur eine Sprachsoziologie, sondern auch eine Literatursoziologie. Die Fragestellung betrifft viele Schichten, von jener von der Tiefenpsychologie erforschten Gemeinsamkeit und Gemeinschaftlichkeit kollektiv-seelischer Urformen zu den verschiedenen gesellschaftlichen (nationalen, standesmäßigen, gruppenmäßigen) Bindungen des literarischen Geschehens und höher hinauf zu den bewußten Auseinandersetzungen der dichterischen Einzelexistenz mit ihrer Umwelt; schon am Einzelwerk wird ein Schichtengefüge sozialer Stilebenen erkennbar sein. Auf alle Fälle handelt es sich hier um faßbarere und dichtungsnähere Größen als es Landschaft, Stamm oder Rasse sind.›[21]

ERNST ROBERT CURTIUS hat 1948 in seinem mittlerweile berühmt gewordenen Buch ‹Europäische Literatur und lateinisches Mittelalter›, das durchzuarbeiten für jeden Studierenden unerläßlich ist, die Abkehr von der bislang praktizierten Literaturgeschichte gefordert. Insbesondere der deutschen Literaturwissenschaft macht er den Prozeß: sie zeige zuviel Geist und Schönrednerei, zuwenig Philologie, zuviel Mangel an historischer Durchforschung des Materials. ‹Wie die europäische Literatur nur als Ganzheit gesehen werden kann, so kann ihre Erforschung nur historisch verfahren. Nicht in der Form der Literaturgeschichte! Eine erzählende und aufzählende Geschichte gibt immer nur katalogartiges Tatsachenwissen. Sie läßt den Stoff in seiner zufälligen Gestalt bestehen. Geschichtliche Betrachtung aber hat ihn aufzuschließen und zu durchdringen.

21 M. WEHRLI, Allgemeine Literaturwissenschaft . . ., S. 124. – Es ist bezeichnend, daß ein Kapitel ‹Literatur und Gesellschaft› im ‹Reallexikon der deutschen Literaturgeschichte› noch fehlt. GERO V. WILPERTS ‹Sachwörterbuch› hat einen Artikel ‹Literatursoziologie› (mit wenigen Literaturnachweisen), ebenso das Fischer Lexikon ‹Literatur›, Bd. 2, 1. – HANS NORBERT FÜGEN, Die Hauptrichtungen der Literatursoziologie und ihre Methoden. Ein Beitrag zur literatursoziologischen Theorie, Bonn 1964 (Abhdlg. z. Kunst-, Musik- und Literaturwissenschaft, Bd. 21).

Sie hat analytische Methoden auszubilden, das heißt solche, die den Stoff ‚auflösen' (wie die Chemie mit ihren Reagentien) und seine Struktur sichtbar machen. Die Gesichtspunkte dafür können nur aus vergleichender Durchmusterung der Literaturen gewonnen, das heißt empirisch gefunden werden. Nur eine historisch und philologisch verfahrende Literaturwissenschaft kann der Aufgabe gerecht werden.›[22]

Curtius' Attacke zielt hier auf die Geistesgeschichte, die zu leichtfertig konstruiere, ohne das Material historisch-philologisch durchdrungen zu haben. Er fordert demgegenüber eine ‹historische Topik›, wie er sie selbst in seinen Studien für das lateinisch bestimmte Mittelalter (und weit darüber hinaus) entwickelt. Rhetorische Figuren, Motive, Bilder, Ausdrucksformen sollen in ihrer Überlieferungskette sichtbar gemacht werden, so daß der innere Zusammenhang der europäischen Literatur aufleuchtet. Solche ‹historische Philologie›, wie man statt des bereits angefochtenen Ausdrucks ‹Topik› gern sagt, sieht ihre Hauptaufgabe darin, Verbindungslinien sichtbar zu machen und Motive und Bilder usw. auf ihren Wegen möglichst bis zum Ursprungsort zurückzuverfolgen (bzw. umgekehrt). Dadurch wird ohne Zweifel die vorschnelle Deutung einer sprachlichen Erscheinung verhindert, weil diese nicht mit einer geheimnisvoll neuen Bedeutung beladen werden kann.

Aber es ist auch zu bedenken — und das wird in Curtius' Buch und Forderung nicht deutlich genug —, daß sich in der Aufschlüsselung historischer Verbindungen, in der Analyse eines Werks auf Motivverästelungen hin moderne Philologie keinesfalls schon erschöpft. Denn vermag nicht ein Ausdruck, ein Bild, ein Motiv, und seien sie noch sooft gebraucht worden, an einer neuen Stelle, innerhalb eines neuen Zusammenhangs plötzlich frische, früher nicht geahnte Deutkraft zu verströmen? Erst wenn der jeweilige Stellenwert eines Motivs, Bildes usw. im Gefüge des neuen Werks freigelegt ist, kommt ‹historische Philologie› an ihr Ziel. Historische Philologie *und* phänomenologische, d. h. Gehalt-Gestalt-Einheit des Werks durchleuchtende Dichtungsbetrachtung müssen zusammen geübt werden, wenn Literatur wissenschaftlich begriffen werden soll. Das gilt verständlicherweise besonders für jene langen Epochen der Literaturgeschichte, als die Motiv- und Bildwelt der Dichtung noch nicht das Produkt freischaffender individueller Phantasie war.

---

22 E. R. Curtius, Europäische Literatur und lateinisches Mittelalter, Bern 1948, S. 25. – Heranzuziehen ist die Besprechung von Erich Auerbach, Romanische Forschungen 62, 1950, S. 237–245; ferner: Walter Veit, Toposforschung, DVjs 37, 1963, S. 120–163.

Literaturgeschichte, von der auf den vorigen Seiten gesprochen wurde, kann nicht verwirklicht werden, ohne daß das in dem jetzt zu erwähnenden Arbeitsbereich Erkannte, Geleistete und zu Leistende genutzt und beachtet würde – und umgekehrt. Literaturgeschichtliche Arbeit und Analyse und Deutung der einzelnen Werke sind unlöslich miteinander verbunden.

Wissenschaft vom spezifischen Sein der Literatur und Analyse und Deutung der Werke heißt: Wir suchen die besondere Formensprache in der Welt der Literatur zu verstehen, das Künstlerische des literarischen Werks, die besondere Wahrheit, die in der Dichtung beschlossen liegen mag, die verschiedenen Spielarten dichterischer Verwirklichung: im Dramatischen, im Epischen, im Lyrischen. In diesem Zusammenhang hat man auch von Dichtungswissenschaft gesprochen.

Die Literaturwissenschaft hat im jüngst zurückliegenden Zeitraum ihre intensivsten Anstrengungen hier entfaltet. Interpretation des einzelnen Werks erschien als wichtigste Aufgabe und damit das verstehende Eindringen in die besondere Welt vornehmlich des Dichterischen, jene zweite Welt neben oder über der empirischen Realität, die auch das Mögliche nicht ausläßt und das ‹Reale› umsetzt in vorher so nicht Gesehenes, die das Gewohnte fremd macht, um seine andere Wahrheit aufscheinen zu lassen. Das Künstlerische des sprachlichen Kunstwerks aufzuhellen, darum ging es – und geht es immer. Auch dem Anfänger ist dieser Arbeitsbereich nicht ganz fremd.

Die Hinwendung zur Interpretation des Einzelwerks, wie sie im deutschen Sprachraum seit Ende der dreißiger Jahre zu erkennen ist, signalisiert ein Abrücken von jener Betrachtungsweise, die das Werk unter ideen- und geistesgeschichtlichen Aspekten abfragt, aber auf seine spezifisch künstlerische Eigenheit und Ganzheit in geringem Maße achtet. Wegmarken der neuen Bemühungen sind einige Bücher, von denen die bedeutendsten mit den Namen Max Kommerell und Emil Staiger verbunden sind. (M. Kommerell, Geist und Buchstabe der Dichtung, Stuttgart 1939; Gedanken über Gedichte, Stuttgart 1943.) Im Jahre 1942 erschien eine Anthologie von Gedichtbetrachtungen (ganz unterschiedlicher Qualität) unter dem Titel ‹Gedicht und Gedanke› (hg. v. Heinz Otto Burger), im Jahr darauf Staigers Sammlung eigner Interpretationen von ‹Meisterwerken deutscher Sprache aus dem 19. Jahrhundert›.

Merkwürdig ist, daß die deutschsprachigen Versuche dieser Art weder von der russischen formalistischen Schule, die schon in den zwanziger Jahren subtile analytische Methoden entwickelt und erprobt hat, noch vom angelsächsischen *New Criticism* beeinflußt und gefördert worden sind. Wenigstens haben sich bisher sichere Verbindungslinien nicht ziehen lassen.

Im Mittelpunkt der Werkbetrachtung steht zumeist das Bemühen, die künstlerische Eigengesetzlichkeit freizulegen und zu ihrem Recht und zu ihrer Wirkung kommen zu lassen. Dabei kann leicht der Eindruck entstehen, als sei dies das selbstverständliche Ziel einer modernen Wissenschaft, die sich der Dichtung widmet. In Wahrheit liegen die Dinge etwas anders. Denn wenn es nach 1945 so scheinen konnte, als sei solche Dichtungswissenschaft die zeitlos gültige Aufgabe, die unverbrüchliche Wahrheit der Literaturwissenschaft, so muß daran erinnert werden, daß kurz vorher nach sehr anderen Prinzipien verfahren worden ist. Die Dichtung wurde befragt und gewogen nach ihrer ‹völkischen› Bedeutung, danach, ob sich ‹Deutschheit›, ‹volkhafte› Kräfte in ihr ausdrückten. Da griff man zu BLUNCK und KOLBENHEYER, zu DWINGER und WILHELM SCHÄFER als den vermeintlichen Repräsentanten deutscher Literatur des 20. Jahrhunderts, und HÖLDERLIN und KLEIST wurden gefeiert als nationale Sänger. Von MUSIL, KAFKA, HOFMANNSTHAL, DÖBLIN, den Brüdern MANN wurde geschwiegen, sie waren ‹Zivilisationsliteraten›, zersetzend, infiziert mit dem Gift der europäischen Aufklärung oder schon deshalb nicht zur deutschen Literatur zu zählen, weil sie Juden waren. ‹Die Größe: Volk wird nun auch für die Literaturwissenschaft zum einzig gültigen Wertmaßstab [...] Denn darum geht es nun letztlich: Wachstum und Gepräge, Daseinssinn und Wirkungsraum der Dichtung im Aufbau der Nation zu erkennen, abzugrenzen und nicht zuletzt lebenerweckend zu deuten›, schrieb einer der Protagonisten der volkhaften Literaturwissenschaft.[23]

Es ist ohne Mühe dokumentarisch zu belegen, daß die von den deutschen Literaturwissenschaftlern nach dem Kriege so entschieden – allzu entschieden – vollzogene Wendung zur werkimmanenten Interpretation und die Hingabe an die Spiele der ästhetischen Formen *auch* ein Mittel zur Flucht aus den politisch-ideologischen Verstrickungen der jüngsten Vergangenheit war. Nach jener völkischen Deutschwissenschaft siedelte man sich, neue Prinzipien der Literaturwissenschaft aufgreifend und verkündend, in der vermeintlich unabhängigen Zone des Ästhetischen, des sprachlichen Kunstwerks an. ‹Das Jahr 1945 bedeutete für die deutsche Litera-

---

23 HEINZ KINDERMANN, Die deutsche Literaturwissenschaft an der Wende zweier Zeitalter, Geist der Zeit 21, 1943, S. 4.

turwissenschaft einen – notwendigen – Neubeginn. Die Abkehr aber von einer Entwicklung, die sich im Jahre 1933 in all ihren Kausalitäten demonstriert hatte, wird dann erst weithin sichtbar vollzogen sein, wenn es gelingt, den Gesellschafts- und Wissenschaftsprozeß selbst, der dahin geführt hatte, ‚radikal', nämlich in seiner gesamten Verwurzelung, darzustellen.›23a

Es ist manches getan worden, um die besondere Seinsweise von Literatur zu erschließen (aber noch keineswegs genug), und es ist selbstverständlich, daß der Studierende sich frühzeitig intensiv mit den einführenden und grundlegenden Untersuchungen beschäftigen und sich das dort Erarbeitete aneignen muß, freilich nicht ohne den Versuch, sich ständig kritisch mit den Theorien und Ergebnissen auseinanderzusetzen. Er verfährt falsch, wenn er eine bestimmte Einführung, einen bestimmten theoretischen Entwurf, eine bestimmte Art der Dichtungsbetrachtung als unumstößliches Dogma nimmt und sich sklavisch daran bindet.

RENÉ WELLEK und AUSTIN WARREN haben eine ‹Theorie der Literatur› entworfen (deutsche Übersetzung: Bad Homburg 1959. Es empfiehlt sich, die amerikanische Originalausgabe – Theory of Literature, 1. Aufl. 1942 – heranzuziehen, da die in der Übersetzung verwandten deutschen Begriffe an manchen Stellen Verwirrung stiften können.) Das Buch, auf souveräner Beherrschung der internationalen wissenschaftlichen Literatur fußend, beabsichtigt, ‹die rechten Fragen zu stellen, ein Organon der Methode vorzulegen›.

WOLFGANG KAYSER hat einmal formuliert: ‹Dichtung ist die einheitliche Gestaltung einer eigenen Welt mittels der Sprache; die Interpretation bemüht sich um eine adäquate Erfassung der jeweiligen Dichtung.›24 Hilfe zu solcher der Dichtung angemessenen Betrachtung will KAYSERS systematisierende Arbeit ‹Das sprachliche Kunstwerk› sein, die sich auch um die Klärung literaturwissenschaftlicher Begriffe kümmert (1. Aufl. 1948; 10. Aufl. 1964).

Der New Criticism hat wichtige Ergebnisse in der Ausbildung einer Methodik der Analyse literarischer Werke aufzuweisen, die gebührend zur Kenntnis zu nehmen sind, was allerdings m. E. in der deutschen Literaturwissenschaft noch zuwenig geschieht. Eindrücke dieser Bemühungen vermitteln zunächst die Sammlungen: Critiques and Essays in Criticism. 1920–1948, hg. v. R. W. STALL-

---

23a HANS MAYER, Literaturwissenschaft in Deutschland, in: Das Fischer Lexikon, Bd. 35,1 (Literatur 2,1), Frankfurt 1965, S. 332 f.

24 WOLFGANG KAYSER, Vom Werten der Dichtung, in: W. K., Die Vortragsreise, Bern 1958, S. 58.

MAN, New York 1949. – *Critiques and Essays on Modern Fiction.*
1920–1951. Representing the achievements of modern American
and British critics, selected by JOHN W. ALDRIDGE, *with a foreword*
by MARK SHORER, New York 1952.[25]

Versuchend und erprobend schreitet einen weiten Bereich der
Möglichkeiten der Literaturbetrachtung aus: NORTHROP FRYE, Ana-
lyse der Literaturkritik, Stuttgart 1964 (Sprache und Literatur 15).
Der Anfänger hat es mit diesem Buch allerdings nicht leicht. Unter
Kritik wird hier (wie in *criticism*) alles verstanden, ‹was sich wissenschaftlich und geschmacklich mit der Literatur auseinandersetzt›
(S. 9). Schwierigkeiten bieten diese Studien zunächst dadurch, daß
FRYE, um seine Intentionen verwirklichen zu können, die sonst üblichen Termini der Literaturtheorie weitgehend fallenläßt und durch
andere, oft selbst geprägte, ersetzt oder bekannten Begriffen eine
neue Bedeutung gibt.

Mit den in Deutschland viel zuwenig bekannten Ergebnissen der
russischen Literaturtheorie der zwanziger Jahre macht jetzt vertraut:
VICTOR ERLICH, Russischer Formalismus, München 1964 (Literatur
als Kunst), der einen geschichtlichen Abriß und eine systematische
Darstellung jener theoretischen Bemühungen gibt.[26]

Die Anstrengungen um eine wissenschaftliche Analyse der Prosa
haben einige Arbeiten hervorgebracht, die grundsätzliche Klärun-
gen anstreben und daher hier genannt zu werden verdienen: EBER-
HARD LÄMMERT, Bauformen des Erzählens, Stuttgart 1955; 2. Aufl.
1963. – FRANZ K. STANZEL, Typische Formen des Romans, Göttingen 1964 (Kleine Vandenhoeck-Reihe 187). – GÜNTHER MÜLLER,
Über das Zeitgerüst des Erzählens, DVjs. 24, 1950, S. 1–31. –
WOLFGANG KAYSER, Wer erzählt den Roman?, in: W. K., Die Vortragsreise, Bern 1958, S. 82–101. – WALTER PABST, Literatur zur
Theorie des Romans, DVjs. 34, 1960, S. 264–289.

Grundsätzliche Fragen des Dramas erörtert: ADOLF BEISS, Ne-
xus und Motive. Beitrag zur Theorie des Dramas, DVjs. 36, 1962,
S. 248–276.

Diese Arbeiten geben, wie die andern genannten, Hinweise auf
weitere Spezialliteratur.

Interpretation hieß (und heißt weitgehend noch, nun vor allem
auf den Schulen) das Zauberwort, das die Literaturwissenschaft in

25 Siehe jetzt auch den leicht zugänglichen Band von CLEANTH BROOKS,
Paradoxie im Gedicht. Zur Struktur der Lyrik, Frankfurt 1965 (edition
suhrkamp 124).

26 In der edition suhrkamp (Bd. 119) ist kürzlich eine Auswahl von
Studien BORIS EICHENBAUMS zum erstenmal in deutscher Sprache erschienen (Aufsätze zur Theorie und Geschichte der Literatur, Frankfurt 1965).

den letzten Jahren faszinierte. Inzwischen ist man sich auch der anderen Aufgaben des Faches wieder bewußt geworden. Doch ist es immerhin merkwürdig genug und gibt zu denken, daß noch kaum das Geschäft der Interpretation wirklich bündig durchgeführt worden ist, wenn man unter Interpretation das allseitige Aufschließen und Deuten des literarischen Werkes versteht. Nicht ohne Grund sind es vornehmlich Gedichte, denen sich die Interpreten zugewandt haben: in überschaubaren Grenzen läßt sich noch am ehesten Gültiges leisten. Zwar präsentiert sich eine Fülle von sogenannten Interpretationen, auch Dramen und Romanen gewidmet, und Sammelbände solcher Versuche sind schnell und zahlreich, allzu schnell und allzu zahlreich, entstanden. Aber auf wenigen Seiten, deren Zahl zumeist von vornherein begrenzt ist, läßt sich nicht alles zeigen und erläutern, was gezeigt und erläutert werden müßte. Gewiß sind etwa manche Aufsätze EMIL STAIGERS, einfühlsam und mit differenziertem Gespür für die Valeurs der Poesie geschrieben, Kabinettstücke ihrer Art und führen behutsam, aber weit in die Dichtungen ein. Ähnliches gilt für Versuche anderer. An ihnen kann der Studierende (kritisch wachsam sollte er sein!) lernen, vor allem auch, welche Zucht des Schreibens nötig ist. Doch welche Interpretationen erreichen schon die Meisterschaft jener Betrachtung, mit der RICHARD ALEWYN, Maßstäbe setzend, BRENTANOS ‹Geschichte vom braven Kasperl und dem schönen Annerl› bedacht hat (in: Gestaltprobleme der Dichtung. Festschrift für G. Müller, Bonn 1957, S. 143–180; jetzt auch in: Interpretationen, Bd. 4, hg. v. J. SCHILLEMEIT, Frankfurt 1966, Fischer Bücherei, Bd. 721)? Es bleibt noch viel zu tun.

Von der ‹Kunst der Interpretation› hat STAIGER gesprochen, als er in einem so betitelten programmatischen Vortrag seine Art der Dichtungsbetrachtung erläuterte (in: E. ST., Die Kunst der Interpretation, Zürich 1955, S. 9–33).[27] Er legt schön dar, wie aus genauer Kenntnis der historischen, biographischen, gattungsgeschichtlichen Zusammenhänge usw. die Interpretation der Dichtung als eine allseitig aufhellende Hilfe entstehen soll, die nichts zum Werk hinzutut, nichts wegnimmt oder gar unterschlägt und die so Dichtung als Dichtung verstehen lehrt.

Aber an der gleichen Stelle nennt STAIGER einen Grundsatz für die Wahl des Interpretationsgegenstandes, der höchst bedenklich ist. Warum er die Verse MÖRIKES ‹Auf eine Lampe› zum Gegen-

---

27 Dazu ist heranzuziehen auch: E. STAIGER, Das Problem des Stilwandels, in: E. ST., Stilwandel. Studien zur Vorgeschichte der Goethezeit, Zürich 1963, S. 7–24.

stand seiner als Beispiel vorgeführten Interpretation genommen habe, begründet er so: ‹Ich liebe sie; sie sprechen mich an; und im Vertrauen auf diese Begegnung wage ich es, sie zu interpretieren.› Früher schon hatte er den verführerisch-gefährlichen Satz geprägt: ‹Was uns der unmittelbare Eindruck aufschließt, ist der Gegenstand literarischer Forschung; daß wir begreifen, was uns ergreift, das ist das eigentliche Ziel aller Literaturwissenschaft.›[28]

Sogleich melden sich Zweifel an der Gültigkeit der STAIGERschen Sätze. Jeder weiß, daß es Verse gibt, die ihn durchaus nicht mehr ‹ansprechen› und die dennoch für die Geschichte der Literatur bedeutungsvoll sind. Der von STAIGER geäußerten Einstellung muß, wenn sie zum Prinzip wird, vieles, was historisch wichtig ist, nicht recht beachtenswert erscheinen.

Zu Recht hat daher CLEMENS HESELHAUS in einer Abhandlung, in der er gründliche methodologische Überlegungen vorträgt, gegen STAIGER geltend gemacht, daß die wirkliche Aufgabe der Interpretation erst dort zu beginnen scheine, wo wir nicht nur begreifen, was uns ergreift, sondern wo wir ergreifen, was wir vorher nie begriffen haben (Auslegung und Erkenntnis. Zur Methode der Interpretationskunde und der Strukturanalyse, mit einer Einführung in Dantes Selbstauslegung, in: Gestaltprobleme der Dichtung. Festschrift für G. Müller, Bonn 1957, S. 259–282). So betont HESELHAUS statt der *Kunst* der Interpretation die Notwendigkeit einer Interpretations*kunde*.

Förderliche Ratschläge für das Verfahren der Interpretation kann der Lernende weiterhin folgenden Aufsätzen entnehmen:

HEINZ OTTO BURGER, Methodische Probleme der Interpretation, Germanisch-Romanische Monatsschrift 32, 1950/51, S. 81–92. – ERICH TRUNZ, Über das Interpretieren deutscher Dichtungen, Studium Generale 5, 1952, S. 65–68. – AUGUST CLOSS, Gedanken zur Auslegung von Gedichten, DVjs. 27, 1953, S. 268–288. – EMIL STAIGER, Das Problem der wissenschaftlichen Interpretation von Dichtwerken, in: Worte und Werte. Festschrift für B. Markwardt, Berlin 1961, S. 355–358. – HUGO KUHN, Interpretationslehre, in: Unterscheidung und Bewahrung. Festschrift für H. Kunisch, Berlin 1961, S. 196–217. – WOLFGANG BABILAS, Tradition und Interpretation. Gedanken zur philologischen Methode, München 1961. – WALTER HÖLLERER, Möglichkeiten der Interpretation literarischer Werke, Orbis Litterarum 19, 1964, S. 49–65. – H. P. H. TEESING, Der Standort des Interpreten, ebenda, S. 31–46.

---

28 Die Zeit als Einbildungskraft des Dichters, 2. Aufl. Zürich 1953, S. 11 (1. Aufl. 1939).

Die Wissenschaft von der Dichtung kann sich konzentrieren zu einer systematischen Lehre von Wesen, Formen und Gattungen der Dichtkunst, einer ‹Poetik›. Frühere Zeiten, besonders das 17. und 18. Jahrhundert, haben eine stattliche Anzahl solcher Dichtungslehren hervorgebracht. Damals gaben sie Regeln und bestimmten, was und wie Formen und Gattungen der Poesie waren und zu sein hatten; wir sprechen deshalb von einer normativen Poetik. Seit dem letzten Drittel des 18. Jahrhunderts, als das Prinzip historischen Verstehens sich zu festigen und durchzusetzen begann – HERDERS SHAKESPEARE-Aufsatz ist in seiner Knappheit ein säkulares Dokument –, ist nurmehr eine induktive phänomenologische Beschreibung der Lebensformen der Dichtung legitim.[29] Angesichts der sich einem System widersetzenden Vielfalt und Offenheit der Dichtung zu möglichen neuen Formen ist es verständlich, daß heutzutage nicht oft eine Zusammenschau gewagt wird. So ist denn auch FRITZ MARTINIS ‹Poetik› (in: Deutsche Philologie im Aufriß, hg. v. W. STAMMLER, Bd. I, Berlin 1957, Sp. 223–280) keine abgeschlossene Lehre von der Dichtung, sondern eine Hinführung zu ihren verschiedenen Erscheinungsformen.

Einen eigenwilligen Versuch hat vor etlichen Jahren EMIL STAIGER unternommen, als er das Lyrische, das Dramatische, das Epische als ‹Grundbegriffe der Poetik› (Zürich 1946, 6. Aufl. 1963) zu erläutern suchte. Ihm geht es nicht darum, etwa die verschiedenen Gattungen des Gedichts (Ballade, Lied, Hymne, Ode, Epigramm usw.) durch ein bis zwei Jahrtausende zu verfolgen und etwas Gemeinsames als den Gattungsbegriff der Lyrik ausfindig zu machen, weil ein solches Unterfangen wertlos wäre; unmöglich, ‹alle je geschaffenen Gedichte, Epen und Dramen in bereitgestellten Fächern unterzubringen. Da kein Gedicht wie das andere, sind grundsätzlich so viele Fächer nötig, als es Gedichte gibt – womit sich die Ordnung selbst aufhebt› (S. 8). In STAIGERS Sinne sind ‹lyrisch, episch, dramatisch ... keine Namen von Fächern, in denen man Dichtungen unterbringen kann› (S. 243). Er möchte, als ‹Anwalt des Sprachgefühls gebildeter Menschen deutscher Sprache unserer Zeit› (S. 246), die im Gefühl unklaren Begriffe lyrisch, episch, dramatisch klären und nicht mehr.[29a]

---

29 In mehreren Bänden hat BRUNO MARKWARDT eine ‹Geschichte der deutschen Poetik› geschrieben (Berlin 1937–1959).

29 a Siehe jetzt auch: E. STAIGER, Andeutung einer Musterpoetik, in: Unterscheidung und Bewahrung. Festschrift für H. Kunisch, Berlin 1961, S. 354–362.

Auch die Literaturkritik, oft freilich sträflich vernachlässigt, gehört zu den Aufgaben der Literaturwissenschaft. (Kritik meint hier Wertung.) Immer noch lohnt es sich, vor allem bei Friedrich und August Wilhelm Schlegel in die Schule zu gehen. Ihre Besprechungen sind Meisterstücke der Rezension und weiten sich in den großen Essays zu kritischen Interpretationen. Schon sie sind jener Grundproblematik ausgesetzt, die das bereits zitierte Wort Friedrich Schlegels unübertrefflich genau ausdrückt: ‹Die Methode, jede Blume der Kunst, ohne Würdigung, nur nach Ort, Zeit und Art zu betrachten, würde am Ende auf kein andres Resultat führen, als daß alles sein müßte, was es ist und war.› Je entschiedener sich der Historismus ausbildete, desto mehr breitete sich ein Relativismus der Werte aus. Denn alles Gewesene war geschichtliche Äußerung des Lebens und als solche zu verstehen. Theoretiker und Geschichtsschreiber des Historismus hat dieses Problem bedrängt; nur an Namen wie Ernst Troeltsch und Friedrich Meinecke und an deren Klärungsversuche sei erinnert. Der Soziologe Max Weber suchte einen Ausweg, indem er zwischen der historischen Interpretation und der Wertung scharf unterschied. Der Historiker habe nur das Material bereitzustellen und an seinem Ort historisch zu erfassen, die wertende Entscheidung aber sei eine Sache der Persönlichkeit. Doch können wir mit solcher Trennung von Wissen und Urteil zufrieden sein?

Wo und wie sind Kriterien der Kritik zu finden? So lautet die Frage für den Betrachter von Kunst und Literatur. Weil sie den Brüdern Schlegel vertraut ist, darum reflektieren sie in ihren kritischen Aufsätzen ständig auch über das Verfahren der Kritik selbst; so Friedrich etwa im Essay über Jacobi, in den Abhandlungen über Lessing und über Forster, in der Besprechung von Goethes ‹Wilhelm Meister›, im Aufsatz ‹Vom Wesen der Kritik›.[30] Immer wieder überdenkt er Bedingungen, Möglichkeiten und Notwendigkeiten der Kritik. Einige seiner Überlegungen seien hier, trotz der selbstgewählten Beschränkung dieses Bändchens, wenigstens angedeutet; denn damit werden nichts anderes als Hinweise für die Praxis des Arbeitens gegeben.[31]

---

30 Dieser Aufsatz leitet jene dreibändige Edition ein, die Friedrich Schlegel herausgegeben hat: Lessings Gedanken und Meinungen aus dessen Schriften zusammengestellt und erläutert von F. Sch., Leipzig 1804.

31 Eine ausführliche Darstellung der Brüder Schlegel als Kritiker findet sich in der die gesamte europäische Kritik der Zeit darstellenden

FRIEDRICH SCHLEGEL unterscheidet verschiedene Arten der Rezeption eines literarischen Werks. Die niedrigste ist Unterwerfung, beliebiges Aufsichwirkenlassen, bloßes Gerührt- und Erhobenwerden: ‹Wenn manche mystische Kunstliebhaber, welche jede Kritik für Zergliederung und jede Zergliederung für Zerstörung des Genusses halten, konsequent dächten: so wäre potztausend das beste Kunsturteil über das würdigste Werk. Auch gibt's Kritiken, die nichts mehr sagen, nur viel weitläufiger› (Lyceums-Fragment 57). Das ist nicht die von einem Kritiker geforderte Haltung, der doch das Werk beurteilen soll.

Zwei andere Verhaltensweisen sind die des _gewöhnlichen_ Kritikers und die des _poetischen_ Kritikers. Diese letzte Art hat SCHLEGEL m. W. nur an einer Stelle erwähnt, an jenem Ort seines ‹Wilhelm-Meister›-Aufsatzes, wo er von der ‹Hamlet›-Interpretation in GOETHES Roman spricht. Hier unterscheidet er zwischen ‹poetischer Kritik› und gewöhnlicher Kritik. ‹Jene poetische Kritik will gar nicht [...] nur sagen, was die Sache eigentlich sei, wo sie in der Welt stehe und stehen solle. [...] Der Dichter und Künstler [...] wird die Darstellung von neuem darstellen, das schon Gebildete noch einmal bilden wollen; er wird das Werk ergänzen, verjüngen, neu gestalten.›

Haltung und Verfahren des Kritikers sind anders. Er zeigt nicht jenes zuerst genannte Sich-Unterwerfen, auch nicht das eben erwähnte nachschöpferisch-produktive Verfahren mit dem gegebenen Werk. Natürlich gehört auch zur kritischen Haltung als erstes reizsame Empfänglichkeit und die Hingabe ans Werk, und es gibt dichterische Wirklichkeiten, bei denen kritisches Zergliedern nicht am Platze ist. ‹Bei Schönheiten der Art›, schreibt SCHLEGEL in der Besprechung von SCHILLERS Musenalmanach für das Jahr 1797, ‹hindert der Genuß selbst an einer vollständig zergliedernden schulgerechten Beurteilung. Man kann nicht dazu kommen und sich nicht dazu zwingen, den Eindruck ins Verhör zu nehmen und zu protokollieren. Ein dankbares Stillschweigen ist hier des Künstlers und auch des Kunstfreundes würdiger als ein rednerisches Lob.›

Aber nachfühlende, nachempfindende Hingabe ist für den Kritiker nur die erste Phase seines Umgangs mit Literatur. Im LESSING-Aufsatz bezeichnet SCHLEGEL den ‹angehenden Kritiker› als einen ‹reagierenden Leser›. Das ist eine wichtige Bestimmung. Der Kritiker unterwirft sich nicht, sondern reagiert auf das Werk. An

‹Geschichte der Literaturkritik 1750–1830› von RENÉ WELLEK, Darmstadt 1959, S. 265–329 (amerik. Originalausgabe: _A History of Modern Criticism_, New Haven 1955).

anderer Stelle des gleichen Aufsatzes hatte SCHLEGEL zuvor schon von der Unfähigkeit der Menge gesprochen, ‹sich dem stürmischen Eindruck nicht ganz hinzugeben, sondern ihn mit der geistigen Gegenwirkung aneignend aufzunehmen, wodurch allein er sich zum Urteil bilden kann›.

Zur Grundhaltung des Kritikers gehört beides: Hingabe und ‹geistige Gegenwirkung›, Empfänglichkeit und Reagieren. Worauf aber zielt das Erkennenwollen des Kritikers? Was will er zeigen, aufschließen, erklären?

Gegen Ende jenes Aufsatzes ‹Vom Wesen der Kritik› in der LESSING-Anthologie heißt es: ‹Es ist nichts schwerer, als das Denken eines andern bis in die feinere Eigentümlichkeit seines Ganzen nachkonstruieren, wahrnehmen und charakterisieren zu können [...]. Und doch kann man nur dann sagen, daß man ein Werk, einen Geist verstehe, wenn man den Gang und Gliederbau nachkonstruieren kann. Dieses gründliche Verstehen nun, welches, wenn es in bestimmten Worten ausgedrückt wird, Charakterisieren heißt, ist das eigentliche Geschäft und innere Wesen der Kritik.›

Die ‹Organisation des Werks›, von der SCHLEGEL im ‹Wilhelm-Meister›-Essay spricht, und den Autor gilt es umfassend zu verstehen. Dabei richtet sich das Augenmerk des Kritikers sowohl auf die Einzelheiten als auch und vor allem auf das Ganze. Immer wieder fragt SCHLEGEL, was das Ganze des Werks und was den Kern des jeweiligen Künstlers ausmache.

Wie hat der Kritiker, um solches zu leisten, vorzugehen? Erste Pflicht ist: ständige Lektüre der Werke des zu besprechenden Autors, so wie die Alten die Auswahl ihrer klassischen Schriftsteller unablässig studiert haben: ‹ein unaufhörliches, stets von neuem wiederholtes Lesen der klassischen Schriften, ein immer wieder von vorn angefangenes Durchgehen des ganzen Zyklus, nur das heißt wirklich lesen; nur so können reife Resultate entstehen und ein Kunstgefühl und ein Kunsturteil [...]› (LESSING-Anthologie). Ferner: das einzelne Werk läßt sich nur erfassen im Zusammenhang mit allen andern Werken des Künstlers. Und noch mehr: man muß alles zugleich in den historischen Verflechtungen sehen, in die es verknüpft ist. ‹Ich denke, wenn ihr es wirklich erkannt habt, daß man das Werk nur im System aller Werke des Künstlers ganz verstehe, so werdet ihr es über kurz oder lang auch wohl anerkennen müssen, daß nur der den Geist des Künstlers kennt, der diejenigen gefunden hat, auf die er sich, äußerlich vielleicht durch Nationen und Jahrhunderte getrennt, unsichtbar dennoch bezieht, mit denen er ein Ganzes bildet, von dem er selbst nur ein Glied ist...› (im Aufsatz über LESSING).

Wo aber, so bleibt nach all dem zu fragen, sind die Maßstäbe zu finden, da die normative Poetik ausgespielt hat?

Da Maßstäbe nicht vorgegeben sind, kann sie der einzelne nur für sich erarbeiten. Sein Urteilsvermögen vermag der Kritiker nur auszubilden, Maßstäbe nur zu gewinnen, wenn er die Literatur vieler Völker und vieler Zeiten studiert. LESSING habe zwar kritischen Geist besessen, sei aber doch kein richtiger Kritiker gewesen; denn es habe ihm ‹an historischem Sinn und an historischer Kenntnis der Poesie› gefehlt. Sie aber sind gefordert, wenn gewertet werden soll. Wer kritisch urteilen will, muß etwas wissen vom ‹Organismus aller Künste und Wissenschaften›, muß ‹das Gesetz und die Geschichte dieses Organismus› kennen. ‹Diese Bildungslehre, diese Physik der Phantasie und der Kunst dürfte wohl eine eigne Wissenschaft sein, ich möchte sie Enzyklopädie nennen: aber diese Wissenschaft ist noch nicht vorhanden. [...] Entweder hier ist die Quelle objektiver Gesetze für alle positive Kritik oder nirgends› (Nachschrift zum LESSING-Aufsatz). In der Abhandlung ‹Vom Wesen der Kritik› ist die Rede vom ‹Kunsturteil, welches allein durch das Verständnis des Ganzen der Kunst und der Bildung selbst möglich ist›. Kenntnis der Weltliteratur gibt Maßstäbe. SCHLEGELS Bemühungen um Weltliteratur, um Weltliteraturgeschichte gehören auch in diesen Rahmen: sie sollen Maßstäbe sichtbar werden lassen. (Die Begriffe ‹Physik der Phantasie› und ‹Enzyklopädie› sind mit diesen Bemerkungen noch keineswegs erläutert, doch gehört das ins spezielle Gebiet der SCHLEGEL-Forschung.)

FRIEDRICH SCHLEGEL findet, daß ‹wahre Kritik gar keine Notiz nehmen [solle] von Werken, die nichts beitragen zur Entwicklung der Kunst und der Wissenschaft›. Er zeigt seit seinem ersten Überblick im ‹Gespräch über die Poesie› den Mut zur Kanonbildung. So führt seine Beschäftigung mit der Weltliteratur zur Auswahl, ja Beschäftigung mit Weltliteratur und Auswählen sind unmittelbar verbundene Tätigkeiten. Damit zeigt sich nun allerdings auch die nicht zu lösende Bindung aller wertenden Kritik an das persönliche Urteil, an die persönliche Perspektive des Betrachters. Auch der Hinweis auf jene ‹Enzyklopädie›, die ‹objektive Gesetze für alle positive Kritik› bereitstellen könne, vermag darüber nicht hinwegzutäuschen. Denn was ich an der Weltliteratur wahrnehme, was ich für vortrefflich halte und was für unzureichend, das ist mit meinem persönlichen Empfinden, Fühlen, Denken verklammert, mit den Bedingungen, in die ich selbst eingelassen bin. Auch wenn ich mich offenhalte und den Eindrücken der Literatur vieler Zeiten und vieler Völker aussetze, der subjektive Faktor ist nicht auszuschalten.

Damit wird nicht die Bedeutung jener umfassenden literarischen

Bildung geschmälert, sie ist unerläßlich und die einzige Instanz, die zu begründeten Urteilen verhelfen kann. Aber es bleibt doch auch wahr, was in Anspielung auf FICHTES Worte über das Philosophieren so formuliert werden kann: Was für ein Kritiker man ist, hängt davon ab, was für ein Mensch man ist. Ganz zu schweigen von der ursprünglichen Begabung: ‹Nicht das Genie des Künstlers allein [...] läßt sich weder erwerben noch ersetzen. Es gibt auch eine ursprüngliche Naturgabe des echten Kenners, welche zwar, wenn sie schon vorhanden ist, vielfach gebildet werden, wenn sie aber mangelt, durch keine Bildung ersetzt werden kann. Der treffende Blick, der sichre Takt, jene höhere Reizbarkeit des Gefühls, jene höhere Empfänglichkeit der Einbildungskraft lassen sich weder lernen noch lehren› (FRIEDRICH SCHLEGEL).

SCHLEGELS Überlegungen zeigen eindrucksvoll, wie sehr Kritik und Interpretation verschwistert sind, wie Kritik nicht denkbar ist ohne Interpretation, d. h. sorgsame, allseitig aufschließende Analyse und Auslegung. Vor allem WOLFGANG KAYSER hat das in zwei Vorträgen erläutert und an einem Beispiel demonstriert (Literarische Wertung und Interpretation, in: W. K., Die Vortragsreise, Bern 1958, S. 39–57. – Vom Werten der Dichtung, ebda., S. 58–70): ‹Wissenschaftliche Wertung der künstlerischen Qualität [ist] nur in der Interpretation möglich› (S. 51).

Bei der Werkinterpretation handelt es sich darum, ‹alle an der Gestaltung zur einheitlichen Gestalt beteiligten Formelemente in ihrer Wirksamkeit und in ihrem Zusammenwirken zu begreifen: von der äußeren Form, Klang, Rhythmus, Wort, Wortschatz, sprachlichen Figuren, Syntax, Geschehnissen, Motiven, Symbolen, Gestalten zu Ideen und Gehalt, Aufbau, Perspektive, Erzählweise, Atmosphäre [...] und was sich sonst an Gestaltungsmitteln erfassen läßt› (S. 46). Dabei erkennt man das Zusammenstimmen des einzelnen zum Ganzen, und möglicherweise vorhandene Unstimmigkeiten zeigen sich.

Grundsätzliche Fragen der Kritik, vor allem auch das Problem der Subjektivität des Betrachters, hat vorzüglich erörtert: HANS EGON HASS, Das Problem der literarischen Wertung, Studium Generale 12, 1959, S. 727–756.

Um eine nähere Bestimmung sachgerechter Wertungskriterien bemüht sich, an Textbeispielen exemplifizierend, WILHELM EMRICH, Zum Problem der literarischen Wertung, Wiesbaden 1961 (Abhandlungen der Mainzer Akademie, Klasse der Literatur, Jg. 1961, Nr. 3): ‹Die in der heutigen Literaturkritik entwickelten Wertungskriterien sind [...] zu revidieren bzw. sinnvoll einzuordnen in eine Phänomenologie der menschlichen Daseins- und Bewußtseinsstufen, denen bestimmte stilistische Phänomene entsprechen. Eine solche Phänomenologie erst kann erweisen, was innerhalb einer bestimmten Stufe gelungen ist, und sie könnte auch eine gegliederte Rangordnung der literarischen Werke ermöglichen› (S. 7 f).[32]

Für die kritische Prüfung gilt, auf knappste Hinweise verkürzt: Die Qualität eines Werks läßt sich entdecken, wenn wir seine Sprachpotenz wägen, das spezifische Gewicht der künstlerischen Sprache; wenn wir nach der Intention, die das Werk sich selbst gesetzt hat, fragen und prüfen, ob es dieses eigne Ziel erreicht hat, wobei wir die ‹menschliche Daseins- und Bewußtseinsstufe› (EMRICH), der das Werk zugehört, im Blick behalten. Wir prüfen das Werk auf die ihm gemäße innere Stimmigkeit, erproben das Zusammenstimmen der Teile zum Ganzen, aus dem auch den Teilen erst ihre Qualität und Bedeutung zuwachsen. Dabei kann das Zusammenstimmen von Fall zu Fall sehr unterschiedlicher Art sein; es ist abhängig von dem zu gestaltenden Ganzen. Nicht Einsinnigkeit ist gemeint, nicht Eintönigkeit, nicht grundsätzliches Fehlen von Dissonanzen, sondern eine spannungsvolle innere Verstraffung, die das Ganze zusammenbindet. Alles Gelingen der Prüfung aber setzt ein dem Werk zumindest adäquates Empfindungsvermögen voraus und verlangt jene Bildung des Kritikers, von der FRIEDRICH SCHLEGEL gesprochen hat.

Wir können uns jedoch nicht mit ästhetischer Kritik allein begnügen. Wir haben die Pflicht, auch zu erkennen und zu sagen, wo Literatur das Inhumane mitbefördern hilft. Nach den Erfahrungen unserer Geschichte können wir wissen, was nicht sein und was nicht geschehen darf. Dazu bedarf es keiner Ideologie, die genau fixierte, was allein sein und geschehen soll.

Nun gibt es zwar eine betörende These: Inhumanes widersetze sich so sehr der gelingenden künstlerischen Formung, daß sich schon durch eine Prüfung der ästhetischen Qualitäten die Fragwürdigkeit erweise, und zum andern: Gelungene künstlerische Formung hebe jegliches Inhumane auf, indem sie den freien Spielraum der Kunst öffne. Das ist eine These, über die anhand von Beispie-

---

32 Siehe auch: W. EMRICH, Das Problem der Wertung und Rangordnung literarischer Werke, Archiv für das Studium der Neueren Sprachen und Literaturen 200, 1964, S. 81–102. – MAX WEHRLI, Wert und Unwert in der Dichtung, Köln 1965. – WALTER MÜLLER-SEIDEL, Probleme der literarischen Wertung. Über die Wissenschaftlichkeit eines unwissenschaftlichen Themas, Stuttgart 1965.

len ausgiebig diskutiert werden müßte. Ich halte sie für gefährlich und für nicht stimmig.

Wir sollten kritischen Einspruch anmelden, wo Literatur sich in den Dienst totalitären Denkens stellt; wo sie dem freien Kräftespiel in der Gesellschaft zuwiderarbeitet; wo sie die Aufklärung des Menschen, die mögliche Herausführung aus seiner selbstverschuldeten Unmündigkeit, behindert und statt dessen Mächte und Größenordnungen mystifiziert, die regressiv sind und Vernunft und kritisches Denken als zersetzend und nihilistisch diffamieren; wo Literatur dem Chauvinismus den Boden bereiten hilft; wo Kräfte des Blutes, der Erde, der Rasse, des Volkes ungeprüft als die ewigen und alleingültigen ausgegeben werden; wo Krieg und Soldatentum als die hohe Zeit des Volkes und des Mannes gefeiert werden. Überall dort hat sich unser kritisches Wort zu melden.

Selbstverständlich hat diese Kritik Voraussetzungen: es sind die Lehren, die uns die Geschichte erteilt hat und aus denen wir zu lernen haben, nicht einem Glauben huldigend, sondern dem Denken verpflichtet. Dabei werden wir keineswegs der Pflicht des Historikers untreu, zunächst zu erkennen, zu begreifen und zu sagen, was gewesen ist.

Letzte Instanz bei solcher Prüfung und Wertung bleibt das Gewissen des einzelnen, von dem FRIEDRICH MEINECKE, an Worte DROYSENS und DILTHEYS anknüpfend, so bewegend gehandelt hat, als er sich mit dem Problem des Relativismus, der dem Historismus auf dem Fuße folgt, abmühte.[33]

So leichthin sich diese Bemerkungen lesen, so schwierig ist das Verfahren selbst, und die Frage, wie denn und ob überhaupt Rangunterschiede zwischen Werken gemessen werden können, die selbst, jedes für sich, fraglos gelungen sind, konnte hier noch gar nicht erörtert werden. Doch ist die Aufgabe deutlich: Literaturwissenschaft hat, das kritische Tun ernst nehmend, Maßstäbe zu setzen – und selbstverständlich ihre Urteile ständig neu zu überprüfen und gegebenenfalls zu revidieren. Sie hat nicht nur historisch zu analysieren und alles an seinem geschichtlichen Ort zu begreifen, sie hat auch die Frage nach dem Wert der Werke zu beantworten. (Freilich kann man nicht immer alles zugleich tun.) PETER DEMETZ' unwillige Beanstandungen, es entspreche nicht den Traditionen der akademischen Germanistik, literarische Wertung zu üben, treffen den Sachverhalt: ‹Historismus, Geistesgeschichte und ein ermüdeter Hegelianismus aus zweiter Hand waren ihr eher ge-

---

33 FRIEDRICH MEINECKE, Geschichte und Gegenwart, in: F. M., Vom geschichtlichen Sinn und vom Sinn der Geschichte, 2. Aufl. Leipzig 1939.

mäß; alles ist gewachsen, auch der Kitsch; und ich erbitte Auskunft, welche bedeutenden germanistischen Publikationen der letzten drei- ßig oder fünfzig Jahre darauf erpicht gewesen wären, sich vor allem mit der Qualität der Literatur zu beschäftigen, oder gar die Kühn- heit besessen hätten, zwischen guten, mäßigen und schlechten Wer- ken der klassischen und romantischen Tradition zu unterschei- den.›[34]

5. HILFSWISSENSCHAFTEN

Um die Fülle des Stoffes bewältigen, zumindest überschauen zu können, sind wir auf Hilfsmittel vielfacher Art angewiesen. Sie zu schaffen ist ein besonderer Aufgabenbereich der Literaturwis- senschaft selbst, der nur selten als solcher gewürdigt wird. Eine planmäßige Ausbildung dieser Hilfswissenschaften unseres Faches ist aber dringend notwendig. Wörterbücher, Sach- und Autorenle- xika, Bibliographien, diese Fachbibliographien wiederum verzeich- nende und aufschlüsselnde Bibliographien: auf all das kann der Er- forscher der Literatur nicht verzichten. Geduldige und entsagungs- volle Kärrnerarbeit muß geleistet werden, damit solche wissen- schaftlichen Hilfsmittel erstellt werden können. ‹Mehr denn je ge- hört heute die Kenntnis der wissenschaftlichen Hilfsmittel zur un- erläßlichen Ausrüstung eines jeden, der Sprache und Literatur studiert. Wenn schon in unserer Zeit die ‚Literaturflut' für den Fachgelehrten zu einem ernsthaften Problem geworden ist, so wird es erst recht für den jungen Studierenden immer schwieriger, aus der Überfülle der Literatur die einführenden Werke herauszufin- den und über den Stand der Forschung ein einigermaßen zutreffen- des Bild zu gewinnen. Die Ratlosigkeit steigert sich, wenn es heißt, für die ersten Arbeitsthemen das einschlägige Schrifttum zu su- chen› (JOH. HANSEL).

Glücklicherweise gibt es jetzt gute Anleitungen, die ein rasches, sicheres Einarbeiten gewährleisten.[35] An erster Stelle ist für die Hand des Studenten zu nennen: PAUL RAABE, Einführung in die Bü- cherkunde zur deutschen Literaturwissenschaft, 4. Aufl. Stuttgart 1964 (Sammlung Metzler). Sie macht mit den wichtigsten biblio-

---

34 DIE ZEIT vom 13. Dezember 1963.

35 Vgl. auch WIELAND SCHMIDT, Bibliographie zur deutschen Literatur- wissenschaft, in: Reallexikon der deutschen Literaturgeschichte, 2. Aufl. Berlin 1958, Bd. I, S. 154–168. – HANS FROMM, Bibliographie und deut- sche Philologie, DVjs. 33, 1959, S. 446–502.

graphischen Hilfsmitteln bekannt, beschreibt und erläutert sie knapp und lehrt vor allem, sie sachgerecht zu handhaben; der Student wird mit der zunächst so kompliziert erscheinenden Technik bibliographischer Ermittlungen sicher vertraut gemacht. Übersichtliche Tabellen, die dem Bändchen beigegeben sind, lassen auf einen Blick erkennen, in welchen Bücherverzeichnissen man bei der Suche nach der Literatur für ein bestimmtes Gebiet die gewünschten Auskünfte finden kann. Da Bücherkunde hier nicht nur den Nachweis von reinen Bibliographien (Bücherverzeichnissen) meint, sondern als zusammenfassender Begriff für Bibliographien *und* Lexika *und* andere Hilfsmittel verstanden wird, unterrichtet diese ‹Einführung› auch über allgemeine Nachschlagewerke, über literaturwissenschaftliche Handbücher, Forschungsberichte, Tabellen- und Abbildungswerke, Schriftstellerlexika, Zeitschriften u. ä.

Dem gleichen Zweck dient: Johannes Hansel, Bücherkunde für Germanisten, Studienausgabe, 2. Aufl. Berlin 1963. (Das ist eine für den Studenten verkürzte Fassung der umfangreicheren ‹Bücherkunde für Germanisten. Wie sammelt man das Schrifttum nach dem neuesten Forschungsstand?›, Berlin 1959. Eine ausführlichere Forschungsausgabe wird vorbereitet.) Ist Raabes Bändchen übersichtlicher gegliedert und als Einführung, die energisch auf das Wichtige zusteuert, besonders geeignet, so bietet Hansels ‹Bücherkunde›, selbst schon spezielle Literatur in einzelnen Gebieten (z. B. Lyrik, Epik, Drama) verzeichnend, mehr Titel und fordert vom Benutzer bereits einiges Übersichtsvermögen. Es empfiehlt sich, beide Bücher zur Hand zu haben.

Hansels Leitfaden führt in systematischer Weise an die wichtigsten Darstellungen, Forschungsberichte, Bibliographien der verschiedenen Gebiete der Deutschen Philologie heran. Er macht zunächst mit maßgebenden Arbeiten zur Sprach- und Literaturwissenschaft bekannt, weist die vielartigen Bibliographien als unentbehrliche Hilfsmittel vor und verzeichnet schließlich zahlreiche Zeitschriften, deren laufendes Studium Einblicke in die gegenwärtigen Forschungsprobleme des Faches vermittelt.

Allerdings sind hier einige kritische Bemerkungen anzufügen. (Vgl. auch oben S. 48). Hansel deutet bei einzelnen Titeln kurz den Inhalt an, aber es wäre gut, wenn an manchen Stellen Warnzeichen gegeben würden, und zwar nicht nur bei der in der DDR geschriebenen Literaturgeschichte: ‹Wertung der deutschen Literatur vom Standpunkt des Marxismus-Leninismus›. Nadlers Literaturgeschichte kann nicht ohne kritische Notiz bleiben, ebensowenig Hohoffs Neubearbeitung des ‹Soergel›, und Soergels ‹Dichtung und Dichter der Zeit› einschließlich des 3. Bandes von 1935 als ‹klare, wegweisende Übersicht› zu bezeichnen, ist ein schlimmes Fehlurteil. Bei den ‹Weimarer Beiträgen› wird allerdings nicht vergessen hinzuzufügen: ‹mit marxistisch-sozialistischer Tendenz›. – Daß in der umfangreicheren Ausgabe der Bücherkunde kritiklos gar die Sammlung ‹Von deutscher Art in Sprache und Dichtung›, ‹dieses Kriegswerk der deutschen Germanisten› (HEINZ KINDERMANN), genannt wird, ist bestürzend. Andererseits: Warum werden zeitgenössische Darstellungen der Literatur des Dritten Reichs überhaupt nicht erwähnt? – Die Titelangaben zum ‹Gegenwartsroman› sind ganz unbefriedigend. – So sei dem Benutzer hier wie anderwärts kritische Aufmerksamkeit geraten.

Einen Wegweiser zu den wichtigen Quellen selbst, auf die literarhistorische Forschung angewiesen ist, bildet: PAUL RAABE, Quellenkunde zur neueren deutschen Literaturgeschichte, Stuttgart 1962 (Sammlung Metzler): ‹Diese Quellenkunde [...] gibt zum erstenmal einen gedrängten zusammenfassenden Überblick über die methodischen Probleme der literaturgeschichtlichen Quellen und weist die Wege zu den über die Welt verstreuten Fundorten, deren Kenntnis jedem unentbehrlich ist, der in seinen Forschungen auf Quellen zurückgreift› (Vorwort). – RAABE plant einen weiteren Band, eine ‹Bibliothekskunde›. Sie soll helfen, ohne Irrwege an die gesuchten und ermittelten Bücher, Aufsätze oder handschriftlichen Dokumente auch wirklich heranzukommen.

GERO V. WILPERTS einbändiges ‹Sachwörterbuch der Literatur›, Stuttgart 1955 u. ö. (Kröners Taschenausgabe 231), gut auf die Bedürfnisse des Studenten zugeschnitten, sammelt Fachbegriffe und will erläuternd in die Begriffssprache der Literaturwissenschaft einführen.

ZWEITER TEIL:

DAS STUDIUM DER NEUEREN DEUTSCHEN LITERATURWISSENSCHAFT

I. SINN UND MÖGLICHKEITEN DES STUDIUMS

1. VORAUSSETZUNGEN

‹Zur Philologie muß man geboren sein, wie zur Poesie und zur Philosophie›, so steht es im 404. Athenäums-Fragment FRIEDRICH SCHLEGELS. Nicht nur in unserem Fach, sondern in allen Geisteswissenschaften ist der Bezirk des Lernbaren eng. Es gibt davon genug, selbstverständlich: die Technik des Arbeitens, das Verfahren des Materialsammelns, das richtige Zitieren, das bare Aneignen des Stoffes, das unerläßliche Einprägen von Fakten und ähnliches mehr. Aber sobald der Schritt unternommen wird, der zu jener Begegnung mit dem Gegenstand führt, in der er erfaßt, begriffen, erläutert, nicht katalogisiert, sondern in seinem Wesen erkannt werden soll, wo das Verstehen erstrebt wird, da beginnt schon die Zone, in der nur der für das Fach Begabte ganz heimisch zu werden vermag. Zwar werden unablässig sichere Wege, Methoden, zu festigen gesucht, die nachgeschritten werden können, aber mit welchem Erfolg sie begangen werden, hängt von der Begabung des einzelnen ab.

Ob jemand diese erste Voraussetzung für ein glückliches Studium der Literaturwissenschaft besitzt, sollte er in nüchterner Selbstprüfung erforschen, wenn er vor Enttäuschungen bewahrt bleiben will. Das Zeugnis der Reife allein verbürgt noch nicht die nötige Eignung. Niemand kann ein Musikstudium beginnen, der nicht seine musikalische Begabung und eine gewisse instrumentale Fertigkeit bewiesen hat. Nur zu viele aber meinen, das Studium im Fach Deutsch, das doch die lange geübte Muttersprache ist, wagen zu können, weil sie vielleicht auf der Schule hinlänglich gute Aufsätze geschrieben haben, vergessen jedoch (und es wird ihnen oft auch zu spät gesagt), daß dafür ein ähnlich empfindliches Sensorium für die Sprache der Kunst und des Geistes vorhanden sein muß wie für andere künstlerische Tätigkeiten. Wissenschaftlicher Umgang mit den Werken aus Sprache setzt ein differenziertes Gespür für ihre Aussagewerte und -möglichkeiten voraus und fordert nicht minder die Kraft, verwickelte gedankliche Zusammenhänge durchdenken, bewältigen und auch behalten zu können. (Doch gereicht es natürlich niemandem zur Schande, sich und andern einzugestehen, daß man nicht in allen Bereichen gleichermaßen zu Hause sein kann.) Vor allem sollte eine gewisse Fähigkeit bereits vorhanden sein, Probleme sehen und sachgerechte Fragen stellen zu können, eine Fähigkeit, deren weitere Ausbildung Aufgabe des Studiums ist, übrigens eine seiner Hauptaufgaben. Nur wer richtige Fragen stellt, erhält und findet die richtigen Antworten.

Zu diesen Grundbedingungen muß einiges hinzukommen. Ohne eine elementare Freude an Literatur wird ein Studium der Literaturwissenschaft zur Farce. Die Literatur einzig als Brotstudium zu wählen hat für sie selbst wie für den sich mit ihr mehr schlecht als recht Abmühenden trostlose Folgen. Was SCHILLER in seiner nach wie vor aktuellen Jenaer Antrittsvorlesung über den Unterschied des Brotgelehrten und des philosophischen Kopfes gesagt hat, gilt hier ungeschwächt. Wer nicht vom Leben der Literatur in Bann geschlagen, aufgestört und verzaubert werden kann; wer nicht zum geistigen Engagement immer wieder bereit ist; wer vielleicht sogar ohne Literatur leben könnte, der sollte dieses Studium nicht wählen. Allerdings ist es auch die Pflicht einer lebendigen Literaturwissenschaft, diese Bereitschaft zum Engagement in Probleme des Geistes und damit der Auseinandersetzung des Menschen mit sich und seiner Welt ständig wachzuhalten und neu herauszufordern.

Wen nicht ein nimmermüdes historisches Interesse an den Hervorbringungen des menschlichen Geistes treibt; wer nicht überzeugt ist, daß der Mensch sich selbst nur findet, wenn er sich auch in die Geschichte zurückwendet und sich mit ihr auseinandersetzt; wer an Buchhandlungen vorübergehen kann, ohne einen Blick in ihre Auslagen zu werfen; wer die Produktionen der bedeutenden Verlage nicht wenigstens zur Kenntnis nimmt; wer das literarische Leben seiner Zeit unbeachtet vorbeiziehen läßt; wen es nicht drängt, die Literaturbeilagen der großen Zeitungen zu lesen; wer nicht eine spontane Neigung zu den geistigen und künstlerischen Fragen überhaupt besitzt; wen philosophische Probleme und geschichtlich-gesellschaftliche Phänomene und Entwicklungen nicht berühren, der sollte sich auf ein Studium der deutschen Literaturwissenschaft nicht einlassen. Daß man nicht immer all diesen Herausforderungen und Neigungen, die sich unablässig melden, gerecht zu werden vermag, steht auf einem andern Blatt.

Philologe wird man durch unentwegtes Lesen. Ein Tag ohne etliche Stunden Lektüre ist für einen Studenten ein verlorener Tag. Dazu gehören Lust und Liebe, wie es das Wort Philologie sagt. Dazu gehört auch die Aufgeschlossenheit, aus eigenem Antrieb sich Regionen zu erschließen, die die akademischen Lehrveranstaltungen nicht oder nur leichthin berührt haben. Nicht zu vergessen auch: Wer zur Universität kommt und Literaturwissenschaft studieren will, muß schon viel gelesen haben, sonst bleibt er stets im Hintertreffen. Gerade diese Tatsache, daß das literaturwissenschaftliche Studium Kenntnisse, und zwar erhebliche, bereits voraussetzt, wird zu oft übersehen.

Für den rechten Umgang mit Dichtung scheint mir nun allerdings eine bestimmte Einstellung des Betrachtenden nötig zu sein, die allein auch erst Zugänge zu den zunächst fremdartig anmutenden Spielarten der Dichtung, alter wie neuer, ermöglicht. Ich will sie aus meiner Sicht erläutern.

Dichtung ist eine spezifische Weise des Menschen, sich seiner selbst und seiner Welt, seiner und ihrer Wirklichkeiten und Möglichkeiten, seiner Erlebnisfähigkeiten und ihrer Bedingungen zu vergewissern, sich selbst und die Welt zu erkennen und zu deuten, seiner und ihrer Wahrheit auf die Spur zu kommen und sie sichtbar und ahnbar werden zu lassen; eine spezifische Weise, anders als Philosophie, anders als Geschichtswissenschaft, anders als Naturwissenschaft, worüber zu handeln hier nicht der Ort ist. Schon SCALIGER, einer der europäischen Väter neueren dichtungstheoretischen Nachdenkens, sucht Dichtung als ein besonderes Phänomen zu bestimmen und abzusetzen etwa von der Geschichtsschreibung: Poesie sei ausgezeichnet dadurch, daß sie nicht nur Vorhandenes wiedergebe, sondern auch, was sein könnte und was sein sollte.

Dichtung ist ein Versuch der Wahrheitsfindung.

Dann aber ist es ganz unangemessen, von ihr Erbauung zu erwarten, Repräsentation des Schönen, das sich gemütvoll-stimmungshaft aufnehmen läßt, Pflege und Ausschmückung der sogenannten inneren Werte, Entrückung aus der dunklen Realität in Sphären schöneren Erlebens. Das alles mag sich von Zeit zu Zeit mit einstellen, Pflicht der Dichtung ist es keineswegs. ‹Verse sind nicht, wie die Leute meinen, Gefühle (die hat man früh genug) – es sind Erfahrungen› (RILKE). Wer sich von der oft schonungslosen Moderne sehnsüchtig zurückwendet in Vergangenes, weil es dort so hell und sauber und feierstundenmäßig sei, der ist in einem bedauerlichen Irrtum befangen. GOETHES ‹Wahlverwandtschaften›, der Faust, der auch über Leichen geht, BRENTANOS Dirnenpoesie, SCHLEGELS ‹Lucinde›, WACKENRODERS ‹Berglinger›-Skizzen, BÜCHNERS ‹Woyzeck›-Szenen usw.: das alles ist nicht schön und nicht erbaulich und nicht die Seele labend, – aber: Versuche der Weltdeutung, der Wahrheitsfindung.

Dichtung braucht nicht Schmuck des Vertrauten zu sein, nicht rühmendes Singen und Sagen bekannter Wirklichkeiten, wobei Naturtreue und Wirklichkeitsnähe erhalten bleiben. Das alles mag sich ergeben, aber wir gehen fehl, wenn wir solche Maßstäbe als die prinzipiell gültigen ansehen. Wirklichkeitsnähe und Naturtreue sind der Dichtung nicht – und keiner Kunst – als unumgängliche Postulate zu verordnen. Literatur ist immer auch zu verstehen als ‹Wagnis und Abenteuer oder als Versuch, eine neue Ordnung zu gewinnen›.[1] Sie kann wagende Ausfahrt in ganz neue Zonen sein, Zonen der sprachlichen Form wie des gewagten Inhalts. Der Betrachtende muß sich offenhalten für solche Aufbrüche ins Neue und noch Ungewohnte; er muß den Mut, er muß die intellektuelle und ästhetische Anstrengung aufbringen, an dem Erkundungsgang, auf den sich die Dichtung begeben hat, teilzunehmen, frei vom blinden Vorurteil, das er für Wahrheit hält. Das Neue ist noch zu allen Zeiten zunächst auf Unverständnis und Ablehnung gestoßen.

Dem wagemutig erkundenden Ausgriff in bisher Ungewohntes können weder ein bestimmter Stoffkreis noch die Neu- und Umformung der Sprache prinzipiell versagt werden. Höchstes und Niedrigstes, Helles und Dunkles, Unbeflecktes und Schmutziges darf die Dichtung berühren und ins Wort nehmen. Es kann und muß nur gefragt werden, warum sie es jeweils tut.

HELMUT SCHELSKY hat in seiner Streitschrift ‹Anpassung oder Widerstand› 1961 dem deutschen Gymnasium als Bildungsaufgabe gestellt: ‹Es geht darum, einen hochrationalen, entemotionalisierten, seiner Gegenwart hingegebenen und zugleich Kräfte der Distanzierung in sich entwickelnden Menschentyp zu bilden, jene Mischung von rationaler Exaktheit und intuitiver Phantasie zu pflegen, die alle wesentliche geistige Produktion heute bestimmt, jene Grenzen der Erkenntnisweisen aufzuzeigen, denen gegenüber den Erkenntniswillen zu behaupten heute ein Akt der Bildung ist, jene kritische Verhaftetheit und Verantwortung gegenüber der politischen und sozialen Welt zu erzeugen, die sich doch immer wieder in der Kontemplation von den Handlungszwängen der sozialen Welt befreit. Es geht darum, einen Menschen zu bilden, der das Leiden der Bewußtheit an der Zeit auf sich nimmt› (S. 80). Überflüssig zu erläutern, daß nicht das Fehlen von Emotionen, sondern allein ihre Beherrschung gefordert wird. Die hier gewünschte Denk- und Verhaltensweise sollte gerade auch den Studierenden der Literaturwissenschaft auszeichnen, wie umgekehrt das Studium sie weiter ausprägen kann und muß.

2. DAS ZIEL DES STUDIUMS UND SEINE ALLGEMEINEN FORDERUNGEN

Das Studium der Neueren deutschen Literaturwissenschaft als eines Teils der Deutschen Philologie kann der Vorbereitung für verschie-

---

1 R. HARTUNG, Sprache im technischen Zeitalter 9/10, 1964, S. 692.

dene Berufe dienen. Zumeist wird Deutsche Philologie – in der noch unlöslichen Einheit von Germanistik und Neuerer deutscher Literaturwissenschaft – als Fach ‹Deutsch› für das Lehramt an Höheren Schulen studiert. Nicht selten wird gerade im Blick auf dieses Fach und auf das geisteswissenschaftliche Studium überhaupt der Wunsch vorgebracht, die Universität möge stärker auf die Belange des späteren Berufs Rücksicht nehmen, eben auf die Bedürfnisse der Schule. Je mehr Studenten die Universität besuchen, desto lauter wird dieser Ruf. Zu sehr würden sie von Dingen beansprucht, mit denen sie dann in der Praxis des Berufs ‹nichts anfangen› könnten.

An dieser Stelle muß dazu ein Wort gesagt werden. Um es zu pointieren: Die Universität hat nicht die Aufgabe, die Studenten als Lehrer auszubilden, sondern sie Wissenschaft zu lehren. Das ist nicht widersinnig, sondern im Gegenteil die einzig sinnvolle Vorbildung für den späteren Beruf. Das sollte leicht einzusehen sein. Der später zu erteilende Deutschunterricht der Schule unterscheidet sich darin grundsätzlich vom akademischen Fachstudium, daß er sich unablässig pädagogisch-didaktischen Postulaten ausgesetzt sieht. Der Deutschlehrer kann nicht umhin, auf den Adressaten, den Jugendlichen zwischen zehn und neunzehn Jahren, zu blicken und ihn, seine Bedingungen und Möglichkeiten, im Umgang mit dem Gegenstand seiner Wissenschaft, mit Sprache und Literatur, gehörig einzukalkulieren. Das Problem der Auswahl und der Vermittlung des Lehrgegenstandes ist ständig mit im Spiel. Die wissenschaftlichen Gegenstände Sprache und Literatur rücken in die Perspektive berechtigter pädagogisch-didaktischer Ansprüche, wobei ich hier unter Didaktik die Theorie der Auswahl und der Vermittlung von Unterrichtsgegenständen verstehe. Sie hat es mit andern Fragen zu tun als der im Prinzip allein auf die Erkenntnis der Sache um ihrer selbst willen gerichtete wissenschaftliche Umgang mit Sprache und Literatur.

Um Mißverständnisse auszuschließen: Pädagogisches Tun und didaktische Überlegungen sind nicht minderen Wertes als das wissenschaftliche Bemühen um einen Text, sie sind nur von anderer Beschaffenheit. Pädagogisch-didaktische Erwägungen aber haben im literaturwissenschaftlichen Fachstudium nichts zu suchen. Wer solches dennoch fordert, vermengt die Bereiche, und zwar geht das zu Lasten sowohl des wissenschaftlichen Studiums als auch und besonders der Leistungsfähigkeit des späteren Deutschlehrers. Leider scheint diese Tatsache oft nicht ernst genug genommen zu werden. Fragen der Didaktik im weitesten Sinne können erst dann fruchtbar werden, wenn zuvor die Sache selbst, die sie notwendigerweise mit einbeziehen, in ihren eigenen Dimensionen erkannt worden ist. Erst auf dem Fundament eines möglichst intensiven Studiums kann sich eine Lehrtätigkeit entfalten, in der der Lehrende dem Schüler gegenüber Meister ist. Wer anderes wünscht, sollte die Konsequenzen ziehen und eine Fachschule für die Ausbildung von Studienräten fordern und sollte die Notwendigkeit wissenschaftlicher Vorbildung für diesen Beruf bestreiten.

Die ebenso wichtige wie schwierige pädagogische Unterweisung und Ausbildung erhält der Studienreferendar in der sich an das Universitätsstudium anschließenden Vorbereitungszeit auf den Beruf als Lehrer. Das schließt nun wiederum nicht aus, daß den Studenten in den letzten Semestern auf freiwilliger Basis neben dem regulären Studium fachdidaktische Lern- und Erprobungsmöglichkeiten angeboten werden könnten.

Die wiederholt erhobene Forderung nach frühzeitiger Begegnung mit pädagogisch-didaktischen Fragen hat, wie mir scheint, auch folgenden Grund (der vielleicht gar der entscheidende ist): Man möchte rechtzeitig die Eignung zum Lehrberuf prüfen, damit notfalls früh genug die Weichen des Berufsweges noch anders gestellt werden können. Ich zweifle, ob das überhaupt möglich ist. Wie sich der gute Chirurg erst am Operationstisch beweisen kann, nach langer Ausbildung, so auch der Lehrer erst vor seiner Klasse, in der Sicherheit und mit der Autorität erworbenen Wissens. Das ist eine kaum befriedigende Antwort, aber gewiß besser als Illusionen.

Die Lösung dieses Problems, das manchen bedrängen mag, dürfte auch ganz woanders liegen. Die beruflichen Möglichkeiten, die sich nach einem philologischen Studium eröffnen, sind in Deutschland viel zu eng. Oft mehr *nolens* als *volens* geht der einzelne den Weg in die Schule, ein Beginn, der nicht das Beste erhoffen läßt. In andern Ländern traut man mit gutem Grund einem erfolgreichen Hochschulabsolventen auch geisteswissenschaftlicher Provenienz die Fähigkeit zu, auch in andern Berufssparten wirken zu können, wenn ihn die Neigung dorthin zieht.

So kann nicht die Verknüpfung pädagogisch-didaktischer Gesichtspunkte mit dem Studium weiterhelfen, sondern nur der Versuch, das Studium selbst effektiver zu machen, d. h. die Lehr- und Lernbedingungen zu verbessern und die große Zahl der Studenten sicher in ihr Fach einzuführen und im Studium zu unterweisen. Das bedeutet auch, daß falsche Vorstellungen über das Ziel, das ein literaturwissenschaftliches Studium erreichen kann, abgebaut werden und sich möglichst gar nicht erst einnisten. Sie wiederum können das Studium selbst erheblich behindern.

Die Studienjahre sind nicht mit dem Abschied von der Universität zu Ende. Im Grunde ist man erst dann, wenn man die Universität verläßt, imstande, literaturwissenschaftlich zu arbeiten, und möchte und müßte das eigentliche Studium der Literatur erst beginnen, das nie aufhören und an einem bestimmten Punkt beendet werden kann. Es gibt wohl Abschlußmöglichkeiten des Universitätsstudiums, aber keinen Abschluß des literaturwissenschaftlichen Studiums selbst. Das gilt nicht nur für dieses Fachgebiet. Es ist eine Binsenwahrheit, die der Student, von der Fülle des Stoffes bedrängt und verwirrt, nur zu oft vergißt. Wir alle bleiben bis zuletzt Lernende und Studierende, d. h. sich um die Wissenschaft und ihre Gegenstände ernsthaft Bemühende.

Das akademische Studium kann und will nicht mehr sein als eine gründliche Einführung. Sie stellt freilich nicht geringe Ansprüche und verlangt vom ersten Semester an energische Arbeit. Aber den Charakter einer Einführung kann das Universitätsstudium deshalb nicht verleugnen und nicht verlieren. *Der Student soll mit dem Gesamtgebiet und den verschiedenen Arbeitsbereichen und Aufgaben seines Fachs vertraut werden und soll sich an einigen Stellen in praktischer literaturwissenschaftlicher Arbeit erproben.* Das ist recht allgemein formuliert, aber eine genauere Fixierung ist ebenso unmöglich wie unsinnig. Denn der Student hat die Freiheit, seine praktische literaturwissenschaftliche Tätigkeit – in eignen Studien, in Seminararbeiten bis hin zur Dissertation – dort zu konzentrieren, wohin ihn das Angebot der Universitätsveranstaltungen und die persönliche Neigung treiben. Er muß sich bemühen, einen möglichst genauen und umfassenden Überblick über das Gesamtgebiet des Fachs zu gewinnen (wofür im folgenden ein paar Hilfen gegeben werden), und er soll nach eigner Wahl Schwerpunkte seiner Studien bilden, wo er eindringlich untersuchend und forschend tätig ist. Dort hat er Literaturwissenschaft *in praxi* zu lernen und anzuwenden. Wer sie an einigen Stellen geübt hat, vermag dann auch anderwärts die angemessenen Wege zur Literatur zu gehen und literaturwissenschaftliche Fragen sachgerecht zu behandeln. Niemand kann das Gesamtgebiet beherrschen, Schwerpunktbildung ist erlaubt, ja unerläßlich, wenn nicht Oberflächlichkeit regieren soll. Intensität sollte den Vorrang vor Extensität besitzen, wobei allerdings zu bedenken ist, daß fruchtbare Intensität nicht möglich ist ohne ausreichende Extensität der Studien.

Die z. B. in den Prüfungsbestimmungen für das Staatsexamen genannten Forderungen lassen diese Konzeption deutlich erkennen. Sie sind in den einzelnen Bundesländern zwar unterschiedlich formuliert, decken sich aber in ihren Grundsätzen. So wird, um nur ein Beispiel anzuführen, in der für Schleswig-Holstein gültigen Ordnung vom Juni 1962 im literaturwissenschaftlichen Bereich gefordert: ‹Kenntnis der deutschen Dichtung, der großen, für die deutsche Dichtung wesentlichen Werke der Weltliteratur, wichtiger literaturwissenschaftlicher Werke, gründliche Vertrautheit mit einigen Dichtern verschiedener Epochen und deren geistesgeschichtlichem Hintergrund *nach Wahl des Bewerbers*, Fähigkeit zur Interpretation und literaturgeschichtlichen Einordnung vorgelegter Texte, *die im allgemeinen dem Interessengebiet des Bewerbers entnommen werden sollen.*›

Der Student kann sich nicht nur *einem* Fach widmen. Wenn er sein Studium mit einem Examen abschließen will (s. S. 85 ff), ist er gehalten, mehrere Fächer, mindestens zwei, zu studieren. Diese Fächer sollten mit großer Sorgfalt gewählt werden. Natürlich darf die Neigung des einzelnen das entscheidende Wort sprechen, und immer sollte er die Verlockung und das Bedürfnis spüren, über die Grenzen der speziellen Studienfächer hinauszublicken, aber auch die Erfordernisse des Faches selbst (in unserm Fall der Deutschen Philologie) gilt es bei der Wahl zu berücksichtigen.

Es empfiehlt sich stets, durch die Verbindung mit einem andern philologischen Fach oder mit der Geschichtswissenschaft (auch Kunstgeschichte) die Basis des geisteswissenschaftlichen Studiums zu verbreitern. Eins befruchtet dann das andere. Sosehr angesichts der Bedeutung der Naturwissenschaften die fachliche Ausbildung in einer ihrer Disziplinen reizt, so schwierig ist es im Studienablauf (noch), die von den Fächern gestellten Anforderungen miteinander in Einklang zu bringen. – Über die für ein bestimmtes Examen zugelassenen oder geforderten Fächerkombinationen unterrichten die jeweiligen Prüfungsordnungen.

Es muß hier noch einmal hervorgehoben werden, daß ein Studium der Neueren deutschen Literaturwissenschaft nicht denkbar ist ohne den Blick auf die Weltliteratur. Studierende und Lehrende haben diese Mahnung ernst zu nehmen und ihr in der Wirklichkeit des Studiums auch Geltung zu verschaffen. Die Beschäftigung mit den bedeutenden Werken der Literaturen anderer Völker muß von Anfang an zum Studienplan der Neueren deutschen Literaturwissenschaft gehören.

Auch auf gründliches Eindringen in die Philosophie kann ein Student dieser Disziplin in keinem Fall verzichten; ist es doch unmöglich, etwa die Literatur des 18. Jahrhunderts ohne die Philosophie der europäischen Aufklärung oder die deutsche Klassik und Romantik ohne die idealistische Philosophie zu erfassen.[2]

---

2 Über allgemeine Fragen der deutschen Universität und des Studiums informiert der ‹Hochschulführer›, hg. v. P. KIPPHOFF, TH. V. RANDOW, D. E.

Das Studium kann mit verschiedenen Prüfungen abgeschlossen werden: a) der ‹Wissenschaftlichen Prüfung für das Lehramt an Höheren Schulen›, b) der Magisterprüfung, c) der Promotion. Nach den Bedingungen für die Zulassung zu den Prüfungen sind die Prüfungsordnungen zu befragen, die in den verschiedenen Ländern und an den verschiedenen Universitäten jeweils gelten. Übereinstimmend wird der Nachweis eines Fachstudiums von mindestens acht Semestern gefordert. Die in den Prüfungsbestimmungen zu findende Unterscheidung zwischen Hauptfächern und Nebenfächern bezieht sich auf die (im einzelnen und nicht exakt zu umgrenzende) Ausdehnung des Studiengebiets und die damit verbundenen Anforderungen in der Prüfung. Im Einzelfall ist zu klären, wie sich die Einschränkung auswirkt.

Die ‹Wissenschaftliche Prüfung für das Lehramt an Höheren Schulen›, das sogenannte Staatsexamen, ist eine staatliche Prüfung, keine der Universität. Allerdings werden in die Prüfungsausschüsse die Fachvertreter der Universität berufen, so daß der Kontakt zwischen Dozenten und Studenten gewahrt bleibt. Die Prüfung ist in mindestens zwei Hauptfächern (bzw. bislang in Bayern in einem Hauptfach und zwei Nebenfächern) abzulegen. Deutsche Philologie (oder wie es in manchen Ordnungen heißt: Deutsch) gilt als *ein* Hauptfach. Nicht alle beliebigen Kombinationen von Fächern, die an der Universität vertreten sind, werden gestattet; die Prüfungsordnungen regeln diese Frage.

Zum Staatsexamen gehört das sogenannte Philosophicum, die philosophisch-pädagogische Vorprüfung, die vor oder mit dem Staatsexamen abgelegt werden kann. (Man befrage rechtzeitig die Prüfungsbestimmungen nach Einzelheiten.)

Die Staatsprüfung selbst besteht aus einem schriftlichen und einem mündlichen Teil. Zum schriftlichen gehört eine in befristeter Zeit (vier oder sechs Monaten) anzufertigende wissenschaftliche Arbeit (Staatsexamensarbeit). Das Thema wird dem Kandidaten vom Prüfungsamt auf Vorschlag des Fachprüfers gestellt, der es in den meisten Fällen zuvor mit dem Bewerber beraten hat. Nur wenn

---

ZIMMER, 2. Aufl. Hamburg 1965 (‹DIE ZEIT›-Bücher). Vgl. auch HORST WANETSCHEKS ‹Ratgeber für den Studienbeginn›, München 1965, der den Neuling, also den Abiturienten, der zur Hochschule kommt, über viele Einzelheiten (vor allem auch des äußeren Studienablaufs) unterrichtet, so über Aufbau und Lehrkörper der Hochschulen, über Zulassungsbestimmungen, Zulassungsbeschränkungen, Immatrikulation, das ‹Belegen›, Finanzfragen u. a. m.

diese Arbeit angenommen worden ist, kann die Prüfung weiter-geführt werden. Eine mehrstündige Klausurarbeit vervollständigt ihren schriftlichen Teil. Das mündliche Examen von einstündiger Dauer wird je zur Hälfte vom Vertreter der Germanistik und dem der Neueren deutschen Literaturwissenschaft abgenommen.

Die Universität selbst kennt als Abschluß der im Rahmen der Philosophischen Fakultät betriebenen Studien nur die Promotion zum Dr. phil. (*Doctor philosophiae*) und neuerdings auch den Er-werb des Magistergrades (*Magister artium*, M. A.). Der Titel Dr. phil. besagt nicht schon, daß sein Inhaber das Fach der Philosophie studiert hat, sondern nur, daß er seine Studien mit der Promotion in einer Philosophischen Fakultät abgeschlossen hat. Wie diese Frage bei einer Neugliederung von Fakultäten in Abteilungen o. ä. geregelt wird, bleibt abzuwarten. Diese akademischen Grade wer-den angestrebt sowohl über das Staatsexamen hinaus als auch und vor allem von denen, die nicht beabsichtigen, ein Lehramt an Hö-heren Schulen zu übernehmen.

Andere Berufsmöglichkeiten sind für Studenten der Literatur-wissenschaft in Deutschland, wie gesagt, nicht zahlreich. Der Weg zu Presse, Rundfunk, Verlag öffnet sich immer nur für relativ we-nige. Die Laufbahn des Hochschullehrers, des Archivars und wis-senschaftlichen Bibliothekars fordert die Promotion, in den beiden letzten Fällen auch das Staatsexamen, und der Hochschullehrer muß sich zusätzlich durch die sogenannte Habilitation qualifizie-ren, mit der er die ‹venia legendi›, die Erlaubnis, an einer Hoch-schule zu lehren, erhält.

Für die Bedingungen der Magisterprüfung und der Promotion und für die Durchführung der Verfahren muß wieder auf die (nicht einheitlichen) Prüfungsordnungen der Philosophischen Fakultäten verwiesen werden. In jedem Fall werden verlangt: ein Fachstudium von mindestens acht Semestern; das Manuskript einer Magisterar-beit bzw. einer Dissertation; eine in einem Hauptfach und zwei Nebenfächern abzulegende mündliche Prüfung, die man in der Pro-motion das Rigorosum nennt. Bei der Magisterprüfung und bei der Promotion sind auch Fächerverbindungen möglich, die im Staats-examen (im Blick auf die Schule) ausgeschlossen sind.

Die Dissertation hat eine die Wissenschaft fördernde Arbeit zu sein, wie es ähnlich allgemein überall lautet. Solche Abhandlungen werden in der Regel von den Doktoranden, besonders begabten Studenten, in engem Kontakt mit einem sie betreuenden Fachver-treter verfaßt (dem sogenannten Doktorvater), der sie zumeist auch zu diesem Unternehmen ermuntert hat.

Der Student, der den Magistergrad oder die Promotion erlangen will, muß frühzeitig daran denken, daß für diese Examina das Studium von *drei* Fächern (einem Hauptfach und zwei Nebenfächern) obligatorisch ist.

Für alle genannten Prüfungen werden Lateinkenntnisse vorausgesetzt, die zumeist den Anforderungen des Großen Latinums entsprechen. In der Tat ist ein Studium der deutschen Literaturwissenschaft ohne Lateinkenntnisse nicht denkbar. Bis weit ins 18. Jahrhundert hinein ist das Latein die selbstverständlich gebrauchte Gebildetensprache Europas; Dichter des 17. Jahrhunderts schreiben in deutscher und lateinischer Sprache, von der europäischen Literatur des lateinischen Mittelalters ganz zu schweigen. Ein Literaturwissenschaftler darf diesen Quellen nicht hilflos gegenüberstehen. Wer die Sprachkenntnisse nicht schon von der Schule mitbringt, hat sie sich gleich zu Beginn seines Studiums anzueignen. Natürlich können dadurch ein oder zwei Semester für das Fachstudium verloren werden.

II. ANLAGE UND DURCHFÜHRUNG DES STUDIUMS

1. Die üblichen akademischen Lehrveranstaltungen
(Vorlesungen, Seminare, Übungen)

In den geisteswissenschaftlichen Disziplinen der Universität werden *Vorlesungen* und *Übungen* (*Seminare*) gehalten. Die *Vorlesungen* (der Name führt irre) sind Vorträge der Dozenten, die vor dem rezeptiven Auditorium der Studenten das Semester hindurch ein bestimmtes Gebiet behandeln, während in den Übungen (Seminaren) die Teilnehmer zu eigner aktiver Mitarbeit verpflichtet sind. (Ob die herkömmliche Form der Vorlesungen aus mancherlei Gründen revisionsbedürftig ist, kann hier nicht erörtert werden.) Der Student darf sich aus dem Angebot der im gedruckten Vorlesungsverzeichnis der Universität aufgeführten Vorlesungen diejenigen, die er besuchen möchte, frei wählen; sie sind jedem Studenten zugänglich.[1] Sie sind in den geisteswissenschaftlichen Fächern auch in den seltensten Fällen für Anfänger und Fortgeschrittene o. ä. gestuft; in unserm Fall aus plausiblem Grund: ist es doch unmöglich, ein Kolleg über das 17. Jahrhundert oder über GOETHE oder über den Expressionismus auf bestimmte Studentenjahrgänge zuzuschneiden.

Der Student sollte immer prüfen, ob es sich für ihn lohnt, eine Vorlesung zu besuchen oder nicht, wenngleich er sich nicht vorschnell entscheiden oder sich von Augenblickseindrücken zu stark beeinflussen lassen sollte. Ist er überzeugt, daß er die Zeit der Vorlesung anders fruchtbarer nutzen könnte, so kann und soll er von seinem Recht Gebrauch machen, ihr fernzubleiben. Beherzigenswert ist, was HERMANN HEIMPEL dazu sagt: ‹Wenn ich [...] von der Vorlesung spreche, so meine ich die echte Vorlesung, zu deren Wesen es eben gehört, daß man sie entweder nicht belegen oder aber von Fall zu Fall nicht besuchen kann. Damit setze ich mich ab, und zwar auf das entschiedenste, gegen jene Mißbräuche der Anwesenheitsliste, welche auch in Deutschland nicht mehr ganz vereinzelt sind. Ich setze mich weiter ab gegen den längst eingefressenen Begriff der Pflichtvorlesung und gegen die irrige Meinung, es sei für das

---

1 Die Vorlesungen beginnen übrigens, wenn nichts anderes vermerkt ist, regelmäßig c. t. (= *cum tempore*): wenn im Vorlesungsverzeichnis die Zeit 10–11 genannt ist, so dauert der Vortrag des Dozenten von 10.15 bis 11 Uhr.

Bestehen einer Prüfung, sei es einer staatlichen oder einer akademischen, notwendig, gewisse Vorlesungen gehört zu haben und im Studienbuch nachzuweisen.›²

Da es sich auf diesen Blättern um praktische Ratschläge für das Studium handeln soll, muß ich gerechterweise hinzufügen, daß der Student gut daran tut, sich nach dem an seiner Universität üblichen Brauch zu erkundigen.

Übungen und *Seminare* sind die andere Art des akademischen Unterrichts. Der Wortgebrauch ist ganz unscharf geworden, so daß sogar von Seminarübungen gesprochen wird. Ursprünglich war das Seminar die Stätte, wo der Professor als Forscher seine Studenten zu eigner wissenschaftlicher Arbeit anhielt und anleitete, während Übungen mehr der praktischen Einübung in bestimmte Arbeitsweisen und der Aneignung von Lernstoff dienten. Solche – ohnehin schwankenden – Unterscheidungen lassen sich nicht mehr treffen. So ist die Terminologie auf diesem Gebiet auch recht uneinheitlich und von Universität zu Universität verschieden.

Es gibt verschiedene Seminarstufen. Sie sind weder überall gleich benannt noch in gleicher Anzahl vorhanden. Konsequenterweise müßten sie, der Unter-, Mittel- und Oberstufe entsprechend, Unterseminar, Mittelseminar, Oberseminar heißen. Doch finden sich auch die Bezeichnungen Proseminar, Hauptseminar, Oberseminar. Es kommen auch vier Stufen vor: Pro-, Mittel-, Haupt- und Oberseminar. An manchen Universitäten werden zudem noch besondere propädeutische Übungen durchgeführt, die elementare Kenntnisse vermitteln oder vorhandene Lücken schließen helfen sollen.

Das *Unterseminar* (*Proseminar*) führt in literaturwissenschaftliches Arbeiten ein; jedenfalls ist das sein Sinn. In der Regel können diese Übungen ohne besondere Aufnahmeprüfung besucht werden.

Das *Mittelseminar* (*Hauptseminar*) bildet die Kernzone der Übungsveranstaltungen. Die Teilnahme an einem oder mehreren Hauptseminaren (oder Oberseminaren) ist für die oben genannten Abschlußexamina erwünscht, wenn nicht Pflicht. Die Aufnahme in diese Seminarstufe regeln bestimmte Vorschriften, die wiederum voneinander abweichen. Man hat sich bisher leider nicht auf einheitliche Bedingungen einigen können, was nicht selten den freizügigen Wechsel der Studenten zwischen den Universitäten behindert. (Der Student sollte sich rechtzeitig bei den Instituten über die geltenden Aufnahmebestimmungen informieren.)

---

2 H. HEIMPEL, Probleme und Problematik der Hochschulreform, 2. Aufl. Göttingen 1962, S. 19.

Das *Oberseminar* ist durchweg ein kleiner Zirkel, an dem zumeist Doktoranden und wissenschaftlich besonders interessierte und befähigte Studenten teilnehmen können. Zu ihm pflegt der Seminarleiter persönlich einzuladen.

Sowohl die Vorlesungen als auch die Übungen (Seminare) fordern die eigne Weiterarbeit des Studenten. Es hat wenig Sinn, eine Vorlesung zu besuchen, ohne das dort Vorgetragene kritisch zu überdenken (die Katheder sind keineswegs der Ort unfehlbarer Wahrheit), ohne den dort besprochenen Stoff durchzuarbeiten, die dort erwähnten und erläuterten Texte zu studieren. Überhaupt sollte sich der Student in der vorlesungsfreien Zeit auf die Vorlesungen und Übungen des Semesters durch gründliche Lektüre vorbereiten. Eine Vorlesung über GOETHE oder über die Romantik sich anzuhören, ohne deren Werke gelesen zu haben, kann nichts fruchten.

Die Teilnahme an den Seminaren setzt die Bereitschaft voraus, sich intensiv in das Gebiet einzuarbeiten, selbständige Untersuchungen gegebenenfalls in einer Seminararbeit niederzulegen oder in einem Referat vorzutragen und sich auf das spezielle Thema der jeweiligen Seminarsitzung sorgfältig vorzubereiten. Ein Seminar lebt von der Mitarbeit seiner Teilnehmer. In ihm muß diskutiert, müssen wissenschaftliche Fragen gemeinsam erörtert werden (ohne daß sie in begrenzter Zeit auch alle bündig beantwortet werden könnten). Seminare sind in der Universität der einzige offizielle Ort, wo der Student zum fachlichen Gespräch kommt. Daher muß die Bereitschaft zum Gespräch vorhanden sein, beim Studenten wie beim Seminarleiter. Zwar soll es noch jene Seminare geben, in denen in ermüdender Monotonie in jeder Sitzung längere Referate verlesen werden, woran sich ein mehr oder minder aufschlußreicher Dialog zwischen dem Referenten und dem Dozenten anschließt, dessen Spezialissima die übrigen Teilnehmer nicht immer folgen können. Aber von solchen Seminaren können nur wenig belebende Anregungen ausgehen. Allerdings verlangt ein Diskussionsseminar die sicher und energisch lenkende Hand des Seminarleiters.

Der Student sollte darauf achten, daß er während seines Studiums Seminare besucht, die in *verschiedene* Gebiete des Fachs führen und ebenso mit den verschiedenen Arbeitsweisen der Literaturwissenschaft bekanntmachen. Nicht eindeutig zu entscheiden ist die Frage, wieviel Seminare absolviert und wieviel schriftliche Arbeiten verfaßt werden sollten. Das richtet sich sowohl nach den jeweiligen Bestimmungen als – hoffentlich – auch und vor allem nach dem Interesse des einzelnen am Thema des Seminars. (Vgl. auch unten S. 104 f.) Grundsatz muß jedoch sein, daß in einem Semester nicht mehr Seminare belegt werden, als wirklich bewältigt, d. h. in allen Konsequenzen jeweils vorbereitet und erarbeitet werden können. Freilich wird es stets – oder sollte es doch – die Möglichkeit geben, als Gast teilzunehmen, wenn man sich das Thema nicht entgehen lassen möchte.

Auch dies sei noch angemerkt: Anders als die Vorlesung verpflichtet das Seminar, wenn man sich einmal zur Teilnahme entschlossen hat, zum regelmäßigen Besuch, und für das Fehlen in einer Seminarsitzung entschuldigt man sich, und zwar ‹weil dort die Regeln der guten Gesellschaft gelten›, wie es HERMANN HEIMPEL ausgedrückt hat.

An manchen Universitäten finden noch andere Lehrveranstaltungen statt, die zum Teil für Studierende des Fachs Deutsch obligatorisch sind. So gibt es erfreulicherweise z. B. Lektorate für Sprecherziehung, die es dem Studenten ermöglichen, angemessenes Sprechen von Texten zu lernen und sich in freier Rede zu üben. Wenn man bedenkt, daß Dichtung gesprochen sein will und daß die meisten Literaturstudenten später auch für korrekt gesprochenes Deutsch mitverantwortlich sind, dann ist es, auch angesichts der verbreiteten Verschluderung der Sprache, bedauerlich, daß der Sprecherziehung noch nicht in allen literaturwissenschaftlichen Instituten gebührende Aufmerksamkeit zuteil wird.

2. EINIGE GRUNDSÄTZE FÜR DIE PRAXIS DES LITERATURWISSENSCHAFTLICHEN STUDIUMS

a) Praxis des Lesens und Lernens

Vom Beginn des Studiums an muß der Studierende planmäßig arbeiten. Beliebiges ‹Herumstudieren›, womit nicht die erwünschte Aufgeschlossenheit für andere Wissenschaften gemeint ist, sondern ein nur oberflächliches Herumtasten und Herumhören, bringt wenig ein. Einen verbindlich vorgezeichneten Plan gibt es freilich nicht; ihn muß sich der Student, die Anregungen der Vorlesungen und Seminare aufgreifend und die Studienberatungen der Dozenten nutzend, selbst erarbeiten und skizzieren. Das ist gut so, weil auf diese Weise dem einzelnen genügend Spielraum für seine spezielle Begabung und für seine Neigungen bleibt. Die Hinweise dieses Büchleins können Hilfen für einen solchen Plan und für die Planmäßigkeit des Arbeitens selbst sein.

Allerdings hat sich jetzt in den Philosophischen Fakultäten weithin die gewiß richtige Meinung durchgesetzt, daß das Studium in der ersten Hälfte, also in den ersten vier Semestern, straff gelenkt werden sollte. Die einzelnen Fächer werden dafür zu gegebener Zeit genaue Programme vorlegen müssen.

Philologe wird man durch unablässiges Lesen, hieß es. Studierendes Lesen aber ist *systematisches* Lesen. Nicht durch die vorwiegend zufällige Lektüre von Texten bald aus dem 17., dann aus dem 19., bald aus dem 20., dann aus dem 18. Jahrhundert erwirbt man sich die notwendigen Kenntnisse der Literatur und ihrer Geschichte, sondern allein durch die zeitweilige Konzentration auf bestimmte Gebiete: auf Epochen, auf Gattungen, auf Autoren. Dieses systematische Lesen hat sogleich mit Anfang des Studiums einzusetzen.

Es ist nützlich, zwischen *intensivem* und *extensivem* Lesen zu unterscheiden. Damit sind zwei verschiedene Arten des Lesens gemeint; beide sind zu praktizieren. *Intensives* Lesen ist behutsam fortschreitendes, Wort für Wort beachtendes und wägendes, auf sprachliche Formen und Satzfügungen, auf alle Elemente der Sprache und des Sinnzusammenhangs sorgfältig achthabendes Lesen. Intensives Lesen strebt der Analyse und Interpretation des Textes zu. Wer aber nur auf solche Weise liest, wird sich schwerlich ausreichende Kenntnisse der Literaturen vieler Zeiten und vieler Autoren aneignen, die aber erforderlich sind, um das einzelne in seinen richtigen Dimensionen zu sehen. Daher ist neben dem philologisch genauen intensiven das *extensive* Lesen zu pflegen. Es vermittelt Überblicke, errafft literaturgeschichtlichen ‹Stoff›, schenkt Bekanntschaft mit der Fülle und Vielfalt der literarischen Zeugnisse, ist Bedingung literarhistorischen Wissens.

Wie ein angehender Klassischer Philologe, um etwa die umfangreichen Schriften eines CICERO kennenzulernen, den Mut haben muß, dessen Reden oder Essays jeweils kontinuierlich, ‹auf einen Sitz›, zu lesen, so muß auch der studierende Germanist sich wieder und wieder der ganzen Ausdehnung eines Werks, einer Gattung, einer Epoche usw. lesend überlassen. Oftmals hellt sich, was zunächst dunkel und undeutlich blieb, aus der Rückschau vom Ganzen her auf, und das extensive Lesen lenkt dann von selbst zurück zum intensiven.

Für die notwendige Planmäßigkeit der Lektüre ist zu empfehlen: Zunächst wähle ich mir jenen Bereich, dem mein Interesse gilt und den ich erarbeiten will. Das kann eine literarische Epoche sein (Barock, Aufklärung, Sturm und Drang, Goethezeit, Expressionismus usw.), eine Autorengruppe (Sprachgesellschaften, Bremer Beiträge, Junges Deutschland usw.), eine Gattung (Tragödie, Komödie,

Roman usw.), das Gesamtwerk eines Schriftstellers. Dann informiere ich mich mit Hilfe der Bücherkunden (von RAABE und HANSEL), mit denen ich mich sogleich im ersten Semester gründlich vertraut gemacht habe, welche Hilfsmittel (Bibliographien, Nachschlagewerke, Forschungsberichte) den gewählten Bereich erschließen. Diese Hilfsmittel nennen auch die zur Verfügung stehenden Ausgaben der Werke, vor allem auch Textsammlungen, die Neudrucke oft nur schwer zugänglicher Werke bieten, Zusammengehöriges bereits gruppieren und meist auch informative Einleitungen und Übersichten beisteuern.[3] Auf diese Weise habe ich bald einen Überblick gewonnen und weiß, zu welchen Werken (Quellen und literaturwissenschaftlichen Arbeiten) ich bei meinem Vorhaben greifen sollte. Von einem Einzelwerk ausgehend, kann ich nun, mich von ihm leiten lassend und Weiterführendes anschließend, in systematischer Bemühung das Gebiet erobern.

Die Frage des Textes, d. h. der Ausgabe, die ich wähle, ist nicht immer leicht zu entscheiden. Natürlich ist stets die kritische Ausgabe eines Werks den einfachen Drucken vorzuziehen; doch brauche ich für die Zwecke extensiven Lesens nicht zu wählerisch zu sein, muß allerdings zum wissenschaftlich gesicherten Text zurückkehren – wenn es ihn gibt –, sobald ich philologische Untersuchungen beginne.

Im folgenden sei als Beispiel die Arbeitsweise für den Fall skizziert, daß mein Interesse dem Drama des 17. Jahrhunderts gilt. Einen guten ersten Zugang verschaffen die Bände der in der Sammlung ‹Deutsche Literatur in Entwicklungsreihen› edierten Gruppe ‹Barockdrama› (hg. v. WILLI FLEMMING, Leipzig 1930–33). Die sechs Bände, jeweils mit ausführlichen Einleitungen versehen, enthalten Schauspiele der Wanderbühnen, Beispiele des Ordensdramas, Operntexte, Festspiele und in den beiden wichtigsten Büchern (‹Die deutsche Barockkomödie›, ‹Das schlesische Kunstdrama›) Stücke von HEINRICH JULIUS VON BRAUNSCHWEIG, MARTIN OPITZ, ANDREAS GRYPHIUS, LOHENSTEIN, CHRISTIAN WEISE, CHRISTIAN REUTER. Die Beschäftigung mit so bedeutenden Dramatikern des Jahrhunderts wie GRYPHIUS und LOHENSTEIN greift über die in der Sammlung der DLE gebotenen Werke hinaus (GRYPHIUS: ‹Cardenio und Celinde›, ‹Papinian›; LOHENSTEIN: ‹Sophonisbe›). Die einschlägigen Bibliographien verweisen auf jüngere, leicht zugängliche Neudrucke: auf des GRYPHIUS ‹Catharina von Georgien› (hg. v. W. FLEMMING, 3. Aufl.

---

3 PAUL RAABE verzeichnet in seiner ‹Quellenkunde zur neueren deutschen Literaturgeschichte› (Stuttgart 1962, S. 90 f.) übersichtlich die noch heute wichtigen Textsammlungen (s. auch unten S. 106).

1955), ‹Carolus Stuardus› (hg. v. H. POWELL, 1955), auf die von H. PALM im vorigen Jahrhundert besorgte (wenn auch nicht zufriedenstellende) Ausgabe der Werke des GRYPHIUS (mit dem Ergänzungsband, hg. v. F. W. WENTZLAFF-EGGEBERT), auf die im Niemeyer Verlag neu erscheinende Gesamtausgabe und auf die Edition von LOHENSTEINS Dramen (hg. v. K. G. JUST, 1953–57).

Wer den Nachdruck seiner Studien auf die Komödie des 17. Jahrhunderts legt, wird sich in diesen Bereich weiter hineinleiten lassen. Wichtig ist in jedem Fall, die hier genannten oder anderweitig zusammengestellten Texte möglichst im Zusammenhang zu studieren, damit sich ein fülliger Gesamteindruck vom Drama in diesem Zeitraum ergibt.

Die Vorworte zu einzelnen Stücken lenken die Aufmerksamkeit auf die theoretischen Überlegungen der Zeit: OPITZ' Vorrede zu den ‹Troerinnen› zwingt zum Studium seines schmalen ‹Buchs von der deutschen Poeterei›. Bibliographische Hilfsmittel weisen Arbeiten nach, die über die Poetiken des 17. Jahrhunderts und, in unserm Fall, vor allem über die zeitgenössischen Auffassungen von Tragödie und Komödie unterrichten.

Schon sehe ich mich gedrängt, solche Lehrbücher der Dichtkunst selbst anzusehen, um wenigstens an ein oder zwei Originaltexten eine Vorstellung von den Zusammenhängen zu erhalten, in denen damals die Dichtung und die einzelne Gattung gesehen wurden. Leider besitzt nicht jede Bibliothek ein poetologisches Werk des 17. Jahrhunderts; doch sollte man dann nicht darauf verzichten, den Leihverkehr der Universitätsbibliotheken zu bemühen. Es zeigt sich auch bald, daß ich über die Grenzen der Gattung Drama hinausblicken muß, um mehr vom Geist der Zeit und von den Spielformen ihrer Dichtung zu erfassen. Vornehmlich auf die Lyrik wird sich der Blick richten (Gruppe ‹Barocklyrik›, hg. v. H. CYSARZ, in der ‹Deutschen Literatur in Entwicklungsreihen› und andere Sammlungen), und ALBRECHT SCHÖNES Band ‹Das Zeitalter des Barock. Texte und Zeugnisse› (München 1963) vermittelt einen Eindruck nicht nur von den Gedichtarten, sondern von der Literatur dieses überreichen Jahrhunderts insgesamt.

Es ist vorteilhaft, mit der hier besprochenen systematischen Lektüre das Studium wichtiger ‹Sekundärliteratur› (Literaturgeschichten, wissenschaftlicher Abhandlungen usw.) zu verbinden. Auf keinen Fall aber darf die Lektüre der Quellen dadurch beeinträchtigt oder gar ersetzt werden. Welche dieser Arbeiten förderlich sind, welche unerläßlich und welche unerheblich, das zu entscheiden lernt man erst nach einiger Studienzeit, ganz davon abgesehen, daß es darüber in vielen Fällen divergierende Meinungen gibt.

Immer jedoch hilft es, sich anhand von Forschungsberichten über die in dem betreffenden Gebiet geleistete Arbeit und über den Stand der Forschung zu informieren. Gerade Forschungsberichte erleichtern den Einstieg in noch unbekanntes Gelände. Nachdrücklich sei darum auf sie hingewiesen. Sie referieren stets auch über die noch ungeklärten Fragen und machen auf Untersuchungen aufmerksam, die noch vorzunehmen sind. So können bei unserm Beispiel zu Rate gezogen werden: ERICH TRUNZ, Die Erforschung der deutschen Barockdichtung, DVjs. 18, 1940 (Referatenheft). – ERIK LUNDING, Stand und Aufgaben der deutschen Barockforschung, Orbis Litterarum 8, 1950. – DERS., Die deutsche Barockforschung, Wirkendes Wort 2, 1951/2. – Auf diese Forschungsberichte wird man schon in HANSELS ‹Bücherkunde› verwiesen.

Hier wie in andern Fällen führen diese kritischen Referate nicht unmittelbar bis an die Gegenwart heran. So muß man sich, um jüngere Fachliteratur zu finden, an die bibliographischen Hilfsmittel wenden und, da auch sie ja notwendig nachhinken, darüber hinaus die laufenden Zeitschriften einsehen und sich nach Neuerscheinungen auf dem Büchermarkt umschauen. Bei dieser Gelegenheit sei vermerkt, daß der Student die Zeitschrift ‹Germanistik. Internationales Referatenorgan mit bibliographischen Hinweisen› ständig verfolgen sollte, die in relativ kurzer Zeit nach Erscheinen der Arbeiten knapp über sie referiert. Sie erscheint seit 1960.

Gute Unterstützung bei dem Vorhaben, ein Studiengebiet zu erschließen, gewährt auch, um es hier noch besonders hervorzuheben, das ‹Reallexikon der deutschen Literaturgeschichte›, und zwar sowohl die 1. Auflage (1925–1931) als besonders die seit 1958 erscheinende Neubearbeitung. Es berichtet in mitunter sehr ausführlichen Artikeln über den ganzen Sachbereich der deutschen Literaturgeschichte, auch über Epochen, Gattungen u. ä., jeweils mit kurzem bibliographischen Anhang.

Das hier empfohlene und an einem Beispiel gezeigte systematische Lesen erschließt die geschichtlichen Bestände der Literatur. Vorzüglich die vorlesungsfreie Zeit ist für ausgiebige Lektüre bestimmt. Jene Monate, in denen keine Vorlesungen und Übungen stattfinden, sind während des Studiums die Phasen intensiven, gesammelten Arbeitens. Auf sie kann gerade der Student der Geisteswissenschaften nicht verzichten, und Abstriche an dieser fälschlich ‹Semesterferien› genannten Zeit haben schlimme Folgen. Einmal fehlen dann stets die Grundlagen, um in Vorlesungen und Übungen produktiv mitarbeiten zu können, und zum andern ist eine Verlängerung des Studiums kaum zu vermeiden.

Zum Studium gehört nicht nur das Lesen, sondern auch das Lernen (was manchmal vergessen zu werden scheint, weil schon in der Schule der Absprung zum ‹Darüber-Sprechen› zu früh geschieht). Der Student hat sogleich damit zu beginnen. Literaturgeschichtliche Fakten müssen sicher gewußt, literaturwissenschaftliche Begriffe beherrscht werden, Termini der Rhetorik und die verschiedenen Versformen bekannt sein. Vage Kenntnisse darf es auf solchen Gebieten nicht geben, es sei denn, die Unsicherheit liegt in der Sache selbst begründet. Hier ist ein klares Arbeitspensum gegeben. Kein Jurist kann ohne die Beherrschung von Paragraphen, kein Naturwissenschaftler ohne das sichere Verfügen über bestimmte Formeln auskommen, kein Literaturwissenschaftler ohne ein verläßlich gewußtes Tatsachenmaterial (worunter hier etwas anderes verstanden ist als Belesenheit, von der eben die Rede war).

Hier ist der Student zunächst natürlich auf handliche Hilfen angewiesen. Die knappen Literaturgeschichten (s. oben S. 50) sind nützlich; für diese Zwecke auch: H. A. und E. Frenzel, Daten deutscher Dichtung. Chronologischer Abriß der deutschen Literaturgeschichte, 2 Bde., München 1962 (dtv, Bd. 28 u. 54). – Schmitt/ Fricke, Deutsche Literaturgeschichte in Tabellen, 3 Bde., Bonn 1949 bis 1952, 2. Aufl. 1960. – Erste Auskunft über literaturwissenschaftliche Begriffe gibt Gero v. Wilpert, Sachwörterbuch der Literatur, Stuttgart 1955 u. ö. – Für rhetorische Termini: Heinrich Lausberg, Elemente der literarischen Rhetorik, 2. Aufl. München 1963. – Für die Verslehre: Wolfgang Kayser, Kleine deutsche Versschule, 10. Aufl. Bern 1964. – O. Paul/I. Glier, Deutsche Metrik, 5. Aufl. München 1964. – Weitere Literatur zur Verslehre bei J. Hansel, Bücherkunde. Studienausgabe, Nr. 225 ff.

b) Praxis des Schreibens
(mit Hinweisen zur Anlage einer wissenschaftlichen Arbeit)

Nur wer sich von Anfang an selbst in eine Schule des Darstellens, Gestaltens, d. h. des Schreibens nimmt, hat Aussicht, literaturwissenschaftlich etwas zu leisten. Denn unser Umgang mit Literatur fordert die angemessene schriftliche Darlegung, und oft genug ist in unserm Fach Erkenntnis an Nuancen der Formulierung geknüpft. Die in den Seminaren anzufertigenden Arbeiten dienen dieser Übung. (Erörtern wir hier nicht die grundsätzliche Problematik, mit sprachlichen Mitteln in andere sprachliche Wirklichkeiten einzudringen, in Sprache über Sprache etwas auszusagen. Wen Ludwig Wittgenstein beunruhigt hat, der ist versucht, sich ins Schweigen zurückzuziehen.)

Gutes, zumindest korrektes Deutsch sollte selbstverständlich sein, ist es aber keineswegs, wie jeder Lehrende bestätigen kann. Von einem Abiturienten, der Deutsch als sein Studienfach wählt, muß erwartet werden, daß er einen Sachverhalt einwandfrei beschreiben und einen Gedankengang korrekt darlegen kann. (Es muß von *jedem* Abiturienten erwartet werden können.) Dennoch vorhandene Mängel sind in eigner Arbeit zu beseitigen; Bücher wie BRODER CHRISTIANSENS ‹Schule des Schreibens› und LUDWIG REINERS' ‹Stilkunst. Ein Lehrbuch deutscher Prosa› sind dabei nicht zu verachten.

An manchen Universitäten sind erfreulicherweise besondere Kurse zur Ausbildung des Stils eingerichtet, was dringend nötig zu sein scheint, zumal alle Absolventen eines literaturwissenschaftlichen Studiums später, wo immer sie wirken, für die deutsche Sprache mitverantwortlich zu sein haben; wer sonst, außer den Schriftstellern?

Die Kunst der Formulierung lernen, seinen Stil schulen kann man an Vorbildern. Leider zeichnet sich nicht allzuviel Sekundärliteratur unsres Faches durch gutes, geschweige denn meisterliches Deutsch aus. Der ‹Jargon› ist bisweilen schwer zu ertragen; unklares, geschwollenes, bedeutsam scheinendes Reden macht sich wieder und wieder breit. Doch das ist kein Freibrief für eigne Lässigkeit. Immerhin kennen wir die Darstellungs- und Formulierungskunst eines RICHARD ALEWYN, WOLFGANG KAYSER, EMIL STAIGER, HERMAN MEYER und einiger anderer. An sie sollte sich der Lernende halten. Nüchterne Sachlichkeit, sorgsam differenzierende, ebenso präzise wie feinfühlig geschmeidige Ausdrucksweise sind allein angemessen.

Frühzeitig muß gelernt und dann sicher beherrscht werden, wie eine wissenschaftliche Arbeit anzulegen ist. Dazu gehört das fehlerfreie Zitieren. Gute Hilfe bietet GEORG BANGEN, Die schriftliche Form germanistischer Arbeiten. Empfehlungen für die Anlage und die äußere Gestaltung wissenschaftlicher Manuskripte unter besonderer Berücksichtigung der Titelangaben von Schrifttum, Stuttgart 1962, 3. Aufl. 1964 (Sammlung Metzler). Das Bändchen beschreibt auch ‹die sorgfältige Materialsammlung als wichtige Vorarbeit für die Manuskriptgestaltung›.

BANGENS Empfehlungen gehen bis in die kleinsten Einzelheiten, was nur zu begrüßen ist. Allerdings darf man sich in der Zitierweise (wie in den unten gebrachten Beispielen) getrost einige Abweichungen von den dort gegebenen Vorschriften erlauben, die es auf letzte Vollständigkeit abgesehen haben. Nur muß man stets genau und vollständig genug sein und sich an das einmal gewählte System des Zitierens halten.

Auf engem Raum seien für den Studierenden im folgenden die wichtigsten Grundsätze für die äußere Form einer wissenschaftlichen Arbeit mitgeteilt und ein handliches, rasch überschaubares Muster für das Zitieren aufgezeichnet. Auf schwierige Einzelfragen gehe ich hier absichtlich nicht ein, BANGENS Empfehlungen geben Auskunft.

Die Arbeit wird mit der Schreibmaschine auf Papier im Format DIN A 4 geschrieben. Auf Abstand zwischen den Zeilen ist zu achten (höchstens 38 bis 40 Zeilen pro Seite). An der linken Seite muß ein Rand bleiben (bei ca. 60 Anschlägen pro Zeile). Die Blätter sind zu numerieren.

Der Darstellung selbst geht (bei größeren Arbeiten) ein Inhaltsverzeichnis voraus. Es soll dem Leser einen klaren Einblick in die Gliederung der Arbeit geben. Dabei ist für jeden Abschnitt die Seite anzugeben, auf der er beginnt.

Das Literaturverzeichnis kann dem Inhaltsverzeichnis folgen oder an den Schluß der Arbeit gesetzt werden. Es muß alle Quellentexte und alle Sekundärliteratur nennen, die der Verfasser für die Arbeit benutzt hat. Bei Zitaten in der Arbeit selbst können dann Abkürzungen verwendet werden: Verfasser, ein Stichwort aus dem Titel, Seitenangabe. Allgemein bekannte Nachschlagewerke werden nicht aufgeführt (Brockhaus, die üblichen Lexika, Wörterbücher u. ä. m.). Hat aber ein Artikel aus einem Nachschlagewerk, etwa aus dem ‹Reallexikon›, für die Arbeit besondere Bedeutung gehabt, so zitiert man ihn mit Angabe des Verfassers (also unter dem Namen des Autors).

Das Literaturverzeichnis wird am besten gegliedert in ‹Texte› (= Quellen) und ‹Literatur› (= Sekundärliteratur). Jede der beiden Abteilungen wird in sich alphabetisch geordnet.

Zuerst erscheint immer, auch bei antiken Autoren, der Name des Autors (im Nominativ), dann das Werk (soweit möglich, ebenfalls im Nominativ), hierauf gegebenenfalls der Herausgeber (hg. v. = herausgegeben von). Dieses Schema befolgt man auch, wenn das Titelblatt der betreffenden Ausgabe anders gefaßt ist. Grundsätzlich gilt: Es müssen angegeben sein der Verfasser, genauer Titel, Erscheinungsort und Erscheinungsjahr; bei Zeitschriften Nummer des Bandes und Jahreszahl. Über die Reihenfolge der Namen – erst Vorname, dann Zuname oder umgekehrt – sollte nicht gestritten werden, ebensowenig wie über den Gebrauch von Komma, Punkt oder Doppelpunkt zwischen Namen und Buchtitel, Buchtitel und Orts- und Jahresangabe. Wichtig ist nur, daß man in seinem Schema konsequent bleibt:

Erich Auerbach, Mimesis. Dargestellte Wirklichkeit in der abendländischen
Literatur, Bern 1946.
Benno von Wiese, Eduard Mörike, Tübingen 1950.
Heinrich von Kleist, Sämtliche Werke und Briefe, hg. v. Helmut Sembdner,
2 Bde., 2. Aufl. München 1961

Bei Arbeiten, die in einem besonderen Sammelwerk stehen, das
aber nicht periodisch erscheint und daher nicht so bekannt ist wie
eine Zeitschrift, zitiert man mit Hilfe von ‹in›:

Friedrich Beißner, Unvorgreifliche Gedanken über den Sprachrhythmus,
in: Festschrift Kluckhohn/Schneider, Tübingen 1948.

Besser gibt man bei solchen Arbeiten (wie auch bei Zeitschrif-
tenaufsätzen) auch die Seitenzahlen an:

Emil Staiger, Heinrich von Kleist ‹Das Bettelweib von Locarno›. Zum Problem des dramatischen Stils, in: E. St., Meisterwerke deutscher Sprache
aus dem 19. Jahrhundert, 2. Aufl. Zürich 1948, S. 100–118.
Clemens Heselhaus, Friedrich Hölderlin ‹Lebenslauf›, in: Die deutsche
Lyrik, hg. v. Benno von Wiese, Düsseldorf 1956, Bd. I, S. 375–380.

Bei Aufsätzen aus fortlaufend erscheinenden Zeitschriften wird
‹in› nicht gebraucht. Es werden Jahrgangs- und Jahreszahl ohne
weiteres nebeneinandergesetzt:

Walter Brauer, J. Regnart, J. H. Schein und die Anfänge der deutschen
Barocklyrik, DVjs. 17, 1939, S. 371–404.
Richard Alewyn, Eine Landschaft Eichendorffs, Euphorion 51, 1957, S.
42–60.

Bei Angabe von zwei (und mehr) Erscheinungsorten braucht
nur der zuerst genannte aufgeführt zu werden. Ist der Erscheinungsort oder das Erscheinungsjahr oder beides nicht zu ermitteln,
so benutzt man die nicht eingeklammerten Abkürzungen o. O.
(= ohne Ortsangabe) oder (und) o. J. (= ohne Jahresangabe).
Entnimmt man die Angaben andern Stellen des Buches als der Vor-
der- und Rückseite des Titelblattes [4] (also etwa dem Vorwort, einem

---

[4] Mir scheint die auch von BANGEN vorgetragene Regel, daß schon eine
von der Rückseite des Titelblatts gewonnene Angabe in Klammern zu
setzen sei (S. 46), für unsere Zwecke zu pedantisch zu sein. In die Anmerkungen wissenschaftlicher Arbeiten komplett die Akribie der Biblio-
theksordnung einzuführen halte ich eher für störend als für nützlich.
Das gilt z. B. auch für die Forderung, die Ergänzung von Namen, die auf
dem Titelblatt nicht vollständig genannt sind, in Klammern einzuschlie-
ßen, etwa: GELLERT, C(HRISTIAN) F(ÜRCHTEGOTT). Man muß die Bedeutung dieser bibliothekarischen Zeichen kennen; ob man sie kompromißlos

Druckvermerk am Ende des Buches u. ä.), so werden sie in runde Klammern eingeschlossen. Ermittelt man die Angaben aus andern Hilfsmitteln (Bibliographien usw.), so werden sie in eckige Klammern gesetzt. Da sich diese Klammern höchstens bei den Orts- und Jahresangaben und beim Autornamen einstellen, habe ich keine Bedenken, ebenfalls mit runden Klammern zu arbeiten, wenn ich kenntlich machen muß, daß das Buch in einer Editionsreihe o. ä. erschienen ist. Die von BANGEN gewünschten Winkelklammern sind in Arbeiten sehr unhandlich:

Eduard Mörike, Werke, hg. v. Harry Maync, Leipzig (1909).
Martin Opitz, Teutsche Poemata. Abdruck der Ausgabe von 1624, hg. v. Georg Witkowski, Halle 1902 (Neudrucke deutscher Literaturwerke des 16. u. 17. Jahrhunderts, Nr. 189–192).

Handelt es sich um die zweite oder um eine spätere Auflage eines Buches, wird es durch eine hochgestellte entsprechende Ziffer gekennzeichnet oder durch einen Zusatz:

Seneca, Ad Lucilium epistulae morales, hg. v. O. Hense, [2]Leipzig 1914.
Ernst Robert Curtius, Europäische Literatur und lateinisches Mittelalter, 5. Aufl. Bern 1965.

Übliche Abkürzungen dürfen gebraucht werden; man findet sie im Anhang von BANGENS Bändchen. Die gebräuchlichen Abkürzungen von Zeitschriftentiteln, die man sich früh einprägen muß, können ebenfalls benutzt werden. RAABE fügt in seiner knappen Übersicht der wichtigsten Zeitschriften des Faches die gängigen Abkürzungen den ausführlichen Titeln bei (Einführung in die Bücherkunde, 4. Aufl. Stuttgart 1964, S. 81 ff.).

Man vermeide auf jeden Fall die Abkürzung a. a. O. (= am angegebenen Ort); denn sie stiftet immer wieder Verwirrung und erschwert das Finden.

Die Abkürzung f. (etwa bei S. 212 f.) bedeutet: Seite 212 und die eine folgende Seite (nicht mehr!), die Abkürzung ff. (S. 212 ff.) bedeutet: Seite 212 und die folgenden Seiten (unbestimmter Anzahl).

---

in die Zitierweise von Arbeiten übernehmen will, ist eine andere Sache. Übrigens kenne ich kaum eine Arbeit, die nach BANGENS strengen Prinzipien verfährt, und doch mangelt es dann nicht an der selbstverständlich zu fordernden Genauigkeit. In Bibliographien, bei Titelangaben im Apparat kritischer Ausgaben und bei ähnlichen Anlässen sollte jedoch peinlich genau nach BANGENS Vorschriften verfahren werden. – Auch die Anmerkungen zu den im Anhang dieses Bändchens beigefügten Aufsätzen sind nicht einheitlich; ihre Verfasser verfahren unterschiedlich, ohne daß die Exaktheit leidet.

Für das Zitieren in der Arbeit hat zu gelten: Dem Leser muß an jeder Stelle klar sein, ob der Verfasser eigene Meinungen vorträgt oder ob er fremden Gedanken folgt. Daher wird jedes Zitat und jede Wiedergabe fremder Ansichten mit einer genauen Stellenangabe (in den Anmerkungen oder ‹Fußnoten›) versehen. ‹Jedes Zitat muß drei Forderungen genügen: es muß *unmittelbar, genau* und *zweckentsprechend* sein› (BANGEN, S. 14). Der Verfasser muß den zitierten Text unmittelbar der betreffenden Quelle entnommen haben. Zitiert er jedoch nach einem Gewährsmann, also aus einem andern Buch als dem Quellentext selbst (den er trotz seiner Bemühungen nicht einsehen kann), dann muß die Zitatangabe den Vermerk enthalten ‹zit. nach› (= zitiert nach).

Alle direkten Zitate müssen wörtlich stimmen und werden in Anführungszeichen gesetzt, z. B.: ‹Solche Bilder, in denen die Natur sich selbst aussagt, sind Urbilder.›[1] (In der Fußnote der Seite steht dann: [1] B. v. Wiese, Mörike, S. 69.)

Läßt man der Kürze halber in einem Zitat ein Wort oder mehrere Wörter weg, so deutet man dies durch drei Punkte an, die in eckige Klammern zu setzen sind, damit deutlich wird, daß diese Punkte nicht im zitierten Text selbst stehen.[5] Fügt man der Klarheit wegen in ein wörtliches Zitat etwas ein, was ursprünglich nicht im zitierten Text steht, so setzt man es ebenfalls in eckige Klammern. Steht in der zitierten Stelle bereits etwas in (doppelten) Anführungszeichen, so erscheinen diese Anführungszeichen im Zitat nur mit je einem Strich: «Das ‹Schwärmen› hat aber hier [in Mörikes «Gesang zu zweien in der Nacht»] nicht den heutigen empfindsamen Unterton des Wortes.»[2] (In der Fußnote: 2) B. v. Wiese, Mörike, S. 68). Das Gedicht «Gesang zu zweien in der Nacht» darf in doppelten Anführungsstrichen stehen, weil es in einem Zusatz des Verfassers der Arbeit angeführt wird.

Auf Fehler, die sich offensichtlich im zitierten Text befinden und die nicht stillschweigend verbessert werden dürfen, kann durch ein in eckige Klammern gesetztes Ausrufezeichen [!] aufmerksam gemacht werden, auch das Wörtchen [*sic*] dient dazu.

Es empfiehlt sich, mit wörtlichen Zitaten sparsam zu sein. Besonders Meinungen aus der Sekundärliteratur sollte man, wenn es nicht unbedingt auf den genauen Wortlaut ankommt, nicht direkt wiedergeben, sondern sie in die eigne Darstellung verarbeiten (den Herkunftsort allerdings in der Fußnote mitteilen). Solche indirekten Zitate stehen natürlich nicht in Anführungszeichen.

---

5 BANGEN begründet diese Einklammerung mit wichtigen Argumenten S. 16).

Zitiert man Textstellen, die als selbstverständlich bekannt gelten dürfen oder von Autoren stammen, die in vielen Ausgaben verbreitet sind, so genügt, falls eine philologische Untersuchung nicht größere Genauigkeit fordert, die bloße Angabe des Gedichts oder Werks, z. B.: Goethe, Mailied; Wilhelm Meisters Lehrjahre, Buch 2, Kap. 8. – Bei Werken in Versen, die einheitlich durchgezählt werden, genügt die Angabe des Verses: Faust, V. 2126 ff. – Ob man bei Dramen auf Akt und Szene oder auf einen einzelnen Vers hinweist, richtet sich nach dem jeweiligen Zusammenhang.

Natürlich können beim Buchdruck, wie auch dieses Bändchen zeigt, die Schriftzeichen von den beim Schreibmaschinenverfahren benutzten abweichen; doch dürfen Deutlichkeit und Einheitlichkeit in keinem Falle leiden.

3. Der Aufbau des Studiums im einzelnen

Was ich im folgenden skizziere, sind nichts als Vorschläge und nur als solche zu verstehen und zu nutzen. Sie erfassen auch nicht alles, und jeder mag, noch einmal sei es gesagt, andern Anregungen folgend, andere Wege gehen. Auf das Ergebnis kommt es an. An manchen Stellen muß ich, um ein Beispiel zu entwerfen, konstruieren, und die Realität sieht wahrscheinlich überall etwas anders aus. Nur der mitüberlegende Student wird also die Hinweise richtig aufnehmen.

Mein Entwurf sieht ein Fachstudium von neun Semestern vor. Acht Semester fordern die Prüfungsbestimmungen; doch ohne ein neuntes wird kaum jemand auskommen. Allerdings ist eine Verlängerung darüber hinaus nur von geringem Nutzen; denn mit dem Elan der Studienzeit, der nach acht/neun Semestern erfahrungsgemäß nachläßt, sollte man ins Examen gehen. Es ist keine leichtfertige Rhetorik, wenn die Dozenten ihren Hörern immer wieder sagen, daß das Studium selbst, d. h. die Beschäftigung mit den Gegenständen der Wissenschaft, nicht getrübt sein sollte von ängstlichen Gedanken an ein Examen. Die Abschlußprüfung ergibt sich dann wie eine selbstverständlich gezogene Summe eines sinnvoll aufgebauten und intensiv durchgeführten Studiums. Die Zeit für die Abfassung der Staatsexamensarbeit (oder Magisterarbeit oder Dissertation) und für die Prüfungen selbst schließt sich an die neun Semester an. Es ist möglich, sich für diese Monate an der Universität beurlauben zu lassen.

a) Ein Vorlesungs- und Seminarplan als Beispiel

Der hier aufgezeichnete Vorlesungs- und Seminarplan umfaßt denkbare Themen. Er soll verdeutlichen, was man jeweils in einem Semester, zu dem die vorlesungsfreien Monate als Zeit besonders eindringlichen Literaturstudiums hinzugehören, erarbeiten könnte. Der Plan gibt Anhaltspunkte, wie man auch dann, wenn die hier vorgeschlagenen Themen der Vorlesungen nicht im Universitätsprogramm angeboten werden oder wenn man eine Vorlesung nicht besuchen möchte, sich selbst mit wichtigen Gebieten planmäßig befassen kann.

1. Semester

Vorlesungen:
Deutsche Klassik   3 – stdg.
Gattungsformen der Lyrik   1 – stdg.
Proseminar: Einführung in literaturwissenschaftliches Arbeiten

2. Semester

Vorlesungen:
Deutsche Literatur der Romantik   3 – stdg.
Dichtung des Expressionismus   2 – stdg.

3. Semester

Vorlesungen:
Deutsche Literatur im 19. Jahrhundert, Teil I   3 – stdg.
Anfänge europäischer Erzählkunst   2 – stdg.
Proseminar: Novellen des 19. Jahrhunderts

4. Semester

Vorlesungen:
Deutsche Literatur im 19. Jahrhundert, Teil II   3 – stdg.
Das europäische Drama der Moderne   2 – stdg.
Übungen zur Editionstechnik

5. Semester

Vorlesungen:
Deutsche Literatur im 16. Jahrhundert   3 – stdg.
Geschichte der neuhochdeutschen Sprache   2 – stdg.
Hauptseminar: Goethes Romane
   (oder: Lessings ‹Hamburgische Dramaturgie›)

6. Semester

Vorlesungen:
Deutsche Literatur im 17. Jahrhundert   3 – stdg.
Literaturtheoretische Überlegungen des *New Criticism*   1 – stdg.

Vorlesungen:

Deutsche Literatur im 18. Jahrhundert   3 – stdg.
Fragen der Literatursoziologie   1 – stdg.
Hauptseminar: Dramen des 17. Jahrhunderts

8. Semester

Vorlesungen:

Deutsche Literatur im 20. Jahrhundert   3 – stdg.
Grundzüge einer Geschichte der Deutschen Philologie   2 – stdg.
evtl.: *Colloquium (Oberseminar):* Probleme der literarischen Wertung
und praktische Übungen an Texten der Gegenwartsliteratur
(oder: Literatur der Aufklärung)

9. Semester

Vorlesungen:

Europäische Romane des 19. Jahrhunderts   3 – stdg.
evtl.: *Colloquium (Oberseminar):* Fortsetzung des Themas aus dem vorigen Semester.

An dieser Stelle müssen einige Bemerkungen über die Arbeit in den Seminaren und den Aufbau dieser Übungen im Gesamtablauf des Studiums eingeflochten werden, auch wenn es sich mehr um Wünsche als um eine Beschreibung des herrschenden Brauchs handeln sollte. Die Proseminare sind dazu da, den jungen Studenten in Arbeitsweisen der Literaturwissenschaft einzuführen. Darum muß dort die sorgsam geplante lehrende Unterweisung und nicht das frohgemute, aber voraussetzungsschwache ‹Forschen› entschieden Vorrang haben: Unterweisung im Verfahren der Edition und Textkritik, in Fragen literaturgeschichtlicher Betrachtung, in Methoden der Analyse und Interpretation des einzelnen Werks. (Übungen praktischer Literaturkritik werden erst in höheren Semestern fruchtbar sein.) Der Student selbst hat darauf zu achten, daß er sich in den ersten vier Semestern Grundlagen erarbeitet. Dabei sollen die Proseminare als Lehrveranstaltungen (ich wähle absichtlich dieses Wort) natürlich alles andere sein als rein rezeptive Mitschreibestunden. Lernende Selbstaktivität und ständige kritische Auseinandersetzung der Studenten sind immer gefordert und müssen geweckt werden. Wie das zu geschehen hat, ist im Grunde erst noch zu erproben; denn noch hat niemand es für nötig befunden, eine Methodik des akademischen Unterrichts zu entwerfen.

Die ersten vier Semester dienen also der Heranführung an die Arbeitsweisen und fordern darüber hinaus das selbsttätige Erarbeiten bestimmter, deutlich zu umreißender Gebiete: der literaturwissenschaftlichen Grundbegriffe, der Bibliographie, der Prinzipien der Verslehre, literaturgeschichtlichen Stoffes.

Die folgenden drei Semester sind der Ausweitung literaturge-schichtlicher und literaturwissenschaftlicher Kenntnisse gewidmet, wobei das Schwergewicht auf der Aneignung liegt, die mit der dis-kutierenden Auseinandersetzung über wissenschaftliche Fragen des betreffenden Gebiets im Seminar zu verbinden ist.

Die letzten beiden Semester, das letzte Studienjahr, sollten einem zusammenhängenden Thema gewidmet sein; die Staatsexamens-arbeit kann sich anschließen oder an die (im Seminar oder selbstän-dig geleisteten) Studien dieses Jahres anknüpfen.

Es kann nicht im Sinn eines Studiums sein, in jedem Semester eine ausgedehnte Seminararbeit zu schreiben. Niemand kann in steter Abfolge, oft bedrängt von der Not, die erforderliche Litera-tur nicht erreichen zu können, Arbeiten produzieren, die das Re-sultat sorgfältigen und selbstverantwortlichen Eindringens in das Thema sind. Viel stärker als bisher sollte deshalb das Gewicht auf das *exemplarische* Studieren gelegt werden: Wer im Studium an ein oder zwei Stellen intensiv selbsttätig Wissenschaft zu treiben, d. h. zu forschen versucht hat, vermag dann auch auf andern Gebie-ten angemessen vorzugehen.

Es sollten daher nur zur Pflicht gemacht werden: *eine* (natürlich erfolgreiche) schriftliche Arbeit in der Proseminarstufe der Neueren deutschen Literaturwissenschaft und insgesamt *zwei* Arbeiten im Gesamtbereich der Deutschen Philologie (eine in der Neueren deut-schen Literaturwissenschaft und eine in der Germanistik) nach dem Eintritt in die Hauptstufe des Seminars, der fast überall von einer Aufnahmeprüfung abhängig ist und über kurz oder lang wohl mit der allgemeinverbindlich werdenden Zwischenprüfung identisch sein wird. Auf kleinere schriftliche Übungen sollte freilich niemand verzichten, denn das Formulieren will ständig geübt und verfei-nert werden. Und niemandem ist verwehrt, das Maß der Mindest-forderungen zu überschreiten. Dem Studenten sei jedoch geraten, sich über die Bedingungen zu informieren, die an seiner Universi-tät gelten.

b) Das erste Studienjahr (1. und 2. Semester)

In den ersten Wochen bereits hat sich der Student eingehend mit den Einrichtungen des für das Gesamtgebiet der Deutschen Philolo-gie zuständigen Instituts vertraut zu machen, d. h. vor allem mit der Bibliothek und ihrer Ordnung. Die Anlage des Bücherkatalogs (Art der Signaturen usw.) und der Bibliothek insgesamt muß er schnell kennenlernen. Es lohnt sich, einige Tage nur darauf zu verwenden, in der Bibliothek von Buchregal zu Buchregal zu gehen, hier und da eine Werkausgabe, eine Abhandlung, eine Literaturgeschichte, ein Nachschlagewerk usw. in die Hand zu nehmen, um einen ersten Eindruck zu gewinnen und sich selbst Anschauungsunterricht über die Bestände zu geben. Man muß sich nach kurzer Zeit auch ohne Hilfe des Katalogs in der Bibliothek zurechtfinden können.

Nicht geringere Aufmerksamkeit sollte man der örtlichen Universitätsbibliothek schenken. Ihre innere Organisation (Bestände des allgemein zugänglichen Lesesaals, Kataloge verschiedener Anlage – die Schlagwortkataloge helfen bei mancher Literatursuche! –, Ausleihverfahren, Leihverkehr mit auswärtigen Bibliotheken usw.) muß man sich dienstbar machen. Einführungen in die Arbeit der Universitätsbibliothek finden überall statt.

Früh muß man über Art, Anlage und Umfang der Textsammlungen Bescheid wissen, zu denen man bei literaturgeschichtlicher Lektüre immer wieder greifen wird. Es handelt sich vor allem um folgende Publikationsreihen: Bibliothek des Literarischen Vereins in Stuttgart; Deutsche Dichter des 16. Jahrhunderts; Deutsche Dichter des 17. Jahrhunderts; Neudrucke deutscher Literaturwerke des 16. und 17. Jahrhunderts; Deutsche Literaturdenkmale des 18. und 19. Jahrhunderts; (Kürschners) Deutsche National-Literatur; Deutsche Literatur in Entwicklungsreihen. Da diese Editionsreihen in RAABES ‹Quellenkunde› (S. 90) im einzelnen erläutert sind, kann hier auf nähere Angaben verzichtet werden. Die Bände dieser Reihen hat der Student sich anzusehen, um mit ihnen vertraut zu sein.

Einige neue Publikationen kommen in diesen Jahren hinzu. Um der Literaturforschung wichtige Texte aus der literarischen Überlieferung wieder zugänglich zu machen, hat die Germanistische Kommission der Deutschen Forschungsgemeinschaft ein Programm für erwünschte photomechanische Neudrucke entworfen. Es wird in Zusammenarbeit mehrerer Verlage unter dem Gesamttitel ‹Deutsche Neudrucke› verwirklicht und umfaßt die Reihen: Mittelalter, Barock, 18. Jahrhundert, Goethezeit, 19. Jahrhundert.

Unter dem Titel ‹Die deutsche Literatur. Texte und Zeugnisse› erscheinen in der Beck'schen Verlagsbuchhandlung sieben starke Bände (Bd. 5 als Doppelband), die Zeit vom Mittelalter bis zum 20. Jahrhundert umspannend. Allerdings bieten die Bände mitunter nur kleine Textausschnitte, und da die Herausgeber nach eigenen Anordnungsprinzipien gliedern, findet man die Textbeispiele eines Autors leider auch nicht beieinander, sondern jeweils über den Band verstreut.

Als Arbeitsprogramm für die beiden ersten Semester sei vorgeschlagen:

Beschäftigung mit den grundsätzliche Fragen behandelnden Büchern von WELLEK/WARREN, Theorie der Literatur, und WOLFGANG KAYSER, Das sprachliche Kunstwerk (s. oben S. 35), und dem Aufsatz von CLEMENS HESELHAUS (s. oben S. 63). Die dort besprochenen Fakten (literaturwissenschaftliche Begriffe u. ä.) sind zu behalten, nachprüfend zu überdenken und gegebenenfalls gegeneinander abzuwägen.

Aneignung wichtiger literaturwissenschaftlicher Begriffe und rhetorischer Termini (Hilfsmittel s. oben S. 96).

Vertrautwerden mit den bibliographischen Hilfsmitteln. Anhand der ‹Bücherkunden› von RAABE und HANSEL (s. oben S. 72 f) ist das Gebiet zu erarbeiten. Dabei muß der Anfänger die dort genannten wichtigen Bibliographien und Nachschlagewerke selbst sorgfältig studieren, damit er sie jederzeit ohne vorheriges Herumtasten fehlerfrei benutzen kann. Mit den geläufigen Abkürzungen muß sich eine konkrete Vorstellung verbinden: Goedeke, Körner, Eppelsheimer, Eppelsheimer-Köttelwesch, Dietrich, Kosch, Jahresberichte, Schottenloher, Faber du Faur, Reallexikon, Hayn-Gotendorf, Zedler usw.

Vertrautwerden mit der Anlage und äußeren Gestaltung wissenschaftlicher Arbeiten (s. oben S. 96 ff). Bereits nach dem ersten Semester brauchen dem Studenten beim Zitieren keine Fehler mehr zu unterlaufen.

Kennenlernen der wichtigen Versformen und Beschäftigung mit den Prinzipien der Verslehre.

Lektüre von Analysen und Interpretationen, um aus deren Methoden oder methodischen Ansätzen zu lernen. Empfehlenswerte Lektüre: RICHARD ALEWYN, Brentanos Geschichte vom braven Kasperl... (s. oben S. 62). Sehr lesenswert auch das Meisterstück einer Prosa-Analyse: R. ALEWYN, Eine Landschaft Eichendorffs, Euphorion 51, 1957; jetzt auch in: Interpretationen, Bd. 4, hg. v. J. SCHILLEMEIT, Frankfurt 1966 (Fischer Bücherei, Bd. 721). – Aufsätze EMIL STAIGERS (in den Sammelbänden: Meisterwerke deutscher Sprache im 19. Jahrhundert, 4. Aufl. Zürich 1961; Die Kunst der Interpretation, 4. Aufl. Zürich 1963). – Aufsätze WOLFGANG KAYSERS (in: W. K., Die Vortragsreise, Bern 1958). – Nützlich auch die (kritische) Lektüre von Interpretationsversuchen und -ansätzen in den Sammelwerken ‹Die deutsche Lyrik›, hg. v. B. v. WIESE, Düsseldorf 1956; ‹Das deutsche Drama›, hg. v. B. v. WIESE, Düsseldorf 1958; ‹Der deutsche Roman›, hg. v. B. v. WIESE, Düsseldorf 1963. – Nachdrucke von Interpretationen deutscher Literatur (Lyrik, Drama, Ro-

mane, Erzählungen) liegen jetzt auch in den vier Taschenbüchern
‹Interpretationen› der Fischer Bücherei vor (Bde. 695, 699, 716, 721).
Lektüre zur Vorlesung und nach der Leseliste (s. unten S. 114 ff).
Systematisches Lernen literaturgeschichtlicher Fakten.

c) Das zweite Studienjahr (3. und 4. Semester)

Fortsetzung der im ersten Studienjahr begonnenen Studien literaturwissenschaftlicher Methodik. Es kann hinzukommen die Beschäftigung mit Bauformen des Erzählens (s. oben S. 61). Empfehlenswerte Lektüre, hilfreich zur weiteren Ausbildung der Methode und des Stils: Herman Meyer, Das Zitat in der Erzählkunst.
Zur Geschichte und Poetik des europäischen Romans, Stuttgart
1961. – Herman Meyer, Zarte Empirie. Studien zur Literaturgeschichte, Stuttgart 1963.

Beschäftigung mit den Prinzipien der Editionstechnik und den
Problemen der Edition (s. oben S. 40 ff).

Lektüre zur Vorlesung und nach der Leseliste (s. unten S. 114 ff).
Weiteres systematisches Lernen literaturgeschichtlicher Fakten.

Lektüre größerer wissenschaftlicher Arbeiten im Anschluß an
Vorlesung und Seminar oder an die Beschäftigung mit selbstgewählten Spezialgebieten. Bis zum Ende des vierten Semesters sollten studiert sein: Ernst Robert Curtius, Europäische Literatur
und lateinisches Mittelalter; Erich Auerbach, Mimesis. Dargestellte
Wirklichkeit in der abendländischen Literatur; Hugo Friedrich,
Die Struktur der modernen Lyrik.

d) Das dritte Studienjahr (5. und 6. Semester)

Beschäftigung mit Fragen des New Criticism (s. oben S. 60 f); dazu
auch Viktor Erlich, Russischer Formalismus (s. oben S. 61).

Beschäftigung mit der Geschichte der deutschen Sprache, vor allem
der neuhochdeutschen. Dazu (mit weiteren Literaturhinweisen):
Adolf Bach, Geschichte der deutschen Sprache, 7. Aufl. Heidelberg
1961. – August Langen, Deutsche Sprachgeschichte vom Barock bis
zur Gegenwart, in: Deutsche Philologie im Aufriß, Bd. I, 2. Aufl. Berlin 1957, Sp. 931–1396. – Hugo Moser, Deutsche Sprachgeschichte,
5. Aufl. Stuttgart 1965. – Hugo Moser, Annalen der deutschen
Sprache von den Anfängen bis zur Gegenwart, 2. Aufl. Stuttgart
1963 (Sammlung Metzler). – Hans Sperber / Peter v. Polenz, Geschichte der deutschen Sprache, Berlin 1966 (Sammlung Göschen,

Bd. 915). – HANS EGGERS, Deutsche Sprachgeschichte, Reinbek 1963 ff (rde, noch im Erscheinen). – HENNIG BRINKMANN, Die deutsche Sprache. Gestalt und Leistung, Düsseldorf 1963.

Anschließend daran: Beschäftigung mit Fragen der deutschen Syntax. Einführung in Probleme und in Literatur: HANS GLINZ, Deutsche Syntax, Stuttgart 1965 (Sammlung Metzler).

Lektüre einiger in der DDR erschienener Arbeiten.

e) Das 7. bis 9. Semester

Beschäftigung mit der Geschichte des Faches (s. oben S. 38 f).

Beschäftigung mit Fragen der Literatursoziologie (s. oben S. 55 f).

Beschäftigung mit Fragen der literarischen Wertung (s. oben S. 69 f).

Fortsetzung der Lektüre (mit deutlicher Schwerpunktbildung). Hier sollte sich die Konzentration auch auf ein Gebiet richten, aus dem dann die Abschlußarbeit gewählt werden kann.

Fortsetzung der in den vorangehenden Semestern begonnenen Studien.

DRITTER TEIL:

LESELISTE FÜR DAS STUDIUM DER NEUEREN DEUTSCHEN LITERATURWISSENSCHAFT

Noch einmal sei betont, daß diese Leseliste keinen alleinverbindlichen Kanon aufstellen will. Sie ist auf die Zwecke des Studiums zugeschnitten, das den Charakter einer Einführung behält, die freilich gründlich sein muß. Die Liste enthält einen Grundstock an Literatur, die der Student m. E. in seinem Studium und vorher kennengelernt haben sollte. Wo er Schwerpunkte seiner Studien bildet, hat er über die hier genannten Werke hinauszugreifen.

Es ist müßig, über Auswahlen zu streiten. Ein anderer wird anderes für wichtiger ansehen und andere Akzente setzen. Jeder Versuch einer Auswahl aus schwer übersehbarer Fülle kommt der Quadratur des Kreises gleich und bleibt daher unbefriedigend. So ist auch hier vieles gar nicht erwähnt, was ein Forscher oder ein Liebhaber vielleicht für besonders beachtenswert hält. Weder HERMANN KURZ noch HEINRICH LAUBE, weder WILLIBALD ALEXIS noch GUSTAV FREYTAG (der oft zu leichtfertig Kritisierte), weder die Dialektdichtung des 19. Jahrhunderts (REUTER, GROTH) noch die Heimatliteratur des 20. Jahrhunderts ist aufgenommen worden. WILDENBRUCH, SUDERMANN, HALBE, charakteristische Gestalten des ausgehenden 19. Jahrhunderts, sind übergangen worden wie viele andere mehr, und von den unbekannten Schätzen des 18. und 19. Jahrhunderts wird in diesem Verzeichnis nichts sichtbar. Es galt, an die zeitlich begrenzten Möglichkeiten des Studiums zu denken. Den suchenden Studenten zu planmäßiger und konzentrierter Lektüre anzuhalten ist der Sinn der Liste. Ich kann nur hoffen, daß auch die Gebildeten unter ihren Verächtern sie nicht als anspruchslos bezeichnen. Der Student tut ohnehin gut daran, sich über eine Ausweitung oder über eine sinnvolle Begrenzung der Lektüre, zu der er sich angesichts der immer noch stattlichen und nicht leicht zu bewältigenden Anzahl von Werken gedrängt sehen mag, von seinen akademischen Lehrern beraten zu lassen.

Auf die Gliederung nach Epochen und Strömungen habe ich verzichtet. Die literarhistorische Einordnung ist Aufgabe des Lesenden selbst. Die Namen der Autoren erscheinen grundsätzlich nur an *einer* Stelle, und an ihr werden alle zu lesenden Werke des Autors genannt. Das hat noch in der rohen Gruppierung dieser Liste (15./16. Jahrhundert, 17. Jahrhundert, 18. Jahrhundert, Goethezeit und Romantik, 19. Jahrhundert, 20. Jahrhundert) zu Ungereimtheiten geführt, die aber nicht zu vermeiden sind. Werktitel werden mitunter verkürzt und modernisiert wiedergegeben.

In Kursivdruck erscheinen diejenigen Werke, die mir an Bedeutung für das Studium den anderen nachgeordnet zu sein scheinen. Damit bietet sich dem Studierenden die Möglichkeit zu einer Abstufung oder auch Begrenzung seines Lektüreplans.

Wo summarisch auf ‹Gedichte› u. ä. hingewiesen wird, hat der Lesende sich selbst um eine Auswahl zu bemühen, und auch die Angabe ‹Proben aus› überläßt ihm die Wahl, wenngleich dann bisweilen die besonders wichtigen Abschnitte eigens genannt werden.

Es versteht sich von selbst, daß aus der ‹Gegenwartsliteratur›, zu der auch die der DDR gehört (!), nichts kodifiziert wird. Hier muß der Studierende selbst Umschau halten.

JOHANNES VON SAAZ
  Der Ackermann aus Böhmen
NIKLAS VON WYLE
  Proben aus: Translationen (Euriolus und Lucrezia, Guiscard und Sigismunde)
SEBASTIAN BRANT
  Das Narrenschiff
JACOB WIMPFELING
  Stylpho
JOHANNES REUCHLIN
  Proben aus dem Briefwechsel
  Henno
  Epistolae obscurorum virorum
ULRICH VON HUTTEN
  Gesprächsbüchlein
  Gedichte
MARTIN LUTHER
  Lieder
  An den christlichen Adel deutscher Nation: Von des christlichen Standes Besserung
  Von der Freiheit eines Christenmenschen
  Sendbrief vom Dolmetschen
BURKARD WALDIS
  Der verlorene Sohn
KASPAR SCHEIDT
  Grobianus
JÖRG WICKRAM
  Der Knabenspiegel
  Der Goldfaden
JOHANN FISCHART
  Proben aus: Gargantua und Pantagruel
‹Amadis›-Roman, 1. Buch
Kirchenlieder
  (Sammlung: PH. WACKERNAGEL, Das deutsche Kirchenlied, 1864–77)
Volkslieder
  (Sammlungen: ERK/BÖHME, Deutscher Liederhort, 1893–94; RÖHRICH/BREDNICH, Deutsche Volkslieder, 1965 ff)
Proben aus lateinischen Schuldramen
  GUILELMUS GNAPHAEUS, Akolastus de filio prodigo
  THOMAS NAOGEORGUS, Pammachius
  NICODEMUS FRISCHLIN, Julius redivivus
Proben aus Streitschriften
  JOACHIM VON WATT, Karsthans
  THOMAS MURNER, Von dem großen Lutherischen Narren
Proben aus dem Meistersang
  HANS SACHS. – ADAM PUSCHMANN, Gründlicher Bericht des deutschen

Meistergesangs
Proben aus der Schwankliteratur
  JOHANNES PAULI, Schimpf und Ernst
  JÖRG WICKRAM, Rollwagenbüchlein
  HANS SACHS
Proben aus der Tierdichtung
  HEINRICH STEINHÖWEL, Esopus
  BURKARD WALDIS, Esopus
Proben aus den Volksbüchern
  Eulenspiegel
  Fortunatus
  Faust
  Schildbürger
Proben aus der neulateinischen Lyrik Deutschlands
  CONRAD CELTIS
  PETRUS LOTICHIUS SECUNDUS
  EOBAN HESSE
  PAUL SCHEDE MELISSUS
  JACOB BALDE (*evtl. in der Übersetzung* HERDERS)

17. JAHRHUNDERT

Gut geeignet zum Studium sind: Deutsche Literatur in Entwicklungsreihen, Reihe Barock. – ALBRECHT SCHÖNE, Barock (s. oben S. 94).

Überblick über die Lyrik des 17. Jahrhunderts: Proben von WECKHERLIN,
  SPEE, CZEPKO, RIST, FLEMING, DACH, LOGAU, ZESEN, HARSDÖRFFER, KLAJ,
  ANGELUS SILESIUS, KUHLMANN, HOFMANNSWALDAU, GÜNTHER u. a.
JAKOB BIDERMANN
  Cenodoxus
JAKOB MASEN
  Rusticus imperans sive Mopsus
NIKOLAUS AVANCINI
  Pietas victrix
MARTIN OPITZ
  Teutsche Poemata (1624) und andere Gedichte
  Schäferei von der Nymphe Hercinie
  Buch von der deutschen Poeterei
  Vorrede zu den ‹Troerinnen›
ANDREAS GRYPHIUS
  Sonette (3. und 4. Buch)
  Oden (1. Buch)
  Kirchhofsgedanken
  Catharina von Georgien
  Cardenio und Celinde
  Papinian
  Horribilicribrifax

18. JAHRHUNDERT

Einen guten Gesamtüberblick über die vorgoethische Lyrik des 18. Jahrhunderts vermittelt: ADALBERT ELSCHENBROICH, Deutsche Dichtung im 18. Jahrhundert, München o. J. (Hanser Verlag).

Johann Caspar Lavater
  Proben aus: Physiognomische Fragmente (1. Abschnitt, 10. Fragment;
  2. Abschnitt, 3. Fragment; 9. Abschnitt, 1. Fragment)
Justus Möser
  Harlekin oder Verteidigung des Grotesk-Komischen
  Einleitung in die ‹Osnabrückische Geschichte›
  Proben aus: Patriotische Phantasien
Johann Gottfried Herder
  Kritische Wälder, 1. Wäldchen
  Journal meiner Reise im Jahre 1769
  Auszug aus einem Briefwechsel über Ossian und die Lieder alter Völker
  Shakespeare
  Von Ähnlichkeit der mittleren englischen und deutschen Dichtkunst
  Proben aus: Ideen zur Philosophie der Geschichte der Menschheit (Vor-
  rede, 1., 7., 9. u. 15. Buch)
  Proben aus: Briefe zur Beförderung der Humanität (Briefe 1, 27, 28,
  31, 32, 37, 123)
Johann Joachim Winckelmann
  Gedanken über die Nachahmung der griechischen Werke in der Ma-
  lerei und Bildhauerkunst
  Proben aus: Geschichte der Kunst des Altertums
Jakob Michael Reinhold Lenz
  Der Hofmeister
  Die Soldaten
  Der Waldbruder
  Anmerkungen übers Theater
Heinrich Leopold Wagner
  Die Kindermörderin
Friedrich Maximilian Klinger
  Sturm und Drang
  Fausts Leben, Taten und Höllenfahrt
Friedrich Heinrich Jacobi
  Woldemar
Wilhelm Heinse
  Ardinghello und die glückseligen Inseln
  Proben aus: Tagebücher

Goethezeit und Romantik

Johann Wolfgang von Goethe

1. Dichtungen
Gedichte: Leipziger Lyrik / Straßburger Lyrik / Gedichte in freien
Rhythmen (Frankfurt und Weimar) / Römische Elegien / Die welt-
anschaulichen Gedichte / Balladen / Sonette / West-östlicher Divan /
Trilogie der Leidenschaft / Chinesisch-deutsche Jahres- und Tages-
zeiten / Die späte Lyrik

Götz von Berlichingen
Egmont
Iphigenie auf Tauris
Torquato Tasso
Faust
Die Leiden des jungen Werther
Wilhelm Meisters Lehrjahre
Wilhelm Meisters Wanderjahre
Die Wahlverwandtschaften
Novelle
Hermann und Dorothea

2. Aufsätze zu Kunst und Literatur
Von deutscher Baukunst
Zum Shakespeares-Tag
Einfache Nachahmung der Natur, Manier, Stil
Über Wahrheit und Wahrscheinlichkeit der Kunstwerke
Literarischer Sansculottismus
Über epische und dramatische Dichtung
Des Knaben Wunderhorn
Shakespeare und kein Ende
Nachlese zu Aristoteles' Poetik
Für junge Dichter
Noch ein Wort für junge Dichter

3. Aus den naturwissenschaftlichen Schriften
Über den Granit
Versuch, die Metamorphose der Pflanzen zu erklären
Der Versuch als Vermittler von Objekt und Subjekt
Anschauende Urteilskraft
Bedenken und Ergebung
Bildungstrieb
Bedeutende Fördernis durch ein einziges geistreiches Wort
Geschichte meines botanischen Studiums
Proben aus: Versuch einer Witterungslehre
Vorwort zur ‹Farbenlehre›
Entwurf einer Farbenlehre (Einleitung)
Aus der ‹Farbenlehre›: Sinnlich-sittliche Wirkung der Farbe
Goethes Selbstanzeige der ‹Farbenlehre›

4. Autobiographisches
Dichtung und Wahrheit
Italienische Reise
Briefe (Briefwechsel mit Schiller)
Gespräche mit Eckermann

FRIEDRICH VON SCHILLER
Gedichte

FRIEDRICH VON HARDENBERG (NOVALIS)
Fragmente
Hymnen an die Nacht
Heinrich von Ofterdingen
Die Christenheit oder Europa

LUDWIG TIECK
Geschichte des Herrn William Lovell
Der blonde Eckbert
Der gestiefelte Kater
Franz Sternbalds Wanderungen
Der Runenberg
Des Lebens Überfluß
Der junge Tischlermeister

JEAN PAUL
Titan
Flegeljahre
Proben aus: Vorschule der Ästhetik (7. Programm: Über die humoristische Poesie; 9. Programm: Über den Witz; 12. Programm: Über den Roman)

FRIEDRICH HÖLDERLIN
Gedichte
Hyperion oder der Eremit in Griechenland
Der Tod des Empedokles

HEINRICH VON KLEIST
Die Familie Schroffenstein
Robert Guiscard
Amphitryon
Der zerbrochene Krug
Penthesilea
Das Käthchen von Heilbronn
Die Hermannsschlacht
Prinz Friedrich von Homburg
Die Erzählungen

Über das Marionettentheater
Aufsatz, den sichern Weg des Glücks zu finden
Über die allmähliche Verfertigung der Gedanken beim Reden
Brief eines Malers an seinen Sohn
Brief eines jungen Dichters an einen jungen Maler
Brief eines Dichters an einen anderen
Von der Überlegung

CLEMENS BRENTANO
Gedichte
Aus der Chronika eines fahrenden Schülers
Geschichte vom braven Kasperl und dem schönen Annerl
Gockel, Hinkel und Gackeleia
Proben aus: Romanzen vom Rosenkranz

GERHART HAUPTMANN
    Vor Sonnenaufgang
    Die Weber
    Der Biberpelz
    Rose Bernd
    Und Pippa tanzt
    Atriden-Tetralogie
    Bahnwärter Thiel
    Griechischer Frühling
ARTHUR SCHNITZLER
    Anatol
    Reigen
    Leutnant Gustl
HUGO VON HOFMANNSTHAL
    Gedichte
    Der Tor und der Tod
    Cristinas Heimreise
    Jedermann
    Der Schwierige
    Das Märchen der 672. Nacht
    Die Frau ohne Schatten
    Der Brief des Lord Chandos
    Das Schrifttum als geistiger Raum der Nation
STEFAN GEORGE
    Der Teppich des Lebens
    Der siebente Ring
    Der Stern des Bundes (1. Buch)
RAINER MARIA RILKE
    Neue Gedichte
    Duineser Elegien
    Sonette an Orpheus
    Die Aufzeichnungen des Malte Laurids Brigge
FRANK WEDEKIND
    Der Erdgeist
    Die Büchse der Pandora
    Der Marquis von Keith
CARL STERNHEIM
    Die Hose
    Bürger Schippel
GEORG HEYM
    Gedichte
ERNST STADLER
    Gedichte
GEORG TRAKL
    Gedichte
‹Menschheitsdämmerung. Symphonie jüngster Dichtung›, hg. v. K. PINTHUS

REINHARD JOHANNES SORGE
  Der Bettler
REINHARD GOERING
  Seeschlacht
KASIMIR EDSCHMID
  Die sechs Mündungen
  Über den Expressionismus in der Literatur und die neue Dichtung
GEORG KAISER
  Die Bürger von Calais
  Die Koralle
  Gas / Gas II
ERNST TOLLER
  Masse – Mensch
ERNST BARLACH
  Die Sündflut
  Der blaue Boll
FRANZ KAFKA
  Der Prozeß
  Die Verwandlung
  Ein Landarzt
  In der Strafkolonie
  Brief an den Vater
  Proben aus: Tagebücher
OSKAR LOERKE
  Gedichte
  Proben aus: Tagebücher 1903–1939
GOTTFRIED BENN
  Gedichte
  Doppelleben
  Probleme der Lyrik
HANS GRIMM
  Volk ohne Raum
HERMANN STEHR
  Nathanael Maechler
LUDWIG RENN
  Krieg
ERICH MARIA REMARQUE
  Im Westen nichts Neues
ERNST JÜNGER
  Der Kampf als inneres Erlebnis
  Das abenteuerliche Herz
  Auf den Marmorklippen
  Heliopolis
THOMAS MANN
  Buddenbrooks
  Der Zauberberg
  Doktor Faustus
  Tonio Kröger

Der Tod in Venedig
Reden und Aufsätze

HEINRICH MANN
  Der Untertan
  Die Jugend des Königs Henri Quatre

ALFRED DÖBLIN
  Berlin Alexanderplatz
  Hamlet oder Die lange Nacht nimmt ein Ende

KURT TUCHOLSKY
  Proben

ARNOLD ZWEIG
  Der Streit um den Sergeanten Grischa

ROBERT MUSIL
  Der Mann ohne Eigenschaften

HERMANN BROCH
  Die Schlafwandler
  Der Tod des Vergil

HERMANN HESSE
  Peter Camenzind
  Siddharta
  Der Steppenwolf
  Das Glasperlenspiel

JOSEPH ROTH
  Radetzkymarsch

HEIMITO VON DODERER
  Strudlhofstiege
  Dämonen

HANS CAROSSA
  Rumänisches Tagebuch
  Geheimnisse des reifen Lebens

WERNER BERGENGRUEN
  Am Himmel wie auf Erden

INA SEIDEL
  Lennacker

JOCHEN KLEPPER
  Der Vater

ANNA SEGHERS
  Der Aufstand der Fischer von St. Barbara
  Das siebte Kreuz

ELISABETH LANGGÄSSER
  Das unauslöschliche Siegel

BERTOLT BRECHT
  Gedichte
  Die Hauspostille
  Mann ist Mann
  Die Mutter
  Mutter Courage und ihre Kinder
  Herr Puntila und sein Knecht Matti

Der kaukasische Kreidekreis
Leben des Galilei
Die Straßenszene
Kleines Organon für das Theater

WELTLITERATUR

Die Bibel
  vor allem: Genesis, Psalter, Hohes Lied, Evangelien, Offenbarung Johannis
HOMER
  Ilias
  Odyssee
PINDAR
  Proben aus: Epinikia (Siegeslieder)
  ‹Anakreontea›, übersetzt von EDUARD MÖRIKE
AISCHYLOS
  Orestie (Agamemnon, Choephoren, Eumeniden)
SOPHOKLES
  Elektra
  Antigone
  König Ödipus
EURIPIDES
  Medea
  Iphigenie
  Alkestis
PLATON
  Symposion
ARISTOTELES
  Poetik
HELIODOR
  Äthiopische Reisen
PLAUTUS
  Amphitryon
  Miles gloriosus
VERGIL
  Bucolica
  Georgica
  Aeneis (1., 2., 4., 6. Buch)
HORAZ
  Gedichte
  Ars poetica
OVID
  Proben aus: Metamorphosen
SENECA
  Troerinnen (oder Medea oder Phaedra)
DANTE ALIGHIERI
  Proben aus: Die göttliche Komödie

ABBÉ PRÉVOST
  Manon Lescaut
CARLO GOLDONI
  Diener zweier Herren
JEAN-JACQUES ROUSSEAU
  Julie oder Die neue Heloise
EDWARD YOUNG
  Proben aus: Nachtgedanken über das Leben, den Tod und die Un-
  sterblichkeit
JAMES MACPHERSON
  Proben aus: Ossian
GEORGE GORDON NOEL BYRON
  Manfred
  Don Juan
JOHN KEATS
  Gedichte
EDGAR ALLAN POE
  Erzählungen
ALESSANDRO MANZONI
  Die Verlobten
VICTOR HUGO
  Gedichte
  Der Glöckner von Notre Dame
STENDHAL
  Rot und Schwarz
HONORÉ DE BALZAC
  Romane
CHARLES DICKENS
  Die Pickwickier
  David Copperfield
GUSTAVE FLAUBERT
  Madame Bovary
  Die sentimentale Erziehung
EMILE ZOLA
  Romane
WILLIAM THACKERAY
  Jahrmarkt der Eitelkeit
GÉRARD DE NERVAL
  Gedichte
CHARLES BAUDELAIRE
  Gedichte
STÉPHANE MALLARMÉ
  Gedichte
ARTHUR RIMBAUD
  Gedichte
WALT WHITMAN
  Proben aus: Grashalme

ALEXANDER S. PUSCHKIN
  Gedichte
  Eugen Onegin
NIKOLAJ W. GOGOL
  Die toten Seelen
  Der Mantel
IWAN GONTSCHAROW
  Oblomow
IWAN TURGENJEW
  Aufzeichnungen eines Jägers
  Väter und Söhne
FJODOR M. DOSTOJEWSKIJ
  Die Brüder Karamasow
  Die Dämonen
LEO TOLSTOIJ
  Krieg und Frieden
  Anna Karenina
ANTON TSCHECHOW
  Die Möwe
HENRIK IBSEN
  Stützen der Gesellschaft
  Nora
  Gespenster
  Peer Gynt
JENS PETER JACOBSEN
  Niels Lyhne
AUGUST STRINDBERG
  Der Vater
  Nach Damaskus
  Traumspiel
  Gespenstersonate
KNUT HAMSUN
  Hunger
  Segen der Erde
MARCEL PROUST
  Proben aus: Auf der Suche nach der verlorenen Zeit
JAMES JOYCE
  Ulysses

ANHANG

HORST RÜDIGER*

ZWISCHEN INTERPRETATION UND GEISTES-GESCHICHTE

Zur gegenwärtigen Situation der deutschen Literaturwissenschaft

Im Jahre 1883 erschien WILHELM SCHERERS ‹Geschichte der Deutschen Literatur›. Das Buch bildet einen Markstein in der Geschichte der Germanistik. Während bis SCHERER nur Außenseiter Literaturgeschichte geschrieben hatten,[1] war SCHERER durch Textausgaben und durch sein Werk ‹Zur Geschichte der deutschen Sprache› als Fachmann ausgewiesen. Nach dem Erscheinen der Literaturgeschichte las er in Berlin auch Poetik; sein Buch über das Thema erschien postum 1888. Er war also noch imstande, den philologisch-textkritischen und sprachgeschichtlichen Zweig der Germanistik mit dem historischen und systematischen zu verbinden, das heißt das Fach in seiner ganzen Breite zu pflegen, was heute im Zeichen der Spezialisierung und Arbeitsteilung kaum noch möglich ist. Besonders seine Literaturgeschichte blieb jahrzehntelang ein Gattungsmuster, und wenn sie unterdessen auch in zahlreichen Einzelheiten überholt ist, so doch gewiß nicht als schriftstellerische Leistung. Sie ist übersichtlich disponiert und präzis geschrieben, ohne ins Dürre zu verfallen, ausführlich, doch ohne Ansatz von Fett; sie ist in ihren Proportionen richtig. Auch hat sie klare Gesichtspunkte, welche sie nun freilich als Kind ihrer Zeit ausweisen. SCHERER huldigte der beneidenswerten Illusion, das Geheimnis des Geschichtlichen in den Griff bekommen zu haben. Von den Naturwissenschaften hatte er seine Maßstäbe übernommen; sie vermittelten ihm ‹die eigentliche *Signatura temporis*›. ‹Dieselbe Macht›, schreibt er einmal,[2] ‹welche Eisenbahnen und Telegraphen zum Leben erweckte, dieselbe Macht, welche eine unerhörte Blüte der Industrie hervorrief, die Bequemlichkeit des Lebens vermehrte, die Kriege abkürzte, mit einem Wort die Herrschaft des Menschen über die Natur um einen gewaltigen Schritt vorwärts brachte – dieselbe Macht regiert auch unser geistiges Leben: sie räumt mit den Dogmen auf, sie gestaltet die Wissenschaft um, sie drückt der Poesie ihren Stempel auf. Die *Naturwissenschaft* zieht als Triumphator auf dem Siegeswagen einher, an den wir Alle gefesselt sind.› SCHERER war wirklich an die Naturwissenschaft gefesselt. Nach seiner Meinung bestimmt das Gesetz der Kausalität den geschichtlichen Gang der Literatur. Und schon in den Studien ‹Zur Geschichte der deutschen Sprache› hatte er als Programm seiner Wissenschaft ‹ein *System der nationalen Ethik*› verkündet,[3] welches ‹uns ein herzerhebendes Gemälde der Zukunft mit vielfältigem Troste für manche Unvollkommenheiten der Gegenwart und manchen lastenden Schaden der Vergangenheit als untrüglichen Wegweiser des edelsten Wollens in die Seele pflanzen› sollte.

* geb. 1908, ord. Prof. für Neuere deutsche Sprache und Literatur an der Universität Bonn. Der Aufsatz ist zuerst in der Zeitschrift ‹Euphorion› 57, 1963, S. 227–244, veröffentlicht worden.

Solche Gründerzeit-Rhetorik läßt den Abfall von einem umfassenderen Ideal vermuten. In der Tat war das universale Ziel der Literaturgeschichtschreibung, welches HERDER angedeutet, die BRÜDER SCHLEGEL und noch die BRÜDER GRIMM verfolgt hatten, nun durch ein nationales abgelöst. Im Laufe eines halben Jahrhunderts verengte sich dieses Ziel dann weiter zu einem nationalistischen und führte schließlich zur Darstellung der deutschen Literaturgeschichte im Zeichen der Rasse- und Volkstumsideologie. Geblieben aber war SCHERERS Enthusiasmus für die Naturwissenschaften, wenngleich nunmehr in Gestalt des Biologismus.

Ohne daß die Folgen des naturwissenschaftlichen Positivismus vorauszusehen gewesen wären, hatte die Reaktion gegen die naturwissenschaftlichen Methoden gleichzeitig mit SCHERERS Literaturgeschichte eingesetzt. Ebenfalls im Jahre 1883 erschien der 1. Band von WILHELM DILTHEYS ‹Einleitung in die Geisteswissenschaften›. Gegenüber den naturwissenschaftlichen Verfahrensweisen suchte DILTHEY das den Geisteswissenschaften eigentümliche Verfahren erkenntnistheoretisch festzulegen. Während die Naturwissenschaften ihre Gegenstände mit Hilfe rationaler Mittel, also durch Beobachtung, Experiment und Berechnung analysieren, gehen die Geisteswissenschaften von einem nicht weiter reduzierbaren persönlichen Erlebnis des Forschers aus; durch den Akt des Verstehens begreift der Geisteswissenschaftler die ihm gemäßen Gegenstände, zu denen vor allem die Literatur gehört. Damit waren ‹Erlebnis› und ‹Verstehen› zu autonomen Kategorien erhoben worden und sind es bis heute geblieben. DILTHEY selbst hat in dem Aufsatz ‹Die Entstehung der Hermeneutik› und in den erst nach seinem Tode veröffentlichten handschriftlichen Zusätzen näher beschrieben, wie er sich die Arbeit des Literaturforschers vorstellt 4: ‹Die Auslegung ist ein Werk der persönlichen Kunst und ihre vollkommenste Handhabung ist durch die Genialität des Auslegers bedingt; und zwar beruht sie auf *Verwandtschaft*, gesteigert durch eingehendes Leben mit dem Autor, bes[tändiges] Studium. So WINCKELMANN mittels PLATO [...], SCHLEIERMACHERS PLATO usw. Hierauf beruht das *Divinatorische* in der Auslegung [...]. Aber [...] weil diese Genialität so selten ist, Auslegung selber aber auch von minder Begabten geübt und gelernt sein muß: ist notwendig [...], daß *die Kunst der genialen Interpreten in den Regeln festgehalten wird, wie sie in ihrer Methode enthalten sind oder auch wie sie diese sich selber zum Bewußtsein gebracht haben* [...]. Gewiß ist das am meisten für die eigene Auslegungskunst Anregende die Berührung mit dem genialen Ausleger oder seinem Werk. Aber die Kürze des Lebens fordert eine Abkürzung des Wegs durch die Festlegung gefundener Methoden und der in ihnen geübten Regeln. *Diese Kunstlehre des Verstehens schriftlich fixierter Lebensäußerungen nennen wir Hermeneutik.*› Leider hat uns aber weder DILTHEY selbst noch irgend jemand seither die so dringend benötigten Regeln mitgeteilt, so daß ein jeder, der sich an das schwierige Geschäft der Auslegung wagt, auf seine eigene Genialität angewiesen bleibt. Da aber Genialität so selten ist, wie DILTHEY mit Recht bemerkt, steht dem Dilettantismus der minder Begabten Tür und Tor weit offen. Auch scheint mir ein gutes Stück Glaube an den normativen Charakter der Kunstübermittlung hinter DILTHEYS Meinung zu stecken, ein Verfahren, das als ‹Kunst› bezeichnet wird und dem ein divinatorisches Element eigen ist, lasse sich überhaupt in Gestalt von Regeln tradieren.

Doch werfen wir zunächst einen kurzen Blick auf die geschichtlichen Voraussetzungen, die zu DILTHEYS Begriff vom ‹Verstehen› geführt haben. ‹Hermeneutik› bezeichnet die Auslegungskunst vor allem im Bereich der klassischen Philologie sowie der Theologie, welche für die Auslegung der Bibel das Wort ‹Exegese› gebraucht. In der bescheideneren Gestalt der Exegese kann das hermeneutische Verfahren auf eine mehr als zweitausendjährige Geschichte zurückblicken. Die ersten Erklärer literarischer Texte waren alexandrinische Grammatiker, ohne deren entsagungsvolle Arbeit es um unser Verständnis der klassischen griechischen Autoren schlecht bestellt wäre. Einen Schritt weiter gingen hellenistische Juden, vor allem PHILON VON ALEXANDREIA (um CHRISTI Geburt). Dieser begnügte sich nicht damit, den ursprünglichen, vom Autor selbst gemeinten Sinn einer Stelle des Alten Testamentes zu ermitteln, sondern fand in der Schrift, vornehmlich an ihren dunklen Stellen, eigene Meinungen verborgen, deren Gültigkeit er eben durch die Autorität des heiligen Wortes zu belegen suchte. Damit waren die Voraussetzungen für eine allegorische Exegese gegeben. Diese wurde von den christlichen Bibelexegeten eingeführt und blühte während des gesamten Mittelalters, wobei auch die profane Literatur dem Schicksal der allegorischen Auslegung nicht entging. Das klassische Beispiel ist die Deutung von VERGILS IV. Ekloge auf die Geburt CHRISTI. Das Verfahren erklärt sich im Grunde so, daß dem Erklärer der vordergründige Sinn des heiligen oder profanen Wortes nicht genügt; er unterschiebt ihm einen zweiten, ‹tieferen› Sinn und findet damit Tiefsinn, auch wo lediglich Fakten berichtet oder nicht sinnbildlich gemeinte Dinge besungen werden. Die allegorischen Ausdeutungen des Hohen Liedes und seiner Liebeslyrik auf die Liebe CHRISTI zur Kirche verdeutlichen am besten den Vorgang.

Die moderne Exegese entwickelte sich dann im Gefolge von Humanismus und Reformation. Beiden Bewegungen war die Hochachtung vor dem Wort eigen, sei es dem klassischen oder dem christlichen, das die Gegner ‹stan lassen und kein danck dazu haben› sollten. Während die Humanisten profane klassische Autoren mit einer Ehrfurcht lasen, wie man sie bisher nur heiligen Texten entgegengebracht hatte, untersuchten sie die Überlieferung dieser Texte als kritisch geschulte Philologen. LORENZO VALLA und ERASMUS VON ROTTERDAM sind die Kronzeugen dieses Verfahrens, das sich dann im Wort-Ethos LUTHERS religiös konkretisierte. Analog den klassischen Texten wurde nun auch die Bibel als historisches Dokument verstanden, das man mit den Augen des Philologen und des Historikers lesen, dessen Überlieferung der Verderbnis ausgesetzt sein und dessen textliche Schäden man wieder heilen konnte. Damit war aber – zunächst unbewußt – der Offenbarungscharakter der heiligen Schriften in Frage gestellt; der erste Schritt zur Säkularisierung war getan, deren Folgen sich in der deutschen Literaturgeschichte während des 18. Jahrhunderts zeigten.[5] Umgekehrt wurde gerade durch LUTHERS Wort-Ethos die Heiligung des Wortes *als solchen* möglich, das heißt nicht nur des religiös geoffenbarten Wortes, sondern jedes sinntragenden Textes überhaupt, vornehmlich wenn er aus alter Zeit überliefert war und infolge seiner Dunkelheit als ehrwürdig und deutungsbedürftig gelten konnte. Die Säkularisierung des religiösen Wortes und die Heiligung des profanen Dichterwortes sind interdependente Vorgänge von höchster geistesgeschichtlicher Sprengkraft für alle Zukunft. So ist es verständlich, daß sich nach Ansätzen, die vom 16. (MATTHIAS FLACIUS' *Clavis Scripturae Sacrae*, 1567) bis zum 18. Jahrhundert reichen, zuerst ein protestantischer Theologe um eine wissenschaftliche Wortdeutungslehre, eine Hermeneutik im eigentlichen Sinne, bemühte. Es war die Übersetzung PLATONS – wie jede Übersetzung eines bedeutenden Autors zugleich der immanente Versuch zu seiner Deutung –, die SCHLEIERMACHER das Problem des Verstehens nahegelegt hatte, welches er nun in der geistreichsten Weise zu lösen versuchte.[6] DILTHEY aber ging seinerseits von SCHLEIERMACHER aus; er veranstaltete eine vierbändige Ausgabe von ‹Schleiermachers Leben in Briefen› und schrieb ein ‹Leben Schleiermachers›. Ohne die Kenntnis der theologisch-geistesgeschichtlichen Voraussetzungen seiner Hermeneutik ist es nicht möglich, die gegenwärtige Situation der deutschen Literaturwissenschaft aus ihren Wurzeln zu verstehen.

Indem wir diesen Rückblick gegeben haben, sind wir selbst den methodischen Anregungen DILTHEYS gefolgt: Wir haben versucht, einen strukturellen Zusammenhang historisch zu erklären, wir sind geistesgeschichtlich verfahren. Damit haben wir uns der Kritik ausgesetzt, die seit etwa vier Jahrzehnten an dieser Methode geübt wird, insofern sie versucht, die Literatur auf ihre Weise zu verstehen. DILTHEY selbst hatte das Verfahren in seiner Essaysammlung ‹Das Erlebnis und die Dichtung› angewandt, als er über seine Darstellung der Aufklärung geschrieben hatte[7]: ‹Ich habe [...] die Bewegung der europäischen Literatur geschildert, die von der Entstehung der modernen Wissenschaft bestimmt war.› Gegen dieses Von-außen-her-Bestimmtsein der Literatur und besonders der Dichtung richtet sich der Haupteinwand der Kritiker der geistesgeschichtlichen Methode, wie ihn jüngst wieder HORST OPPEL formuliert hat[8]: ‹Die zwanziger Jahre mit ihrer außergewöhnlichen methodischen Erregbarkeit hatten eine lebhafte Neigung bekundet, das gestaltete Werk immer erneut in mannigfache Beziehung zu außer-dichterischen Phänomenen zu bringen. Überall dort, wo man über die literarische Tradition oder den Schulzusammenhang, über den Bildungsgang eines Dichters oder seine persönliche Lebensführung, über die Landschaft oder den Volkscharakter, über den Zeitgeist oder das Ideengut einer Epoche näher an das Wesen einer bestimmten Dichtung heranzuführen sucht, sind es im letzten doch außer-dichterische Lebenskräfte, die man für das bessere Verständnis des literarischen Kunstwerks in Anspruch nimmt. Nun wird gewiß keiner bestreiten wollen, daß alle diese Arbeitsweisen – recht angewandt – in ihrem Bereich einen gewichtigen Beitrag zur Erforschung von Dichtung leisten können. Und doch tauchte mit Notwendigkeit alsbald die Forderung nach einer Dichtungskunde auf, die neben der umfassenderen Geistesgeschichte ihre Selbständigkeit zu wahren vermag und nicht einfach als Handlangerin einer ihr übergeordneten Problem-,

Ideen- und Geistesgeschichte zu gelten hat.⟩ Oder, etwas massiver ausgedrückt 9: Die geistesgeschichtliche Richtung der Literaturwissenschaft – übrigens eine charakteristisch deutsche Erscheinung – sei ⟨das letzte Aufflackern eines senilen Idealismus, der da am Ende des bürgerlichen Zeitalters noch einen kurzen Nachsommer hat⟩; ihre Zeit und ihre Methoden seien abgeschlossen. Mit einem Wort: Literaturgeschichte als Geistesgeschichte gilt heute als altmodisch; nach Meinung ihrer Kritiker verfehlt sie ihr Ziel, nämlich das Verständnis der Dichtung. Das sind in der Tat schwerwiegende Einwände, und wir haben zu prüfen, inwieweit sie zu Recht bestehen und was die Kritiker an Besserem anzubieten haben.

Dabei müssen wir uns auf eine heikle Grundsatzfrage einlassen, die wir am liebsten umgangen hätten, weil wir der Meinung sind, daß Grundsatzerörterungen zwar vergnüglich sein können für den, der sie durchführt, der Sache selbst aber weniger dienen als der sorglose Empirismus und Pragmatismus, mit dem die Angelsachsen unfruchtbaren Problemen aus dem Wege zu gehen pflegen. Da sich aber jüngst gerade zwei Amerikaner, RENÉ WELLEK und AUSTIN WARREN, an der Erörterung dieser Fragen lebhaft beteiligt und ihre Thesen in Deutschland viel Zustimmung gefunden haben,[10] wollen wir ihre Meinung zu unserem Problem hören. Das Problem lautet: Was ist eigentlich Gegenstand der Literaturwissenschaft, oder einfacher: Was ist Literatur? Auszuschließen sind wohl von vornherein die Antworten der Maximalisten bzw. der Minimalisten: Literatur ist jede schriftlich fixierte Sprachäußerung, bzw. Literatur ist *nur*, was in Versform geschrieben ist. Der eine Gegenstand wäre zu umfassend, der andere zu eng. Nach den Erörterungen der letzten Jahre könnte man sich vielleicht am ehesten auf die Bezeichnungen ⟨Wortkunstwerk⟩ oder ⟨sprachliches Kunstwerk⟩ einigen, die auch WELLEK und WARREN nicht ungeeignet erscheinen.[11] Indessen geben diese Bezeichnungen noch keine Definitionen von ⟨Literatur⟩; sie sind vielmehr Etiketten oder Buchtitel, die lediglich sagen, daß wir es mit Kunstwerken zu tun haben, welche sich des Stoffes Sprache bedienen (statt etwa des Marmors, der Farben oder Töne). Offenbar sind noch weitere Merkmale nötig, um die Begriffe mit Gehalt zu füllen. Als wichtigstes gilt heute in der Regel das Verhältnis der Literatur zur Wirklichkeit, welches ein anderes ist als im gemeinen Leben. Die Einbildungskraft des Dichters bewirkt Illusionen des Lesers; es entsteht eine Scheinwelt, die, auch wenn sie reale Verhältnisse schildert, doch in einem charakteristischen Gegensatz zur nichtkünstlerischen, zur gemeinen Wirklichkeit des Alltags steht. WELLEK-WARREN erläutern das Gemeinte an Beispielen[12]: ⟨Wenn wir ⟨das Erdichtete', ⟨die Erfindung' oder die ⟨Einbildungskraft' als die charakteristischen Züge der Literatur erkennen, dann denken wir bei HOMER, DANTE, SHAKESPEARE, BALZAC, KEATS eher an Literatur als bei CICERO oder MONTAIGNE, BOSSUET oder EMERSON. Es gibt natürlich ⟨Grenzfälle', Werke wie PLATONS ⟨Staat' zum Beispiel, dem man, zumindest in den großen Mythen, Stellen von großer dichterischer Erfindungskraft nicht absprechen kann, obschon dieses Werk in erster Linie ein philosophisches Werk ist.⟩ Allen Werken dieser Art, so bedeutend und einflußreich sie auch sein mögen, fehle ⟨die Haupteigenschaft der Literatur, nämlich der besondere Bezug zur Wirklichkeit, der ‚Schein'. Diese Auffassung wird daher denn auch alle Arten von Dichtung in sich begreifen, selbst den schlechtesten Roman, das unbrauchbarste Gedicht und das schlechteste Drama. Die Einordnung von Kunstwerken ist nicht identisch mit ihrer Bewertung.›

Wir halten inne und stellen uns vor, wie eine literarhistorische Darstellung der deutschen Klassik aussähe, die nach solchen Grundsätzen verführe. WINCKELMANN müßte fast ganz ausscheiden, denn außer den Statuenbeschreibungen hat er nichts hinterlassen, was man als spezifisch dichterische Verwandlung der Wirklichkeit bezeichnen könnte; er wollte keine Illusionen erwecken, sondern den Verlauf der klassischen Kunstgeschichte sowie ewige Kunstgesetze erkennen. KLOPSTOCK käme hingegen mit dem ‹Messias›, den Oden und Dramen nicht schlecht weg. Seine theoretischen Schriften sind ja ohnehin höchst eigenwillige Produkte; immerhin könnte man die ‹Deutsche Gelehrtenrepublik› und die ‹Grammatischen Gespräche› unbedenklich einbeziehen, denn ihnen ist jenes postulierte Verhältnis zur Wirklichkeit eigen. WIELAND würde den besten Platz einnehmen; nur als Publizist und Übersetzer wäre er zum Schweigen verurteilt. Von HERDER bliebe kaum etwas anderes übrig als die Gedichte und dramatischen Versuche, über deren ästhetischen Wert sich wahrscheinlich auch WELLEK und WARREN keinen Illusionen hingeben würden; doch es heißt ja ausdrücklich, daß die Einordnung von Kunstwerken mit ihrer Bewertung nicht identisch sei. SCHILLER müßte auf die historischen und dichtungstheoretischen Untersuchungen, GOETHE auf den umfangreicheren Teil seines Gesamtwerkes verzichten; die Schriften zur Literatur, zur Kunst, die naturwissenschaftlichen Arbeiten, die Maximen und Reflexionen, die autobiographischen Werke, die Briefe und Gespräche erfüllen samt und sonders nicht die Ansprüche, die WELLEK und WARREN an ‹Literatur› stellen. Ich lasse mir hingegen die Überzeugung nicht rauben, daß sie ausnahmslos Literatur sind, wenn auch ‹non-poesia›; daß PLATON griechische, CICERO lateinische, MONTAIGNE französische und EMERSON amerikanische Literatur höchsten Ranges geschrieben haben und daß, wenn die historischen Tatsachen den Theorien widersprechen, nicht die Fakten falsch sind, sondern die Theorien. Die Gefahren, denen vom eigenen System abhängige Literaturtheoretiker ausgesetzt sind, hat aber bereits FRIEDRICH SCHLEGEL erkannt [13]: ‹Wehe dem Kenner, der sein System mehr liebt als die Schönheit, wehe dem Theoristen, dessen System so unvollständig und schlecht ist, daß er *die Geschichte zerstören* muß, um es aufrecht zu erhalten.› Mit anderen Worten: alle Theorien der Literatur, die nicht von den Fakten ausgehen, sondern apriorische Forderungen stellen, verfehlen die Literatur vom Ansatz her. Nun könnte man natürlich erwidern, die Theorie passe nicht auf die Literatur*geschichte*, sondern erstrebe etwas wie einen ontologisch reinen Literaturbegriff. Das aber würde bedeuten, daß zwischen Literaturgeschichte und Literaturwissenschaft eine unüberbrückbare Kluft aufgerissen würde oder daß Literaturgeschichte nicht mehr zur Literaturwissenschaft zählte. Wahrscheinlich läßt sich die Frage, was Literatur, und mithin, was Gegenstand der Literaturwissenschaft sei, überhaupt nicht prinzipiell beantworten, sondern allein vom Literaturforscher oder vom literarisch empfindlichen Leser, oder mit DILTHEY zu sprechen: auf Grund des persönlichen Erlebnisses der Literatur. Das bedeutet weder Agnostizismus noch eine Verbeugung vor der stets bedenklichen *communis opinio*, sondern einfach die Anerkennung des Ungenauigkeitsfaktors, welcher allen Geisteswissenschaften im Gegensatz zu den ‹exakten› Wissenschaften *per definitionem* eigen ist. Die SCHERER-Epoche der Literaturwissenschaft, der unbefangene Glaube an die Erkennbarkeit von Gesetzen im Bereich des Geschichtlichen, ist in der Tat endgültig und in jeder Gestalt zu Grabe gegangen. Wohl aber wird es auch künftig geistesgeschichtliche Darstellungen der Literatur geben, und zwar darum, weil es Literarhistoriker gibt, welche bei PLATON, CICERO, MONTAIGNE, WINCKELMANN oder EMERSON ein echtes literarisches Erlebnis haben, das heißt ein Kunsterlebnis, das sich ihnen bei HERDERS Gedichten vielleicht versagt.

Trotzdem bleibt die Frage bestehen, ob nicht derjenige das spezifisch Dichterische verfehle, der von der allgemeinen Geistes- oder Ideengeschichte oder irgendeiner anderen außerdichterischen Gegebenheit ausgeht. Indem wir die Frage stellen, haben wir uns allerdings einer leichten Verschiebung der Aspekte schuldig gemacht: Wir haben nicht mehr von ‹Literatur›, sondern von ‹Dichtung› gesprochen; wir haben die Terminologie und damit die Gesichtspunkte derjenigen übernommen, die zwischen ‹Literatur› und ‹Dichtung› prinzipiell unterscheiden möchten; wir haben implizit auch CROCES Aufteilung der Literatur in ‹poesia› und ‹non-poesia› anerkannt. Nun hat CROCE in der deutschen Literaturwissenschaft bei weitem nicht die beherrschende Stellung eingenommen wie in Italien. Dies mag u. a. daran liegen, daß sein Verhältnis zur deutschen Dichtung weniger glücklich war als zur deutschen Philosophie und Wissenschaft; seine Urteile, beispielsweise über SCHILLER, grenzen manchmal ans Groteske. Indessen liegt zahlreichen Urteilen deutscher Literaturforscher eine ähnliche Unterscheidung, oder genauer: *Vor*entscheidung zugrunde wie denen CROCES, wenn auch meist ohne das Gerüst einer allgemeinen Philosophie des Geistes. Auf diese Urteile, die mit einer mehr oder minder bewußten Abwertung des ‹Nur›-Literarischen verbunden zu sein pflegen, hat ein unmittelbar Betroffener bereits die rechte Antwort erteilt, THOMAS MANN im Proömium zum ‹Gesang vom Kindchen›[14]:

Bin ich ein Dichter? War ich's zuweilen? Ich weiß nicht. In Frankreich
Hieße Poet ich nicht. Man scheidet bequem und verständig
Dort den Reimschmied vom Manne der gradausgehenden Rede.
Jener heißt Dichter, der andere Autor etwa, Stiliste
Oder Schriftsteller; und wahrlich, man schätzt sein Talent nicht geringer.
Nur eben Dichter nennt man ihn nicht: er drechselt nicht Verse.
Mein Teil war immer die Prosa [. . .]
          Gesteh' ich's, manch schönes Gelingen
Krönte mein Mühen um deutsches Wort, und ebengeboren
Dünkt' ich mich manchem Sänger an Künstlerwürde und -wissen.

Denn *Gewissen* schien immer mir Sinn und Sache der Prosa:
Das Gewissen des Herzens und das des verfeinerten Ohres.
Ja, sie schien mir Moral und Musik, – so übt' ich sie immer.
Dichter? Ich war es! Denn wo sich ursprünglich die Liebe zur Sprache
Jeder Liebe gesellt und allem Erleben sich mischet,
Da sei vom Dichtertum kühnlich die Rede, – das Wort ist am Platze.

Nun, diese etwas dahinstolpernden Hexameter sind weder ‹poesia› im Sinne Croces, denn sie enthalten versifizierte Poetik, noch ‹Dichtung› im Sinne des illusionären Verhältnisses zur Wirklichkeit oder auch nur des formalen Gelingens. Aber sie gehören zur Literatur und sagen über das Wesen der künstlerischen Prosa, wie Thomas Mann sie verstanden wissen möchte, Gewichtiges aus. Moral und Musik, von denen mindestens die Moral eine eminent außerliterarische Kategorie ist, gehören für Thomas Mann als integrierende Bestandteile zur künstlerischen Prosa: Moral als innere Haltung des Autors und Musik als Rhythmus, als Merkmal, welches die dichterische von der nichtdichterischen Sprache scheidet. Die essentielle Trennung von ‹Literatur› und ‹Dichtung› ist eine Fiktion, die uns der Gang unserer eigenen Geistesgeschichte nahegelegt hat. Wer die europäische Literatur als Ganzes im Auge hat, könnte eigentlich nur von ‹Literatur in Prosa› oder ‹in Versen› sprechen – und das wäre heute eine rechte Banalität.

Die Frage, die es zu beantworten gilt, lautet also sinnvoller, ob nicht das spezifisch Literarische verfehlt, wer von außerliterarischen Kategorien ausgeht. Es ist wohl vor allem als Reaktion der deutschen Literaturwissenschaft zu verstehen, wenn sie die Frage nach dem Zweiten Weltkrieg so entschieden bejaht hat, wenn sie so leidenschaftlich bemüht war, mit der Eigenständigkeit des ‹Dichterischen› zugleich ihre eigene Selbständigkeit unter Beweis zu stellen. Sie wollte sich nicht mehr abhängig fühlen von der allgemeinen Geistes- oder Ideengeschichte, vom naturwissenschaftlichen Positivismus und von der Psychoanalyse, vor allem aber nicht vom Biologismus völkischer oder vom Soziologismus marxistischer Prägung. Ihre Haltung war die eines gebrannten Kindes, welches das Feuer scheut; sie entsprach der Mahnung Eichendorffs, die eine der charaktervollsten, aber nach kurzem Erscheinen eingestellten literarischen Dokumentensammlungen der Nachkriegszeit als Motto über ihr erstes Heft stellte [15]:

Genug gemeistert nun die Weltgeschichte!

Und wenn der Dichter die Terzette seines Sonettes mit dem Vers einleitete:

O stille Schauer, wunderbares Schweigen,

so entsprach auch diese Rückkehr in die Stimmungswelt der Romantik der Sehnsucht vieler deutscher Literaturforscher, welche die Wurzel ihrer geistigen Existenz nicht vergessen, die Verirrungen der völkischen Neoromantik aber nie gebilligt hatten. Als weiteres Moment trat ein verständliches Mißtrauen gegen alles Geschichtliche überhaupt hinzu: nicht allein gegen den Historismus, der bereits NIETZSCHE verdächtig gewesen war, sondern gegen jene brutale Vergewaltigung der freien Forschung durch überpersönliche, der Gewissenskontrolle entzogene geschichtliche Mächte, welche sich als Repräsentanten der Weltgeschichte ausgegeben hatten und es in Deutschland fast anderthalb Jahrzehnte lang tatsächlich ja auch gewesen waren.

In solcher Stimmung vollzog sich die Besinnung auf die Autonomie einer Wissenschaft, welche sich gerade infolge ihrer Herkunft von der Romantik als höchst anfällig für Methoden, aber auch für Ideologien aller Art erwiesen hatte. Wie bereits für die geistesgeschichtliche Methode bot sich wiederum DILTHEYS Hermeneutik als geeigneter Ausgangspunkt an. Hinzu kam die seit HUSSERLS ‹Logischen Untersuchungen› verbreitete phänomenologische Betrachtungsweise, welche – auf den Gegenstand ‹Literatur› angewandt – die reine Vergegenwärtigung der Objekte durch ‹Wesensschau› zu gestatten schien, und zwar ohne Rücksicht auf die historischen Gegebenheiten. Vor allem aber erwiesen sich HEIDEGGERS Kritik an HUSSERL und seine eigene Weiterbildung der Phänomenologie als brauchbar für die neuen Wege der Literaturwissenschaft. Die einfache Beschreibung eines Phänomens genügt nach HEIDEGGER nicht mehr, um dieses zu erfassen; ‹vielmehr bedarf es der ‚hermeneutischen Auslegung’, die ‚das, was sich zeigt, so wie es sich von ihm selbst her zeigt, von ihm selbst her sehen läßt’ [...]. Bedeutet Phänomenologie ursprünglich neutrale hermeneutische Auslegung der Phänomene auf ihren Wesenscharakter, so geht es jetzt um [...] die ‚Entbergung des Verborgenen in das Unverborgene’.›[16] Einer der markantesten Vertreter der neuen Richtung, EMIL STAIGER, beruft sich ausdrücklich auf HEIDEGGERS ‹hermeneutischen Zirkel›. Dieser besagt, der Akt des Verstehens erfolge derart, ‹daß wir das Ganze aus dem Einzelnen, das Einzelne aus dem Ganzen verstehen›. Da sich laut HEIDEGGER alles menschliche Erkennen in dieser Weise abspielt, haben wir nach STAIGER ‹den Zirkel [...] nicht zu vermeiden; wir haben uns zu bemühen, richtig in ihn hineinzukommen›. Was das für die Literaturwissenschaft bedeutet, erklärt STAIGER so [17]: ‹Wir lesen Verse; sie sprechen uns an. Der Wortlaut mag uns faßlich scheinen. Verstanden haben wir ihn noch nicht [...]. Wir sind nur berührt [...]. Manchmal findet die Berührung nicht gleich beim ersten Lesen statt. Oft geht uns das Herz überhaupt nicht auf. Dann können wir über den Dichter bestenfalls Angelerntes wiederholen [...]. Ich liebe [MÖRIKES Verse]; sie sprechen mich an; und im Vertrauen auf diese Begegnung wage ich es, sie zu interpretieren. Es ist mir klar, daß ein solches Geständnis im Raum der Wissenschaft Anstoß erregt. Das allersubjektivste Gefühl gilt als Basis der wissenschaftlichen Arbeit! Ich kann und will es nicht leugnen [...]. Sind wir [...] bereit, an so etwas wie Literaturwissenschaft zu glauben, dann müssen wir uns entschließen, sie auf einem Grund zu errichten, der dem Wesen des Dichterischen gemäß ist, auf unserer Liebe und Verehrung, auf unserem unmittelbaren Gefühl.›

So weit STAIGER in seinem programmatischen Aufsatz ‹Die Kunst der Interpretation›. Wahrscheinlich wird dieses Bekenntnis zur ‹Subjektivität› heute kaum mehr Anstoß erregen. Auch DILTHEYS ‹Erlebnis› war ein subjektives Element, und es ist besser, der Forscher wird sich über die Voraussetzungen seiner Wissenschaft klar und bekennt sie offen, als daß er ‹objektives› Verhalten vorgibt, wo solches dem Wesen der Sache widerspricht. Dem Zweifler aber sei entgegengehalten, daß es sich bei dieser Art ‹Subjektivität› nicht um Willkür handelt, sondern um eine persönliche Entscheidung, die wir ja auch dem Mathematiker zugestehen, wenn er sich lieber mit reiner als mit angewandter Mathematik, lieber mit der Mengenlehre als mit der Differentialgeometrie beschäftigt. Warum? Offensichtlich doch deshalb, weil das betreffende Gebiet seiner Anlage und Begabung entgegenkommt, weil er es ‹liebt›. Und warum sollte dem Literaturforscher, warum übrigens dem Liebhaber der geistesgeschichtlichen Betrachtungsweise das gleiche Recht der Wahl verwehrt sein? Nein, von hier aus läßt sich gegen das Interpretieren so wenig einwenden wie gegen jede andere Methode der Literaturwissenschaft; die Objektwahl und die Methoden sind in der Wissenschaft nicht weniger frei als in der Erotik. Auch die weiteren Einwürfe, die STAIGER anführt,[18] können nicht mehr überzeugen und sind mit der Berufung auf die Liebe zur Sache schon entkräftet. Wenn man dem Interpreten entgegenhält, er mache aus der Not eine Tugend, weil nämlich auf dem Felde der Biographie oder der Stoffgeschichte heute wenig mehr zu holen sei, so wäre dagegen zunächst zu sagen, daß es in der Tat noch manches zu holen gibt. So wie jüngst der Amerikaner RICHARD ELLMANN eine höchst positivistische JOYCE-Biographie und der Engländer GEORGE D. PAINTER eine sehr penible PROUST-Biographie geschrieben haben,[19] ebenso könnte es einem deutschen Forscher einfallen, eine mit Tatsachenmaterial befrachtete THOMAS MANN-Biographie zu schreiben. Allerdings ist zu erwarten, daß ihm ein Amerikaner zuvorkommen wird, weil der Positivismus jenseits des Ozeans weniger in Verruf gekommen zu sein scheint als bei uns. Zweitens wäre dem Einwand wiederum entgegenzuhalten, daß niemand das Recht hat, dem Interpreten aus seiner Neigung einen Vorwurf zu machen, vor allem wenn er sie mit der Meisterschaft pflegt wie EMIL STAIGER, der ja mit seinen Arbeiten bewiesen hat, daß er auch die paradoxerweise viel schwierigeren ‹leichten›, die scheinbar unmittelbar verständlichen Texte geistvoll zu interpretieren vermag.

Indessen läßt sich gegen die Interpretationsmethode eine Reihe anderer Einwände erheben, die doch wohl schwerer wiegen. Interpretieren ist nach STAIGER eine ‹Kunst›. Sie erfordert ‹Begabung [. . .], außer der wissenschaftlichen Fähigkeit ein reiches und empfängliches Herz, ein Gemüt mit vielen Saiten, das auf die verschiedensten Töne anspricht›.[20] Diesen Forderungen mag man gern zustimmen. Wie aber sieht die Praxis bei der Masse von Interpretationen aus, mit denen wir überschüttet werden? Bereits FRIEDRICH SCHLEGEL hat die bedenkliche These aufgestellt: ‹Kritisieren heißt einen Autor besser verstehen, als er sich selbst verstanden hat.› Er denkt dabei freilich an schöpferische Kritik in dem Sinne, wie GOETHE sie für SHAKESPEARES ‹Hamlet› geleistet hat.[21] DILTHEY hat den kantischen und romantischen Gedanken aufgenommen und in den handschriftlichen Zusätzen zu seiner ‹Entstehung der Hermeneutik› den gefährlichen Satz geschrieben, den er als ‹Regel› bezeichnet: ‹Besser verstehen als der Autor sich selbst verstanden hat.› Daran anknüpfend formuliert dann HORST OPPEL, nach eigenem Geständnis freilich ‹etwas zugespitzt›[22]: ‹Es gibt vor der Dichtung überhaupt kein Verstehen, das nicht seinem innersten Wesen nach schon ein Besser-Verstehen wäre. Das angemessene Verstehen bezeichnet unter dieser Perspektive schöpferische Fortbildung.› Nun, es mag dahingestellt bleiben, ob der Verstehende den Gegenstand seines Verstehens besser zu fassen vermag als der Schöpfer; als reine Hybris erscheint es mir jedoch, wenn von ‹schöpferischer Fortbildung› die Rede ist. Nach üblichem Sprachgebrauch kann diese Formel nur bedeuten, daß der Interpret mit dem Dichter in Idealkonkurrenz tritt – und so etwa meinten es die Romantiker in der Tat, wenn sie das Geschäft des Kritikers in die ‹progressive Universalpoesie› einbezogen wissen wollten. Wenn aber der Kritiker dem Dichter nicht gewachsen ist – und wie selten ist er ihm gewachsen! –, dann läßt er dem zweiten Teile des ‹Faust› ‹Der Tragödie dritten Teil› folgen, worüber sich schon FRIEDRICH THEODOR VISCHER lustig gemacht hat. Doch nehmen wir eine mißverstandene Formel nicht ernster, als sie genommen zu werden verdient: die Gefahr des Besserverstehen-Wollens, des pseudoschöpferischen Fortdichten-Wollens, die Gefahr des Hochmutes an Stelle der nötigen Demut vor dem dichterischen Wort bleibt auf jeden Fall bestehen, und dies um so mehr, wenn Interpretationsaufgaben in die Hände Unberufener geraten.

Hier aber droht von der Praxis her die zweite Gefahr. Denn merkwürdigerweise erwartet man die Kunst der Interpretation nicht nur von den Meistern, sondern in breitestem Maße von den Lehrlingen und Gesellen. Zugegeben, daß der Betrieb an den deutschen Universitäten heute dazu zwingt, auf die Ausbildung künftiger Lehrer mehr Rücksicht zu nehmen, als der Literaturwissenschaft selbst gut tut. Doch an Stelle von Zugeständnissen der Forschung an die Lehre wäre asketische Zurückhaltung bei Aufgaben, die künstlerisches Vermögen, divinatorische Fähigkeiten, ja Genialität erfordern, weit besser am Platze.[23] Gegenüber jenem pädagogischen Optimismus, der glaubt, man könne durch Interpretationsübungen künftige Interpretationskünstler erziehen, ist an die kaum widerlegbare Auffassung FRIEDRICH GUNDOLFS zu erinnern, daß geisteswissenschaftliche Methoden nicht lehrbar, sondern nur erlebbar sind (erlebbar freilich auch durch die Führung eines großen Lehrers), und sie können nur von jemandem erlebt werden, der für sie ‹disponiert› ist. Man kann ‹Handwerksklappern›[24] übermitteln und Regeln lernen – Methoden nur in sehr beschränktem Maße. Doch eben am Handwerkszeug für die Hermeneutik fehlt es, und es *muß* daran fehlen, weil Divination, Genialität, Liebe nicht lehrbar sind. Es ist merkwürdig zu beobachten, wie eine Methode, die ihre theoretischen Grundlagen so gewissenhaft durchdacht hat, die gleichen Grundlagen bei der praktischen Anwendung so rasch vergißt.

Doch auch von der Theorie her lassen sich Bedenken gegen die Interpretationsmethode erheben. Wie wir wissen, war es ihr ausgesprochenes Ziel gewesen, sich aus der Umklammerung durch sachfremde Methoden zu befreien. Nun ist theoretische Besinnung ohne Rückgriff auf die *allgemeinen* Denkgesetze nicht möglich; diese Denkgesetze in Anspruch zu nehmen, bedeutet also ein durchaus legitimes Verfahren. Weniger legitim scheint hingegen die Bemühung, Anschluß bei *bestimmten* Richtungen, Schulen, Denkern zu suchen, beispielsweise bei der phänomenologischen Richtung HEIDEGGERscher Observanz. Denn daraus ergibt sich die paradoxe Folge, daß die zur Vordertür hinauskomplimentierten sachfremden Methoden durch die Hintertür wieder eindringen und die eben errungene methodische Freiheit erneut in Abhängigkeit verwandeln, die bis zur Übernahme der philosophischen Fachsprache und der HEIDEGGERschen Sondersprache geht. Diese Gefahr wirkt sich bei zahlreichen (und keineswegs nur bei schlechten) Interpreten dahin aus, daß sie das mit so heißem Bemühen umworbene spezifisch dichterische Element zugunsten eines bestimmten philosophischen Elementes zurückstellen; sie treiben Ontologie oder Metaphysik statt Literaturwissenschaft. (Um Mißverständnisse auszuschließen: Es wird nicht bestritten, daß die Dichtung metaphysische Fragen stellen und sie vielleicht sogar überzeugender beantworten kann als manchmal die Philosophie. Wohl aber wird bestritten, daß es die Aufgabe der Literaturwissenschaft sei, Metaphysik zu betreiben.) So wirkt auch beim Interpretieren – wie bei jeder geistigen Handlung überhaupt – die Konstellation nach, von der es seinen Ausgang genommen hat. Exegese war ursprünglich ein Verfahren der Theologie mit dem Ziele, den verborgenen Sinn einer heiligen Schrift zu enträtseln oder – mit HEIDEGGER zu reden – ‹das Verborgene in das Unverborgene› zu ‹entbergen›. Aus Gründen der religiösen wie der intellektuellen Sauberkeit ist jedoch daran festzuhalten, daß literarische Texte keine heiligen Texte sind, sondern profane. Die Verwechslung geht geistesgeschichtlich auf die reformatorisch-humanistische Heiligung des Wortes zurück, die wir beim Rückblick auf die Geschichte der Hermeneutik kennengelernt haben. Ganz folgerichtig stellt denn auch DILTHEY fest [25]: ‹Da die Religion [in der Gegenwart] den Halt metaphysischer Schlüsse auf das Dasein Gottes und der Seele verloren hat, ist für eine große Anzahl gegenwärtiger Menschen nur noch in der Kunst und der Dichtung eine ideale Auffassung von der Bedeutung des Lebens vorhanden.› Mit anderen Worten: wie Kunst und Dichtung für weite Kreise Religionsersatz bilden, so ist die Interpretation vielfach an die Stelle der theologischen Exegese getreten und die Symbolik *à tout prix* an die Stelle der Allegorese. Doch damit wird die Religion ebenso verfehlt wie die Literatur.

Ihrem ontologisch-metaphysischen Charakter entsprechend, vernachlässigt diese Art des Interpretierens hingegen das historische Element oder setzt es bestenfalls voraus, ohne sich ernstlich mit ihm auseinanderzusetzen. Sie gibt sich der Täuschung hin, es sei möglich, ein literarisches Werk ‹aus sich heraus [. . .] vollständig und ganzheitlich zu erfassen›.[26] Solchen Illusionen gegenüber scheint es an der Zeit, einige Binsenwahrheiten ins Gedächtnis zu rufen, weil sie in Vergessenheit zu geraten drohen. Erstens ist die Grundlage der Literaturwissenschaft nicht die Ontologie oder die Metaphysik, sondern die Philologie, das heißt eine eminent historische Wissenschaft. Sie ist auch die unabdingbare Voraussetzung für jede geglückte Interpretation. Stellvertretend für alle spezifisch philologischen Leistungen jüngster Zeit möge hier nur an ERNST ROBERT CURTIUS' ‹Europäische Literatur und lateinisches Mittelalter› erinnert werden. Diese

Summe einer philologischen Existenz hat durch die Topos-Forschung nicht allein der allgemeinen Poetik neue Perspektiven eröffnet, sondern – was mir wichtiger erscheint – das Gewissen für das spezifisch Literarische und für spezifisch literaturwissenschaftliche Probleme geschärft. Zweitens: Ein Werk ‹aus sich heraus erfassen› bedeutet, es aus seinem Traditionszusammenhang lösen. Auch den gelungensten Interpretationen ist in der Regel ein eigentümlich kühles Verhältnis zum Geschichtlichen eigen, über dessen Ursachen wir bereits gesprochen haben. Mindestens die ältere Literatur steht jedoch in einem dauernden geistigen Traditionszusammenhang, welcher sich erst um die Mitte des 18. Jahrhunderts zu lockern begann, als der Fetisch der ‹Originalität› ihn überflüssig erscheinen ließ. Doch der ‹poeta doctus› ist kein Typus, der auf die Antike und die Renaissance beschränkt wäre; von ELIOT bis POUND, von D'ANNUNZIO bis MONTALE und UNGARETTI, von GIDE bis COCTEAU, von HOFMANNSTHAL, GEORGE, KOMMERELL bis zu den BRÜDERN JÜNGER ließen sich Dutzende von Autoren nennen, deren Werke, so modern sie sonst erscheinen mögen, ohne Kenntnis dieses geistigen Traditionszusammenhanges schlechterdings unverständlich bleiben. Gerade die ästhetischen Strukturen, um deren Verständnis es der Interpretation doch vornehmlich zu tun ist, lassen sich durch die Methode des Vergleiches mit ihren Vorläufern meist genauer erfassen als ‹aus sich heraus›, weil der historische Vergleich das Verständnis des Neuen, Einmaligen und Spezifischen einer Dichtung in besonderem Maße fördern kann.

Unter diesen Umständen ist es nicht verwunderlich, daß sich allmählich Stimmen gegen die ‹literarische Landplage› (MUSCHG) des Interpretierens erheben.[27] Es hat sich offenbar der Eindruck herumgesprochen, den man – EICHENDORFFS Vers parodierend – etwa so umschreiben könnte: Genug gedeutet nun die deutsche Dichtung! EMIL STAIGER benutzte die Gelegenheit eines Gedenkaufsatzes für den Literar*historiker* ERNST BEUTLER,[28] um an dem gleichen Punkt anzusetzen, auf den wir zuletzt eingegangen sind: die Gefahr der Traditionslosigkeit, des Interpretierens ‹aus der blauen Luft›, der ‹arrogantesten Subjektivität›. So sehr diese Warnung zu begrüßen ist, so wenig teile ich STAIGERS Befürchtung, die Literaturwissenschaft werde nun wieder ‹im alten Stil von Wirkungen und Einflüssen reden›, sich dem naturwissenschaftlichen Kausalitätsprinzip beugen und ‹in übertriebene Subtilitäten der Textkritik› flüchten. Sie wird es deshalb nicht tun, weil der Begriff einer geschichtlichen Entwicklung die Möglichkeit zur freien Wahl einschließt, weil ihr andere Wege offenstehen. Anderseits glaube ich ebensowenig, daß das unterdessen historisch gewordene Verdienst der guten Interpreten, die Rückerziehung des Lesers von der extensiven zur intensiven Lektüre der Texte und die Schärfung seines Sinnes für die ästhetische Eigenart des dichterischen Wortes, einfach vergessen werden wird. Es wird vielmehr ‹aufgehoben› werden in jenem doppelten Sinne, der dem Wort in unserer Sprache eigen ist: auf die Stufe des Geschichtlichen hinaufgehoben und damit zugleich bewahrt als κτῆμα εἰς ἀεί.

Unterdessen ist es aber Zeit geworden, daß sich die deutsche Literaturwissenschaft wieder ein wenig mehr der Aufgabe annimmt, die ihr ja unter anderem ebenfalls gestellt ist: der Erforschung der Literatur*ge-*

schichte [29]. Dabei ergibt sich freilich sogleich die Frage, ob Literaturgeschichtschreibung konventioneller Art überhaupt noch sinnvoll sein bzw.
wie sie – unter bewußter Zurückstellung der konventionellen Gesichtspunkte – wieder sinnvoll werden könne. Mit seiner ‹Tragischen Literaturgeschichte› hat WALTER MUSCHG einen Weg eingeschlagen, der eine Möglichkeit zur Überwindung der Stagnation andeutet. Wohl scheinen die
kritischen Gesichtspunkte, unter denen MUSCHG das literarische Geschehen
betrachtet, allzu persönlich, die moralistisch-pädagogische Tendenz allzu
aufdringlich, als daß seine Maximen zugleich als Prinzipien einer allgemeinen Literaturgeschichtschreibung gelten könnten. Beispielhaft ist indessen die Selbstverständlichkeit, mit der dieser Schweizer die deutsche
Literatur im Rahmen der gesamteuropäischen Entwicklung seit dem klassischen und jüdischen Altertum betrachtet. Denn im Drange des allgemeinen *furor interpretandi* und unter Verabsolutierung der konventionellen nationalromantischen Tendenzen ist dies der erste, aber nicht der einzige Gesichtspunkt, der innerhalb der deutschen Grenzen zu kurz gekommen ist. Wenn man wiederum von zwei Schweizer Forschern, FRITZ STRICH
und MARTIN BODMER, sowie von wenigen anderen Namen in Ost und
West absieht, für die HANS MAYER und WOLFGANG KAYSER stellvertretend
genannt sein mögen,[30] scheint es doch so, als hätte GOETHE sein Wort von
der Weltliteratur, die jetzt an der Zeit sei, umsonst in die literarische De-
batte geworfen. Denn noch immer bestimmt der Provinzialismus nicht nur
unsere literarische Produktion und literarische Kritik, sondern oft genug
auch die literarhistorischen Gesichtspunkte. Die spätromantische Fiktion
einer ‹Nationalliteratur›, welche Sprache, Volkstum und politische Natio-
nalgeschichte als wichtigste oder gar einzige Kriterien der Literatur be-
trachtete, liefert den unfreiwilligen Beweis dafür, daß die positivistische
Erforschung der ‹Einflüsse› der deutschen Literaturwissenschaft bisher nur
wenig Anregung geboten und die viel sachgemäßere Frage nach der Rezeption des ‹Eingeflossenen›, das heißt nach seiner eigentümlichen An-
verwandlung in die Nationalliteratur, noch kaum hat aufkommen lassen.[31]
Ähnliches gilt für die komparatistischen Arbeiten nach moderneren Methoden aus den Federn italienischer, französischer und amerikanischer
Forscher sowie für die Gesichtspunkte, die ERNST ROBERT CURTIUS und
seine Schüler in Deutschland, MARIO PRAZ in Italien [32] mit dem Begriff
der literarischen ‹Konstanten› gefunden haben. Dabei ist neben dem Manierismus und Humanismus besonders an die Dekadenz zu denken. Oder
sollte es nicht möglich sein, Erscheinungen wie NIETZSCHE und WAGNER,
GEORGE und THOMAS MANN unter diesem eminent literarischen und zugleich gemeineuropäischen Gesichtspunkt adäquater, in ihrer künstlerischen Substanz genauer zu fassen als mit Hilfe der konventionellen Ord-
nungsschemata? Bei einem solchen Unternehmen würde man freilich nicht
umhin können, auch die gesellschaftlichen Voraussetzungen der Literatur
intensiver zu untersuchen, als es in West-Deutschland bisher üblich war,[33]
ohne darum sogleich Gefahr zu laufen, das spezifisch dichterische Element
zu verfehlen. Denn diese Voraussetzungen helfen auch das esoterischste
Kunstwerk formen, und zwar im genauen Sinne der *künstlerischen* Formung. Sind sie erst einmal bekannt, dann werden sie ebenfalls verstehen

lehren, wie sich das geglückte, das schöne Kunstwerk vom allgemeinen Zeithintergrund abhebt und *warum* es – gleichsam der Zeit zum Trotz – schön ist. Im übrigen ist nicht einzusehen, weshalb es die Literarhistoriker im westlichen Teile Deutschlands den Kollegen im Osten überlassen sollten, die gesellschaftlichen Grundlagen der Literatur auf ihre Weise, das heißt unter dem Vorzeichen des historischen Materialismus, zu erforschen.

Die Perspektiven, die sich der Literaturwissenschaft für die Zukunft eröffnen, dürften geeignet sein, sie aus dem interpretatorischen Zirkel herauszuführen, in den sie sich hineinmanövriert hat. Auch scheinen sie auf die Dauer fruchtbarer als die Gesichtspunkte der nationalen oder ontologischen Autarkie. Sie ergeben sich zwanglos aus der Beschäftigung mit der außerdeutschen Literatur und Literaturwissenschaft und sind mit diesen Andeutungen keineswegs erschöpft.34 Auch dürfte es nicht schwierig sein, sie theoretisch zu erhärten. Doch nach dem Überfluß der letzten Jahrzehnte an theoretischen und methodologischen Untersuchungen ist diese Aufgabe weniger dringlich als das praktische Handeln. Allein die überzeugende Leistung des Literaturforschers wird bestimmen, was künftig unter ‹Literatur› verstanden werden soll; die Begründungen *post festum* werden nicht auf sich warten lassen. Denn auch für den Literarhistoriker gilt GOETHES ‹Vermächtnis›:

> Mit frischem Blick bemerke freudig
> Und wandle, sicher wie geschmeidig,
> Durch Auen reichbegabter Welt [. . .]
> Was fruchtbar ist, allein ist wahr.

Anmerkungen

Der Vortrag wurde am 22. April 1963 im Rahmen der IV. Internationalen Tagung deutsch-italienischer Studien in Meran, in gekürzter Form am 18. Mai 1963 als Antrittsvorlesung an der Universität Bonn gehalten. Er möchte als Beitrag zu einer im Flusse befindlichen Diskussion verstanden werden und verfolgt *nicht* das Ziel, die Probleme erschöpfend zu behandeln. Die meisten der im Text angeführten Werke sind lediglich als typische Beispiele genannt; sie könnten leicht durch andere ersetzt werden.

1 Vgl. ERICH TRUNZ, Literaturwissenschaft als Auslegung und als Geschichte der Dichtung. In: Festschrift für JOST TRIER. Meisenheim/Glan 1954, S. 72.

2 In der Rezension von JULIAN SCHMIDTS ‹Bildern aus dem geistigen Leben unserer Zeit›. In: Vorträge und Aufsätze zur Geschichte des geistigen Lebens. Berlin 1874, S. 411.

3 Berlin ²1878, S. XI (Widmung an KARL MÜLLENHOFF). – Beide Hinweise verdanke ich JOSEF DÜNNINGER, Geschichte der deutschen Philologie. In: Deutsche Philologie im Aufriß. Bd. I. Berlin ²1957, Sp. 179.

4 Gesammelte Schriften. Bd. V. Leipzig-Berlin 1924, S. 332 f.

5 Vgl. HERBERT SCHÖFFLER, Deutscher Geist im 18. Jahrhundert. Hrsg.

von G. SELLE. Göttingen 1956, besonders: ‹Die Leiden des jungen Werther – Ihr geistesgeschichtlicher Hintergrund›, S. 155–181.

6 Über die verschiedenen Methoden des Übersetzens. In: Abhandlungen der Berliner Akademie der Wissenschaften, 1812/13, Berlin 1816. – DILTHEY, aaO., S. 321 ff., stellt die Geschichte der Hermeneutik ausführlich und mit anderen Akzenten dar.

7 Leipzig-Berlin [10]1929, S. 175.

8 Methodenlehre der Literaturwissenschaft. In: Deutsche Philologie im Aufriß, aaO., Sp. 58.

9 KARL VIËTOR, Deutsche Literaturgeschichte als Geistesgeschichte – Ein Rückblick. In: PMLA LX (1945), S. 913. Vgl. ferner: MAX WEHRLI, Allgemeine Literaturwissenschaft. Bern 1951, S. 13 f.

10 Theorie der Literatur. Bad Homburg v. d. H. 1959. Dazu etwa: HANS EGON HOLTHUSEN, System und Geschichte der kritischen Intelligenz. In: Neue Zürcher Zeitung, Nr. 928(24) vom 20. März 1960.

11 AaO., S. 22.

12 Ebd., S. 26 f.

13 Briefe an seinen Bruder AUGUST WILHELM. Hrsg. v. O. WALZEL. Berlin 1890, S. 263. Hervorhebung von mir. – Die gleiche Wehklage könnte man auch über CROCE anstimmen, von dem WELLEK-WARREN tiefer beeindruckt sind, als ihre Polemik gegen seine ‹theoretische Paralyse› (aaO., S. 208) vermuten läßt.

14 Berlin 1959, S. 7.

15 Vision, Bd. I, 1 (August 1947). Hrsg. von G. F. HERING und P. WIEGLER, S. 1.

16 Philosophie. Hrsg. von A. DIEMER und I. FRENZEL. Frankfurt am Main 1958, S. 264.

17 Die Kunst der Interpretation. Zürich 1955, S. 11–13.

18 Ebd., S. 10 f.

19 RICHARD ELLMANN, James Joyce. Zürich o. J.; GEORGE D. PAINTER, Marcel Proust. Bd. I. Frankfurt am Main 1962.

20 AaO., S. 13.

21 SCHLEGELS Satz in: Literary Notebooks 1797–1801. Hrsg. von H. EICHNER. London 1957, S. 983. Vgl. dazu die bei BENNO VON WIESE angefertigte, bisher unveröffentlichte Bonner Dissertation von WALTER BAUSCH, Theorien des epischen Erzählens in der deutschen Frühromantik, S. 146 ff., mit weiteren Belegen. SCHLEGEL meint eine Art ‹werkimmanenter› Selbstrezension des Autors, die über das Werk selbst schon wieder hinausführt; er meint hingegen nicht das, was heute unter ‹werkimmanenter Interpretation› gemeinhin verstanden wird. – Zur Geschichte des Topos vgl. OTTO FRIEDRICH BOLLNOW, Was heißt einen Schriftsteller besser verstehen, als er sich selber verstanden hat? In: Das Verstehen – Drei Aufsätze zur Theorie der Geisteswissenschaften. Mainz 1949, S. 9 ff.

22 DILTHEY, aaO., S. 335; OPPEL, aaO., S. 56.

23 Ich kann also TRUNZ, aaO., S. 84 f., nicht zustimmen, wenn er in der ‹vertieften Berührung der akademischen Literaturwissenschaft mit der Schule› infolge der Ausbreitung der Interpretationen eine erfreuliche Entwicklung sieht. Natürlich stellen sich der Universität und der Schule Auf-

gaben verschiedenen Grades; doch die Prinzipien sind für den genialen Interpreten die gleichen wie für den untauglichsten Proseminaristen.

24 GUNDOLF im Vorwort zu: Romantiker. Bd. I. Berlin-Wilmersdorf 1930, S. 7.

25 Die Einbildungskraft des Dichters. In: Gesammelte Schriften. Bd VI. Leipzig-Berlin 1924, S. 237.

26 OPPEL, aaO., S. 54.

27 Vgl. z. B. WERNER ROSS, Grenzen der Gedicht-Interpretation. In: Wirkendes Wort VII (1956/57), S. 321–334. – BENNO VON WIESE, Geistesgeschichte oder Interpretation? In: Die Wissenschaft von deutscher Sprache und Dichtung (Festschrift für FRIEDRICH MAURER). Stuttgart 1963, S. 239–261, ist mir erst nach Abschluß dieser Arbeit bekannt geworden. Vgl. S. 245: ‹Die Literaturwissenschaft droht wurzellos zu werden, wenn sie [...] nicht doch in der Literaturgeschichte ihre Kernzone anerkennt. Eine zu starke Absonderung von den historischen Disziplinen müßte in der Tat zum leeren Formalismus führen [...] ‚Interpretation' [...] drohte zu jenem Fetisch zu werden, mit dem sich auch in den deutschen Schulen am besten zaubern ließ [...].› Sehr hübsch illustriert die Anekdote S. 249 f. die Situation. Ähnliche Mängel – ‹Rückgang der Gelehrsamkeit, des Tatsachenwissens, des Interesses für das Einzelne in seiner bunten Fülle› – glaubte VIËTOR, aaO., S. 909, umgekehrt gegen die Geistesgeschichte erheben zu müssen, und er rief ebenfalls die Anekdote zur Hilfe: ‹Man wird erinnert an die ersten Jahre der Reformation, wo die lutherischen Prediger nicht mehr Theologie studieren wollten; sie meinten, wenn man nur die rechte Inspiration habe, so sei das genug, um die Schrift zu verstehen.› Wie, wenn es sich in beiden Fällen gar nicht um die Folgen bestimmter Methoden handelte, sondern um ein viel tiefer verwurzeltes Phänomen: schlechte Geistesgeschichtler und schlechte Interpreten als mißratene Paraphrastiker der Dichtung, als – verhinderte Poeten? (Nebenbei bemerkt: Auch die schwere Kunst der *echten* Paraphrase wird in der Literaturwissenschaft kaum mehr geübt und ist in Vergessenheit geraten.) – Nicht zustimmen kann ich VON WIESES Bemerkung S. 244, die vergleichende Literaturgeschichte befinde sich ‹selbst heute noch in den Kinderschuhen›. Das gilt allenfalls für die deutschsprachigen Länder (vgl. jedoch die Bibliographie, die in meinem Anm. 34 zitierten Aufsatz angeführt ist), nicht mehr für Frankreich und Nordamerika.

28 Jahrbuch des Freien Deutschen Hochstifts. Tübingen 1962, S. 1 f.

29 VIËTOR, aaO., S. 915, schrieb 1945 gerade umgekehrt: Der Hauptgegenstand der Bemühungen des Literaturwissenschaftlers ‹hat das gestaltete Werk in seiner sinnlich-spirituellen Ganzheit zu sein [...]. Dadurch bekommt die Interpretation wieder den Platz, der ihr gebührt: sie wird wieder zur Haupt- und Grundkunst des Literaturwissenschaftlers. Literatur*geschichte* aber rückt damit an die zweite Stelle.› Vg. HEIDEGGERS ontologisch begründeten Antihistorismus in: Holzwege. Frankfurt am Main 1950, S. 62: ‹Die im Werk sich eröffnende Wahrheit ist aus dem Bisherigen nie zu belegen und abzuleiten. Das Bisherige wird in seiner ausschließlichen Wirklichkeit durch das Werk widerlegt.›

30 Fritz Strich, Goethe und die Weltliteratur. Bern ²1957; Martin Bodmer. Variationen – Zum Thema Weltliteratur. Frankfurt am Main 1956; Hans Mayer, Deutsche Literatur und Weltliteratur. Berlin 1957; Wolfgang Kayser, Das sprachliche Kunstwerk. Bern 71962. – Bei Kayser sowie bei Wehrli, Wellek-Warren, Oppel, aaO., reichhaltige Bibliographie zum Thema.

31 Zum Begriff der Rezeption vgl. meine Bemerkungen in: Die Wiederentdeckung der antiken Literatur im Zeitalter der Renaissance. In: Geschichte der Textüberlieferung. Bd. I. Zürich 1961, S. 573–576.

32 *La carne, la morte e il diavolo nella letteratura romantica.* Firenze 31948. Deutsch: Liebe, Tod und Teufel – Die schwarze Romantik. München 1963.

33 Ähnlich auch Viëtor, aaO., S. 910.

34 Weiteres in meinem Aufsatz ‹Nationalliteraturen und europäische Literatur – Methoden und Ziele der Vergleichenden Literaturwissenschaft›. In: Schweizer Monatshefte. XLII (1962), S. 195–211; wiederholt (ohne bibliographische Angaben) in: Definitionen – Essays zur Literatur. Hrsg. von A. Frisé. Frankfurt am Main 1963, S. 35–57.

PETER SZONDI*

ZUR ERKENNTNISPROBLEMATIK IN DER
LITERATURWISSENSCHAFT (Auszug)

Wer nach der Erkenntnisweise der Literaturwissenschaft fragt, begibt sich auf ein Gebiet, dem der alte Briest seine Lieblingswendung schwerlich versagt hätte. Es empfiehlt sich daher, das ‹weite Feld› schon im Eingang zu begrenzen. Wir wählen dazu einen Satz aus SCHLEIERMACHERS ‹Kurzer Darstellung des theologischen Studiums›, der nicht nur angibt, was im folgenden unter ‹Erkenntnis› verstanden werden soll, sondern auch schon den Weg weist dorthin, wo sich deren Problematik für die Literaturwissenschaft verbirgt. ‹Das vollkommene Verstehen einer Rede oder Schrift›, schreibt SCHLEIERMACHER, ‹ist eine Kunstleistung und erheischt eine Kunstlehre oder Technik, welche wir durch den Ausdruck Hermeneutik bezeichnen.›[1] Es mag überraschen, daß der Begriff der Erkenntnis, statt sich auf den Ideengehalt und die Struktur des Kunstwerks sowie auf dessen Stellung im geschichtlichen Zusammenhang zu beziehen, auf das bloße Textverständnis beschränkt werden soll. Zudem mag Erkenntnis, ein philosophischer Begriff, befremden in der Philologie. Aber diese Wirkung verwiese im Grund nicht minder auf das Vorhandensein einer spezifisch philologischen Erkenntnisproblematik als die Frage, die sich bei dem zitierten Satz von selber aufdrängt: warum nämlich die Literaturwissenschaft, die im ‹vollkommenen Verstehen einer Schrift› ihre Aufgabe sehen muß, die von SCHLEIERMACHER geforderte und in theologischen Vorlesungen auch entworfene Lehre nicht nur nicht weiterentwickelt hat, sondern sich den Problemen der Hermeneutik so gut wie ganz verschließt. In keinem der germanistischen Lehrbücher wird der Student mit den prinzipiellen Fragen des Textverständnisses bekannt gemacht; kaum je werden diese Fragen in den Diskussionen der Gelehrten aufgeworfen und als häufige Quelle ihrer Meinungsverschiedenheiten erkannt.

Daß es eine theoretische Hermeneutik im germanistischen Bereich nicht gibt, könnte mit ihrem reflexiven Wesen zusammenhängen. In der Hermeneutik fragt die Wissenschaft nicht nach ihrem Gegenstand, sondern nach sich selber, danach, wie sie zur Erkenntnis ihres Gegenstands gelangt. Auch ohne dieses hermeneutische Bewußtsein gibt es Erkenntnis. Aber nicht nur ist der Stand der Unreflektiertheit der Wissenschaft inadäquat; wie wenig es der ihre ist, kann unschwer der seit Jahrzehnten nicht verstummenden methodologischen Diskussion entnommen werden. Der Grund ist also anderswo zu suchen, im Selbstverständnis der Literaturwissenschaft. Daß die Problematik der philologischen Erkenntnis in der Germanistik kaum beachtet wird, scheint damit zusammenzuhängen, daß sie sich als Wissenschaft versteht, daß sie im Wissen, mithin in einem

* geb. 1929, ord. Prof. für Allgemeine und Vergleichende Literaturwissenschaft an der Freien Universität Berlin. Der vollständige Text des Aufsatzes in: Hölderlin-Studien. Mit einem Traktat über philologische Erkenntnis. Ffm. 1967, S. 9–30. Die Kürzungen stammen vom Verfasser selbst.

Zustand, ihr Wesensmerkmal sieht. Ein Blick auf die Verhältnisse in Frankreich und den angelsächsischen Ländern zeigt, daß dies durchaus nicht selbstverständlich ist. Die Gefahr, daß dieser Hinweis als Lob des Unwissenschaftlichen könnte mißverstanden werden, ist kein zu hoher Preis für die Erkenntnis, daß die Literaturwissenschaft gerade um ihrer Wissenschaftlichkeit willen nicht die Wissenschaft sein kann, die sie, den älteren Schwesterwissenschaften nachstrebend, oft sein möchte.

Die gelehrte Beschäftigung mit Werken der Literatur heißt auf englisch ‹literary criticism›, sie ist keine ‹science›. Ähnlich verhält es sich im Französischen. Wenn auch das deutsche Wort ‹Kritik› für diesen Bereich kaum mehr zu retten ist, so wäre es doch vermessen, den englischen, amerikanischen und französischen Vertretern dessen, was das Wort in ihrer Sprache meint, Unwissenschaftlichkeit vorwerfen zu wollen. Daß sie ihr Geschäft nicht als Wissenschaft verstehen, zeugt vom Bewußtsein, daß die Erkenntnis von Werken der Kunst ein anderes Wissen bedingt und ermöglicht, als es die übrigen Wissenschaften kennen. Seit DILTHEY braucht der prinzipielle Unterschied zwischen Natur- und Geisteswissenschaften nicht mehr erörtert zu werden, wenngleich die Literaturwissenschaft noch nicht aller ihrer den Naturwissenschaften entlehnten und dem eigenen Gegenstand unangemessenen Kriterien und Methoden entsagt haben dürfte. Aber gerade der Hinweis auf DILTHEYS Leistung macht die Einsicht notwendig, daß das philologische Wissen auch vom historischen sich grundsätzlich unterscheidet. Der Dreißigjährige Krieg und ein Sonett des ANDREAS GRYPHIUS werden so wenig auf gleiche Weise zum Gegenstand des Wissens, daß die Geschichtswissenschaft in diesem Punkt den exakten Naturwissenschaften näher als der Literaturwissenschaft zu stehen scheint. Was die Literaturwissenschaft gegenüber der Geschichtswissenschaft kennzeichnet, ist die unverminderte Gegenwärtigkeit auch noch der ältesten Texte. Während die Geschichtswissenschaft ihren Gegenstand, das vergangene Geschehen, aus der Ferne der Zeiten in die Gegenwart des Wissens, außerhalb dessen es nicht gegenwärtig ist, hereinholen muß und kann, ist dem philologischen Wissen immer schon die Gegenwart des Kunstwerks vorgegeben, an dem es sich stets von neuem zu bewähren hat. Diese Bewährung ist nicht zu verwechseln mit jener Überprüfung des Gewußten, auf die keine Wissenschaft, auch die Naturwissenschaft nicht, verzichten kann. Dem philologischen Wissen ist ein dynamisches Moment eigen, nicht bloß weil es sich, wie jedes andere Wissen, durch neue Gesichtspunkte und neue Erkenntnisse ständig verändert, sondern weil es nur in der fortwährenden Konfrontation mit dem Text bestehen kann, nur in der ununterbrochenen Zurückführung des Wissens auf Erkenntnis, auf das Verstehen des dichterischen Wortes.

Das philologische Wissen hat seinen Ursprung, die Erkenntnis, nie verlassen, Wissen ist hier perpetuierte Erkenntnis – oder sollte es doch sein. Wohl kennen auch die anderen Wissenschaften eine Rückbesinnung dieser Art. Im chemischen Experiment wird die Eigenart der Elemente und ihrer Verbindungen immer wieder erneut demonstriert; die Quellenkunde führt das Entstehen des historischen Wissens jederzeit aufs neue vor. Aber weder die Chemie noch die Geschichtswissenschaft haben ihr Ziel in solcher

Rekonstruktion, die pädagogischen Zwecken dient. Aufgabe dieser Wissenschaften ist, die Kenntnis ihres Gegenstands zu vermitteln, den erkannten Gegenstand für das Wissen abzubilden. Anders in der Literaturwissenschaft. Kein Kommentar, keine stilkritische Untersuchung eines Gedichts darf sich das Ziel setzen, eine Beschreibung des Gedichts herzustellen, die für sich aufzufassen wäre. Noch deren unkritischster Leser wird sie mit dem Gedicht konfrontieren wollen, sie allererst verstehen, wenn er die Behauptungen wieder in die Erkenntnisse aufgelöst hat, aus denen sie hervorgegangen. Das zeigt besonders deutlich der Extremfall des hermetischen Gedichts. Interpretationen sind hier Schlüssel. Aber es kann nicht ihre Aufgabe sein, dem Gedicht dessen entschlüsseltes Bild an die Seite zu stellen. Denn obwohl auch das hermetische Gedicht verstanden werden will und ohne Schlüssel oft nicht verstanden werden kann, muß es doch in der Entschlüsselung *als* verschlüsseltes verstanden werden, weil es nur als solches das Gedicht ist, das es ist. Es ist ein Schloß, das immer wieder zuschnappt, die Erläuterung darf es nicht aufbrechen wollen. Indem aber für den Leser eines Kommentars das Wissen des Interpreten wieder zur Erkenntnis wird, gelingt auch ihm das Verständnis des hermetischen Gedichts als eines hermetischen.

Das philologische Wissen darf also gerade um seines Gegenstands willen nicht zum Wissen gerinnen. Auch für die Literaturwissenschaft trifft merkwürdigerweise zu, was LUDWIG WITTGENSTEIN zur Kennzeichnung der Philosophie gegenüber den Naturwissenschaften sagt. ‹Die Philosophie›, heißt es im ‹Tractatus logico-philosophicus›, ‹ist keine Lehre, sondern eine Tätigkeit. Ein philosophisches Werk besteht wesentlich aus Erläuterungen.›[2] Davon scheinen die englischen und französischen Bezeichnungen für die Literaturwissenschaft ein Bewußtsein zu haben. Sie betonen nicht das Moment des Wissens, sondern das der kritischen Tätigkeit, des Scheidens und Entscheidens. In der Kritik wird nicht bloß über die Qualität des Kunstwerks entschieden, sondern auch über falsch und richtig; ja, es wird nicht bloß *über* etwas entschieden, sondern Kritik entscheidet sich selbst, indem sie Erkenntnis ist. Es wird darum kein Zufall sein, daß der angelsächsische *literary criticism*, im Gegensatz zur deutschen Literaturwissenschaft, den hermeneutischen Problemen sich immer wieder zugewandt hat: I. A. RICHARDS' ‹The Philosophy of Rhetoric›, WILLIAM EMPSONS ‹Seven Types of Ambiguity› sind Beispiele dafür.

Das Fehlen eines hermeneutischen Bewußtseins in der deutschen Literaturwissenschaft scheint also damit zusammenzuhängen, daß die Literaturwissenschaft die Eigenart des philologischen Wissens zu wenig beachtet, daß sie allzu leicht die Kluft übersieht, welche sie von den anderen Wissenschaften, nicht zuletzt von der Historie, trennt. Der Eindruck verstärkt sich, wenn man dem zweiten Moment im Selbstverständnis der Literaturwissenschaft nachgeht, nämlich der Frage, wie sie ihr Wachstum, ihre Entwicklung begreift. Die Tätigkeit, durch die das Wissen bereichert und verwandelt wird, heißt Forschung. Daß es sie in der Literaturwissenschaft wie in jeder anderen Disziplin gibt, widerspricht nicht der Behauptung, daß sich das philologische Wissen nicht als die perpetuierte Erkenntnis verstehen will, die es von seinem Gegenstand her sein müßte. Denn auch der Begriff des Forschens verrät diese Position, und auch hier zeigt der englische und französische Sprachgebrauch ein anderes Bild. Den Wörterbüchern wie auch der Rede vom ‹forschenden Blick› zufolge bedeutete ‹Forschen› einst Fragen und Suchen. Aber das Moment des Fragens, mithin auch der Erkenntnis, ist dem Wortinhalt immer mehr abhanden gekommen, das Forschen ist zum bloßen Suchen geworden. Indem der Literaturwissenschaftler von seinen Forschungen spricht, gibt er zu, daß er seine Tätigkeit mehr als eine Suche nach etwas versteht, das es gibt und nur noch aufzufinden gilt, denn als Erkennen und Verstehen. Auch hier wird mehr Beachtung geschenkt der Kenntnis als der Erkenntnis.

Das freilich hat seine wissenschaftsgeschichtlichen Gründe. Die moderne Geschichts- und Literaturwissenschaft entstand im neunzehnten Jahrhundert im Gegenzug gegen die spekulativen Systeme des deutschen Idealismus. HEGELS ‹Umso schlimmer für die Tatsachen› mußte gesühnt, die spekulative Erkenntnis der Tatsachenforschung geopfert werden. Der Ertrag der positivistischen Richtung ist zu groß, als daß diese Entwicklung beklagt werden sollte. Die Dankbarkeit gegenüber den Forschungen der Positivisten von einst und jetzt, auf denen man weiterbauen könne, gehört denn auch zu den oft geäußerten Gefühlen gerade der Theoretiker und Interpreten. Schon 1847 schrieb der Literarhistoriker THEODOR WILHELM DANZEL beim Abwägen der Verdienste der beiden extremen Möglichkeiten, ‹die geistlose Empirie› gebe ‹immer doch wenigstens einen authentischen Stoff an die Hand, welcher noch vergeistigt werden kann, aber das geistreiche Reden von Dingen, die gar nicht vorhanden sind›, sei ‹gar nichts nütze: *ex nihilo nihil fit.*›[3] Selbst wenn man von der Frage absieht, ob die Kategorie des ‹Vorhandenseins› dem Geist adäquat ist, bleibt diese Bevorzugung des Positivismus eine Selbsttäuschung. Denn sofern die Philologie Sprache und Literatur, und nicht außerliterarische Fakten wie Biographie und Textüberlieferung, erforscht, gibt es für sie jene ‹geistlose Empirie›, von der DANZEL sich einen authentischen Stoff verspricht, nicht. Die Kluft zwischen objektiver Tatsachenforschung und subjektiver Erläuterung ist allemal kleiner, als sowohl der Positivist wie der Interpret wahr haben möchten. Der Interpret, der die Tatsachen mißachtet, mißachtet auch die Gesetze der Interpretation (es gibt keine ‹Überinterpretation›, die nicht auch schon falsch wäre); der Positivist, welcher der als subjektiv verschrieenen Erkenntnis entsagt, begibt sich zugleich der Möglichkeit, das Positive zu erforschen. Der Satz DILTHEYS, daß dem Erklären der Naturwissenschaften in den Geisteswissenschaften das Verstehen gegenübersteht, gilt auch für die philologische Tatsachenforschung. Sobald sie um einer vermeintlichen Objektivität willen das erkennende Subjekt auszuklammern sucht, läuft sie Gefahr, die subjektiv geprägten Tatsachen durch unangemessene Methoden zu verfälschen, ohne dabei den Irrtum gewahren zu können. Indem die Forschung sich der Empirie ausliefert, kann sie sich der subjektiven Erkenntnis auch als bloßer Kontrollinstanz nicht mehr bedienen.

......

Es gehört zu den Prinzipien der Naturwissenschaften, die in der Eigenart ihres Gegenstands begründet sind, daß sie nicht einzelne Erscheinungen verstehen, sondern allgemeine Gesetze erkennen und die Erscheinungen daraus erklären wollen. Darum wird hier das Unicum, das Beispiellose, sei's als Abnormität verstanden, die als solche noch auf die Norm verweist, sei's als Wunder, als Durchbrechung der Gesetzlichkeit, wovor die Naturwissenschaft dann die Waffen streckt. Keineswegs gilt dies für die Literaturwissenschaft.

Sobald die Literaturwissenschaft ihre eigentliche Aufgabe im Verstehen der Texte sieht, verliert der naturwissenschaftliche Grundsatz des ‹einmal ist keinmal› seine Geltung. Denn die Texte geben sich als Individuen, nicht als Exemplare. Ihre Deutung hat zunächst auf Grund des konkreten Vorgangs zu erfolgen, dessen Ergebnis sie sind, und nicht auf Grund einer abstrakten Regel, die ohne das Verständnis der einzelnen Stellen und Werke ja gar nicht aufgestellt werden kann.

Jener naturwissenschaftliche Grundsatz ist in die Philologie als Gesichtspunkt der Literaturgeschichte eingegangen – auch dies ein Zeichen, daß die Literaturwissenschaft wie alle Kunstwissenschaft von der Historie durch dieselbe Kluft getrennt wird wie von den Naturwissenschaften. Auch die Literarhistorie vermag das Besondere nur als Exemplar, nicht als Individuum zu sehen; das Einzigartige fällt auch für sie außer Betracht. Darüber hat sich FRIEDRICH SCHLEGEL mit scharfen Worten geäußert. Als einen der ‹Hauptgrundsätze der sogenannten historischen Kritik› bezeichnete er ‹das Postulat der Gemeinheit›: ‹Alles recht Große, Gute und Schöne ist unwahrscheinlich, denn es ist außerordentlich, und zum mindesten verdächtig.›[4] Solche Kritik an der Literaturgeschichte schließt keineswegs die These ein, das Individuum, das einzelne Werk, sei ungeschichtlich. Vielmehr gehört gerade die Historizität zu seiner Besonderheit, so daß einzig *die* Betrachtungsweise dem Kunstwerk ganz gerecht wird, welche die Geschichte im Kunstwerk, nicht aber die, die das Kunstwerk in der Geschichte zu sehen erlaubt. Daß auch der zweite Gesichtspunkt seine Berechtigung hat, soll nicht bezweifelt werden. Es gehört zu den Aufgaben der Literaturwissenschaft, vom Einzelwerk abstrahierend zur Übersicht über eine mehr oder weniger einheitliche Periode der historischen Entwicklung zu gelangen. Auch ist nicht zu leugnen, daß die Erkenntnis einer einzelnen Stelle oder eines einzelnen Werkes aus diesem, wie sehr auch problematischen, Allgemeinwissen Nutzen ziehen kann. Aber es darf nicht übersehen werden, daß jedem Kunstwerk ein monarchischer Zug eigen ist, daß es – nach einer Bemerkung VALÉRYS – allein durch sein Dasein alle anderen Kunstwerke zunichte machen möchte. Damit ist keine persönliche Ambition des Dichters oder Künstlers gemeint, mit der sich die Wissenschaft nicht zu beschäftigen hätte, auch nicht der Anspruch auf Originalität und Unvergleichbarkeit, der dem kritischen Blick nur selten standzuhalten vermöchte. Kein Kunstwerk behauptet, daß es unvergleichbar ist (das behauptet allenfalls der Künstler oder der Kritiker), wohl aber verlangt es, daß es nicht verglichen werde. Dieses Verlangen gehört als Absolutheitsanspruch zum Charakter jedes Kunstwerks, das ein Ganzes, ein Mikrokosmos sein will, und die Literaturwissenschaft darf sich darüber nicht einfach hinwegsetzen, wenn ihr Vorgehen ihrem Gegenstand angemessen, das heißt wissenschaftlich sein soll. Sie wird es freilich tun müssen, sobald es ihr nicht mehr um die Erkenntnis des Einzelwerks, sondern um die Erkenntnis eines Œuvre, eines Zeitstils oder einer geschichtlichen Entwicklung geht. Diese Überschau indessen darf erst aus der Summe des begriffenen Einzelnen hervorgehen, keineswegs sollte die Erkenntnis des Besonderen verwechselt werden mit dessen Subsumtion unter ein historisch Allgemeines. Darauf wäre nicht eigens hinzuweisen, wenn sich SCHLEGELS strenges Wort über die historische Kritik, lange vor der Entstehung der Literaturwissenschaft gesprochen, in der Folgezeit nicht oft genug bewahrheitet hätte. Denn nicht selten erwecken historische Arbeiten den Anschein, als wolle ihr Verfasser der intensiven Versenkung in das einzelne Kunstwerk aus dem Wege gehen, als scheue er diese Intimität und als wäre der Grund dieser Scheu die Angst, in der Nähe zum künstlerischen Vorgang jene Distanz einzubüßen, die ein Attribut der Wissenschaft sein soll. Aber es scheint das Dilemma der Literaturwissenschaft zu sein, daß sie nur in solcher Versenkung das Kunstwerk *als* Kunstwerk zu begreifen vermag und also gerade um ihrer Wissenschaftlichkeit, das heißt Gegenstandsangemessenheit, willen auf Kriterien wie die des Abstands und des ‹einmal ist keinmal› verzichten muß, die sie von anderen Wissenschaften übernommen hat. Nicht zuletzt um diesen falschen Anschein der Gemeinsamkeit zu vermeiden, verzichtet wohl die Literaturwissenschaft in den angelsächsischen Ländern und anderwo darauf, sich ‹*science*› zu nennen.

. . . . . .

Die Beweisführung, die nur mit Fakten zu arbeiten scheint, scheitert daran, daß ihre erkenntnistheoretischen Voraussetzungen zuwenig bedacht werden, und sie werden zuwenig bedacht, weil den Fakten blind vertraut wird. Sowenig sich aber die Interpretation über die vom Text und von der Textgeschichte bereitgestellten Tatsachen hinwegsetzen darf, sowenig darf die Berufung auf Fakten die Bedingungen übersehen, unter denen die Fakten erkannt werden. Darauf hat schon vor Jahrzehnten E. ERMATINGER aufmerksam gemacht, als er dem reinen Induktionsbegriff des Positivismus vorwarf, er sei keine Methode, sondern eine Selbsttäuschung, denn ‹wer Material sammeln und beobachten will, muß zuerst mit sich ins reine gekommen sein, nach was für formalen Gesichtspunkten er es sammeln soll›.5 Nicht nur scheint diese Warnung zuwenig beachtet worden zu sein, es wäre darüber hinaus zu fragen, ob in der Literaturwissenschaft das objektive Material von der subjektiven Interpretation überhaupt streng kann getrennt werden, ist doch die Verwendung des Materials selber schon Interpretation. Für das philologische Textverständnis besteht zwischen Beweis und Einsicht ein ganz anderer Zusammenhang als der von den exakten Naturwissenschaften her einst postulierte.

Das erweist die hermeneutische Analyse des Interpretierens auf Grund von Lesarten. Es gehört zu den wichtigsten Aufgaben wissenschaftlicher Textbetrachtung, die Entstehung eines Textes mit Hilfe früherer Fassungen zu rekonstruieren, eine Aufgabe, die zugleich im Dienst der Interpretation steht. Dabei wird das, freilich problematische, Postulat, ein Werk solle nur aus sich selber interpretiert werden, nicht mißachtet, gehört doch das Lesartenmaterial zu dem Werk als dessen Genesis, die auf der Stufe der Vollendung im HEGELschen Wortsinn sich aufgehoben findet. Nur die orthodoxe Phänomenologie wird darauf als auf ein der Erscheinung Fremdes verzichten wollen – doch scheint solcher Verzicht mehr der Prüfung der phänomenologischen Methode als dem Verständnis des Werkes förderlich zu sein.

Wer in dem Vers der späteren Fassung von ‹Patmos›: ‹Von tausend Tischen duftend› den Sinn von ‹Tischen› nicht zu erkennen vermag, wird darum auf die frühere Fassung ‹Mit tausend Gipfeln duftend› zurückgreifen. Die metaphorische Deutung von ‹Tischen›, die er nun zu geben in der Lage ist, wird er mit dem Wortlaut der ersten Fassung stützen. Denn die Tatsache, daß dort an Stelle von Tischen von Gipfeln die Rede ist, beweist, daß in der späteren Fassung Tische metaphorisch für Gipfel stehen. Aber beweist sie es wirklich? Eine andere Hymne HÖLDERLINS beginnt mit den Versen: ‹Wie wenn am Feiertage, das Feld zu sehn / Ein Landmann geht, des Morgens . . .› Im Prosaentwurf lautete der Anfang: ‹Wie wenn der Landmann am Feiertage das Feld zu betrachten hinausgeht, des Abends . . .› Niemand würde aus der Tatsache, daß in der ersten Fassung für Morgen Abend steht, folgern, in der metrischen Fassung sei mit Morgen Abend gemeint, vielmehr wird man zwischen den beiden Stufen einen Wandel der Zeitkonzeption annehmen. Das aber zeigt, daß auch in ‹Patmos› von einem Beweis, den die erste Fassung darstellt, nicht gesprochen werden kann. Denn diesem Beweis kommt der Interpret mit Eigenem zu Hilfe, indem er die Änderung von Gipfel in Tisch als metaphorischen Prozeß, als Übertragung, nachvollzieht und daraus folgert, daß der Sinn dabei unverändert geblieben ist. Erst in diesem Rahmen, den das Verständnis liefert, erscheint das Faktum als Beweis.

Der philologische Beweis ist also auf Verständnis in ganz anderer Weise angewiesen als etwa der mathematische. Denn nicht bloß die Beweisführung muß verstanden werden. Sondern auch der Beweischarakter des Faktischen wird erst von der Interpretation enthüllt, während umgekehrt das Faktische der Interpretation den Weg weist. Diese Interdependenz von Beweis und Erkenntnis ist eine Erscheinungsform des hermeneutischen Zirkels. Wer nicht wahr haben will, daß ein Faktum erst als gedeutetes die Richtigkeit einer Deutung zu beweisen vermag, verfälscht den Kreis des Verstehens in jenes Wunschbild der Geraden, die vom Faktischen stracks zur Erkenntnis führen soll. Da es aber diese Gerade in der Philologie nicht gibt, wären die Tatsachen eher als Hinweise denn als Beweise zu bewerten. Damit sei keiner Resignation das Wort geredet, geschweige denn, daß einer unwissenschaftlichen Willkür das Tor aufgemacht werden sollte. Denn willkürlich ist es vielmehr, wenn den Fakten um eines aus anderen Disziplinen übernommenen Wissenschaftsideals willen eine objektive Beweiskraft zugeschrieben wird, die ihnen auf diesem Gebiet nicht eigen ist. Das Verfahren einer Literaturwissenschaft, die sich die Prämissen ihrer Erkenntnisweise bewußt gemacht hat – Prämissen, die nur von anderen Disziplinen her als Grenzen erscheinen – wird nicht ungenauer, sondern genauer; nicht unverbindlicher, sondern überhaupt erst verbindlich.

Wie aber verfährt eine Auslegung, für welche die Fakten eher Hinweise denn Beweise sind? Sie versucht den statischen Zusammenhang des Faktischen, den die Verzettelung zu Belegen allemal zerreißt, in der Rekonstruktion des Entstehungsvorgangs dynamisch nachzuvollziehen. Für diese Rekonstruktion werden die Fakten sowohl zu Wegweisern als auch zu Warnungen vor Irrwegen. Keines der Fakten darf übersehen werden, soll die Rekonstruktion Evidenz gewinnen. Evidenz aber ist das adäquate Kriterium, dem sich die philologische Erkenntnis zu unterwerfen hat. In der Evidenz wird die Sprache der Tatsachen weder überhört, noch in ihrer Verdinglichung mißverstanden, sondern als subjektiv bedingte und in der Erkenntnis subjektiv vermittelte vernommen, also allererst in ihrer wahren Objektivität.

Anmerkungen

1 FR. D. E. SCHLEIERMACHER, Hermeneutik, ed. H. KIMMERLE, Heidelberg 1959, p. 20.

2 Satz 4. 112. In: LUDWIG WITTGENSTEIN, Schriften. Frankfurt a. M. 1960, p. 31.

3 Zitiert nach: E. ERMATINGER, Philosophie der Literaturwissenschaft. Berlin 1930, p. 25.

4 Kritische Fragmente, Nr. 25 (MINOR). In: F. SCHLEGEL, Kritische Schriften, ed. W. RASCH. München o. J., p. 7.

5 E. ERMATINGER, o. c., p. 334 f.

TEXTBEISPIELE ZUR
GESCHICHTE DER DEUTSCHEN PHILOLOGIE

Über Möglichkeiten und Aufgaben einer Wissenschaft von deutscher Sprache und Literatur ist beständig nachgedacht worden. Eine reichhaltige Literatur dieser Art dokumentiert die Geschichte der deutschen Philologie. Aus ihr sind hier einige Textstellen ausgewählt worden, die das Gewicht prinzipieller Äußerungen haben.

Seit den BRÜDERN GRIMM hat sich diese Wissenschaft stets auch als eine nationale verstanden, zu deren vornehmsten Pflichten es gehöre, das *deutsche Wesen* zu ergründen, den ‹Baum des deutschen Lebens [zu] tränken aus eigenem Quell› (WILHELM GRIMM). Es muß einer gesonderten Darstellung und Dokumentation vorbehalten bleiben, diese Ideologisierung samt ihren Folgen aufzudecken und bewußt zu machen. Aber schon einige der hier gebotenen Texte sind beklemmend genug.

AUGUST WILHELM SCHLEGEL
(1767–1845)

In den Wintern 1801 bis 1804 hat AUGUST WILHELM SCHLEGEL *in Berlin Privatvorlesungen ‹Über schöne Literatur und Kunst› gehalten. Sie sind erst 1884 durch* JACOB MINOR *veröffentlicht worden.*

Text: A. W. SCHLEGELS *Vorlesungen über schöne Literatur und Kunst. Erster Teil (1801–1802): Die Kunstlehre, hg. v. J.* MINOR, *Stuttgart 1884 (Deutsche Literaturdenkmale des 18. und 19. Jahrhunderts, Bd. 17), S. 11 ff.*

[...]
Ich komme nun auf den Begriff einer *Geschichte der Kunst* und ihre Beziehung auf die Theorie.

Die Geschichte soll uns nach dem gewöhnlichen Begriff mit vorgefallnen Ereignissen und Begebenheiten bekannt machen. Sie erscheint also auf den ersten Anblick als der Theorie völlig entgegen gesetzt: denn sie lehrt das Wirkliche kennen, statt daß diese sich mit dem Möglichen und nothwendigen beschäftigt. Allein alles Wirkliche ist wahrhaftig nothwendig, nur daß die Nothwendigkeit davon oft nicht unmittelbar, und zuweilen nie vollständig eingesehen werden kann. Ein bloßes Aggregat von Vorfallenheiten, ohne Zusammenhang, und ohne Sinn und Bedeutung im Ganzen, die nichts mit einander gemein haben als daß sie an dem gleichen Orte (in Einer Stadt, Einem Lande etc.) sich zugetragen, und worin keine Ordnung zu entdecken ist als die der Zeitfolge: das ist die Geschichte in ihrer rohesten Gestalt. Dieß ist die Chroniken-Methode, die kaum für die Archive einer kleinen Stadt hinreicht, wo man nichts merkwürdiges weiß, außer daß man nebst der regelmäßigen Wahl der Beamten zuweilen ein Hagelwetter oder einen Brand aufzeichnet. Bliebe die Geschichte dabey stehen, so wäre sie unstreitig das mühseligste und unfruchtbarste Gedächtnißwerk. Allein sobald der menschliche Geist ein Ereigniß mit einiger Besonnenheit betrachtet, wird er es in seiner Entstehung zu begreifen suchen, das heißt er wird nach seiner Ursache forschen. Er wird also auch in der Geschichte die Verknüpfung der Begebenheiten als Ursachen und Wirkungen von einander darzulegen suchen, und von denen die nicht so zusammenhängen, die Ursachen aus einer andern Reihe von Dingen entlehnen. Mit der Ursache ist die Wirkung zugleich gesetzt, und diese wird also in so fern als nothwendig erkannt. Allein dieß ist nur eine bedingte Nothwendigkeit, denn bis ich die Ursache der nächsten Ursache weiß, erscheint mir diese wiederum zufällig, und so in einer unendlichen Reihe rückwärts fort. Die Geschichte kann also nie zur Einsicht der unbedingten Nothwendigkeit gelangen, weil sie keine absolut ersten Ursachen angeben kann, indem sich der Ursprung von allem in das Dunkel der Zeiten verliert, aus denen man historisch gar nichts wissen kann.

Demnach würde die Geschichte eben auf dem Übergange zwischen dem Wirklichen und Nothwendigen ihr Geschäft zu treiben haben.

So viel von der Form ihrer Verknüpfung. Man sieht aber leicht ein, daß unendlich vieles und vielerley geschieht: nur mit dem, was in einer einzigen Stunde in einer einzigen Stadt vorgeht, wenn man alles wissen könnte, könnte ein Mensch leicht sein ganzes Leben hinbringen, es zu erlernen und seinem Gedächtnisse einzuprägen. Die Geschichte verliert sich also wieder in zwecklose und ermüdende Überhäufung, wenn sie nicht ein Prinzip für die Auswahl der Thatsachen hat. Alle sind darüber einig, daß sie nur das merkwürdige aufzeichnen soll. Was ist denn nun merkwürdig? Nicht das alltägliche, aber auch nicht das außerordentliche und wunderbare, wenn es weiter nichts bedeutet und keinen dauernden Einfluß hat. Das ist wieder Chroniken-Styl. Die einzelnen Menschen, die sich mit ihren Gedanken nie über die Sorge für ihre äußerliche Existenz erheben, und ihre beschränkten Beschäftigungen immerfort mechanisch wiederhohlen, verdienen keinen Platz in der Geschichte. Wenn sich die gesamte Menschheit nun auf eben diese Art im Kreise herumdrehte, so wäre die Geschichte etwas trostloses und eines denkenden Geistes ganz unwürdiges. Jeder edlere Mensch fühlt aber in sich ein Streben der Annäherung an etwas unerreichbares, und dieß selbige Streben legt er der ganzen Gattung bey, die ja nur das unsterbliche Individuum ist. Die Foderung demnach, worauf der ganze Werth der Geschichte beruht, ist die eines unendlichen Fortschrittes im Menschengeschlechte; und ihr Gegenstand ist nur das, worin ein solcher Statt findet. Folglich ist alle Geschichte Bildungsgeschichte der Menschheit zu dem was für sie Zweck an sich ist, dem sittlich guten, dem wahren und schönen; und ihre Hauptarten sind: politische Geschichte, welche die Ausbildung der Staaten des Völkervereins zeigt, wovon die sittliche Existenz des geselligen Menschen abhängt; Geschichte der Wissenschaft, besonders der Philosophie, und Geschichte der Kunst.

Man sehe die Foderung des unendlichen Fortschrittes ja nicht als eine Hypothese an, deren Gültigkeit sich an jedem noch so kleinen Theil einer partialen Geschichte müßte aufzeigen lassen, und nach welcher also der Geschichtschreiber versucht seyn würde, die einzelnen Thatsachen zu deuten und zu wenden. Eben weil es eine bloße Idee ist, läßt sie alles übrige völlig unbestimmt; und es bleibt dabey immer noch problematisch, ob in dem größten Zeitraume der umfassendsten Geschichte, wovon wir uns nur immer Kenntniß erwerben können, ein bedeutendes Übergewicht der Fortschritte über die Rückschritte erkennbar seyn wird. Denn wie jung und unvollständig ist nicht unsre Universal-Geschichte! HEMSTERHUYS* beschreibt sehr sinnreich die Zu- und Abnahme der Cultur als einen elliptischen Kreislauf, wo sich das Menschengeschlecht in einem Zeitalter in der Sonnennähe und dann wieder in der Sonnenferne befindet; und er nimmt in der ganzen Geschichte von den ältesten Zeiten erst drey solche Perioden an. Ob die Menschheit bey diesem Umschwunge ihrem Centrum wirklich immer näher kommt, oder nicht, das läßt er dabey unentschieden. Auf diese Art muß der Historiker den Naturgesetzen der Bildung im großen auf die Spur zu kommen suchen. Er kann dieß aber nicht, wenn er mit vorgefaßten Meynungen über das einzelne ans Werk geht, und die Thatsachen nicht in ihrer Reinheit aufzufassen und zu begreifen sucht. Verstandesbegriffe können sie nie ganz erschöpfen, ihr Geist und Wesen muß anschaulich gemacht werden. Gediegene Darstellung ohne alles Raisonnement und ohne hypothetische Erklärerey ist daher der eigentliche Charakter der Historie: in den einzelnen Theilen muß die vollkommenste Empirie herrschen, nur im Ganzen darf die Beziehung auf eine Idee liegen. So kehrt denn die Geschichte in ihrer vollendeten Gestalt gewissermaßen zum Styl der Chroniken zurück, indem sie das, was in diesen bewußtlos und aus bloßer Einfalt geschieht (wie z. B. uns die Verfasser von solchen oft aufs kräftigste und naivste den Geist ihrer Zeiten darstellen, weil sie selbst ganz mit dazu gehören) mit Absicht und der tiefsten Bedeutung thut.

Fassen wir alles obige zusammen, so wäre die Historie im eigentlichen Sinne (von der wir es unentschieden lassen wollen, ob man auch nur angefangen hat sie auszuführen) die Wissenschaft vom wirklich werden alles dessen, was praktisch nothwendig ist.

Hier offenbart es sich nun schon deutlicher, wie die Geschichte und die Theorie eben weil sie verschiedner Natur sind und sich in entgegengesetzter Richtung bewegen, einander zu begegnen, und eine in die andre überzugehen streben. Die Theorie beweist, was geschehen soll, sie geht dabey von der allgemeinsten und höchsten Foderung aus, und kommt von da immer mehr aufs Besondre, ohne je ganz zum Individuellen gelangen zu können. Die Historie wird von einer individuellen Erscheinung zur andern fortgeleitet, wobey aber das Allgemeinste und Höchste immer unsichtbar gegenwärtig ist: zur vollständigen Erscheinung würde es nur in dem Ganzen kommen, welches sie nie vollständig aufstellen kann. So wie die Philosophie eine Geschichte des innern Menschen, so ist die Geschichte eine Philosophie des gesamten Menschengeschlechts. Es ist dieselbe Evolution des menschlichen Geistes, welche der Philosoph in der ursprünglichsten Handlung desselben als eins und untheilbar begriffen aufsucht und ihre Gesetze darlegt, und die der Historiker von Zeitbedingungen abhängig und in einem unendlichen Progreß realisirt, vorstellt.

---

* FRANZ HEMSTERHUIS (1721–90), niederländischer Philosoph. Seine pantheistisch-neuplatonisch bestimmten Gedanken übten einen starken Einfluß auf HERDER, HÖLDERLIN und die Romantik aus. (Anm. d. Red.)

Daß die Kunstgeschichte der Kunsttheorie nicht entrathen kann, erhellet aus dem bisherigen zur Genüge. Denn jeder einzelnen Kunsterscheinung läßt sich nur durch Beziehung auf die Idee der Kunst ihre wahre Stelle anweisen, welche zu entfalten das Geschäft der Theorie ist; und wer die Idee der Kunst mit einiger Klarheit in sich hat, der besitzt schon Theorie, wenn er sie auch noch nicht ausgesprochen.

Auf der andern Seite kann die Theorie eben so wenig ohne die Geschichte der Kunst bestehen. Zuvörderst setzt ihre Entstehung überhaupt schon die Thatsache der Kunst voraus. Denn wie in aller Welt sollte man darauf kommen, die Gesetze, nach welchen der Menschliche Geist die Kunst ausübt, erforschen zu wollen, wenn er sie überall noch nicht ausgeübt hätte? Die Thatsache der Kunst läßt sich aber nur durch Abstraction als eine unbestimmte denken; das heißt, wenn überhaupt eine Kunst vorhanden ist, so ist sie gerade so vorhanden, wie sie sich in verschiednen Zeitaltern, unter verschiednen Nationen gestaltet hat. Diese Eine Thatsache umfaßt also schon den ganzen Inhalt der Geschichte. Freylich abstrahirt die Theorie anfangs davon und hält sich nur an das allgemeinste; doch fügt sie diesem immer nähere Bestimmungen hinzu, und stößt zuletzt sogar auf nationale und lokale Bedingungen.

Man möchte etwa denken, wenn der Theorie einmal das allgemeine Factum der vorhandenen Kunst gegeben wäre, so könnte sie nachher der Geschichte den Abschied geben, und unbekümmert um sie fortfahren zu demonstriren, was in der Kunst geleistet werden soll. Allein dieß darf sie nicht aus dem doppelten Grunde: weil ihre Gegenstände nicht von der Art sind, daß sie nach dem bloßen Begriff erkannt werden könnten, sie muß also immerfort auf die Gegenstände selbst hinweisen; und weil die Aufgaben der schönen Kunst sämtlich von der Art sind, daß ihre Möglichkeit nur durch die wirkliche Lösung eingesehen wird. Sie muß mithin, sowohl ihrer Verständlichkeit als ihrer Beglaubigung wegen ihren Begriffen eine Reihe entsprechender Anschauungen unterlegen, welche ihr die Geschichte darbietet. Diese bleibt für sie der ewige Codex, dessen Offenbarungen sie nur immer vollkommner zu deuten und zu enthüllen bemüht ist.

Mit Einem Wort, was wir so eben abgeleitet haben, ist, damit ich es auf die schlichteste Weise ausdrücke, die von je und je anerkannte Wahrheit, daß die schöne Kunst sich nur vermittelst der Beyspiele lehren lasse. [...]

○ FRIEDRICH SCHLEGEL
(1772–1829)

Vor kleinem Hörerkreis hat FRIEDRICH SCHLEGEL *1803/04 in Paris Vorlesungen über die europäische Literatur gehalten. Sie sind erst 1958 aus dem Nachlaß* SCHLEGELS *von* ERNST BEHLER *ediert und mit einem ausführlichen Kommentar versehen worden. Dort hat* BEHLER *u. a. auch* SCHLEGELS *Begriff der ‹Enzyklopädie› eingehend erläutert (S. 273).*

Text: FRIEDRICH SCHLEGEL, *Geschichte der europäischen Literatur, in:* F. SCH., *Wissenschaft der europäischen Literatur. Vorlesungen, Aufsätze und*

*Fragmente aus der Zeit von 1795–1804, hg. v. E. BEHLER, Paderborn 1958
(Kritische Friedrich-Schlegel-Ausgabe, Bd. 11), S. 3 ff.*

[...]

Zu der eigentlich *wahren Bildung*, die hauptsächlich auf die Entwicklung der höheren Kräfte des Verstandes, der Phantasie und des Gefühls gerichtet sein muß, gehört die Kenntnis der *Literatur*, die Bekanntschaft mit den vorzüglichsten Werken der Poesie, Philosophie und Historie. Nichts ist so sehr geeignet, die in dem Organismus des Menschen selbst gegründete unendliche Entwicklungs- und Ausbildungsfähigkeit zu erregen und in Bewegung zu erhalten. Denn die beste und reichhaltigste Nahrung des Geistes sind die Hervorbringungen des Geistes selber. Die großen Dichter, Philosophen und Staatsmänner der Vorzeit machen die eigentliche große Welt und die gebildetste Gesellschaft aus. Der geistige Umgang mit ihnen ist die wahre Geselligkeit; durch ihn werden wir aus dieser schlechten, herabgesunkenen Welt in eine höhere, erhabene versetzt und gestärkt, die gemeine, traurige Umgebung zu ertragen.

Der Umfang der Literatur war schon bei den Griechen sehr groß, wo sich doch alles nur auf die eigene Nationalliteratur beschränkte. Um wieviel größer und ausgedehnter ist er jetzt für uns! Die griechische und römische Literatur hat zwar durch den Untergang so vieler Werke an Umfang verloren; das erschwert uns aber unser Geschäft, statt es zu erleichtern. Und wenn uns hier die Unvollständigkeit und geringe Anzahl der übriggebliebenen Werke das Studium erschwert, so bei der neuen Literatur die außerordentliche Fülle.

Zu einer vollständigen Geschichte der Literatur gehört notwendig auch diejenige der neueren Nationen. Das Große, was diese zu leisten versuchten, darf nicht mit Stillschweigen übergangen werden. Die lebenden Sprachen sind zwar leichter zu erlernen als die alten, allein bei uns Neueren ist die außerordentliche Menge des Vorhandenen kein kleines Hindernis. Man ist gezwungen, an das Studium des Unbedeutenden, was im Umlauf ist, viel Zeit zu verschwenden. Die Menge des Neuen verdrängt oft das vordringlichste Alte. Es ist nicht zu leugnen, das gegenwärtige Zeitalter ist an literarischen Kenntnissen über alle hinaus außerordentlich, hat sich aber meisthin um die Sprachen der Literatur erweitert. Im Mittelalter beschränkte man sich auf die Kenntnis einiger lateinischer Schriftsteller, die noch lange nicht die vorzüglichsten waren. Nur der geistliche Stand war eigentlich gelehrt. Auch die römischen Schriftsteller kannten hier und da wohl noch Nationaldichter – die griechische Literatur aber war gänzlich unbekannt. Als die Liebe zur griechischen Sprache in Italien erwachte, fing die Sprache der Literatur an, sich beträchtlich zu erweitern. Aber man verfiel nun in ein anderes Extrem. Man wollte nur mit den Alten sich beschäftigen und vernachlässigte das Neue. Dies artete in Pedanterie aus; in neueren Zeiten verlor sich dies jedoch mehr und mehr. Auch auf das Studium der orientalischen Literatur und Sprache haben die unermüdeten Europäer sich gewandt, daher denn die große Masse gelehrter Kenntnisse und Hilfsmittel in unserem Zeitalter.

Dieser außerordentliche Umfang macht eine IDEE DES GANZEN notwendig, welches uns sonst nur wie ein Chaos erscheinen würde, in dem wir uns ohne einen bestimmten geordneten Begriff gänzlich verlieren und verirren würden. Die Notwendigkeit einer umfassenden Ansicht leuchtet aber auch schon aus der Beschaffenheit der Literatur selbst hervor. Die europäische Literatur bildet ein zusammenhängendes Ganzes, wo alle Zweige innigst verwebt sind, eines auf das andere sich gründet, durch dieses erklärt und ergänzt wird. Dies geht durch alle Zeiten und Nationen herab bis auf unsere Zeiten. Das Neueste ist ohne das Alte nicht verständlich. Doch kann man das Studium der europäischen Literatur nur bis zu der griechischen fortsetzen. Sie ist für uns die erste Quelle, nach welcher unsere Untersuchungen sich nur in Konjekturen verlieren, die zu dem Begriff der Literatur nicht gehören. Wo historische Denkmale und Data uns fehlen, steht dann unsere Untersuchung still.

Die Wichtigkeit des Studiums der Literatur leuchtet von selbst ein und bestimmt wohl im allgemeinen den Wert eines Mannes. Erfahrung, Nachdenken, Ausdruck – die Fähigkeit, das, was er gedacht, erfahren und gesammelt hat, anderen mitteilen zu können, sind für ihn selbst und seine Mitmenschen von dem größten Nutzen. Auf jene Fähigkeit des Ausdrucks legten die Alten einen vorzüglich hohen Wert: durch das fleißige Studium aller Werke der Beredsamkeit, vorzüglich aber der Dichter als Meister in Sprache und Darstellung. Der Wert der Erfahrung bedarf wohl keines weiteren Beweises. Gewiß aber müßte die eigene Erfahrung dem Menschen für fremde Erfahrung die Augen öffnen. Wer selbst schon ein erfahrungsreiches Leben gelebt hat, ist noch imstande, den geistigen Ertrag des Lebens anderer in sich aufzunehmen. Gewiß aber kann der erfahrene Geist mit Sicherheit auf unser Zutrauen rechnen. Was das Nachdenken betrifft, so könnte jemand leicht wähnen, daß er an sich ja gar nicht um die Gedanken anderer sich zu bekümmern brauche und es ohne fremde Beihilfe, nur durch eigene Selbsttätigkeit, zu höchster Vollkommenheit bringen könne. Ob dies nun aber wirklich der Fall sei, wird für ihn sehr schwer zu bestimmen sein. Gesetzt aber, daß er wirklich zu einer großen Vollkommenheit gekommen wäre, so wird er doch die Gedanken anderer insoweit kennen müssen, als er diese einteilen will. Wir lernen selbst denken, wenn wir andere denken sehen, und aufmerksam betrachten, was und wie sie gedacht haben, und wenn wir jene Werke gemeinsam betrachten, in denen sie den Schatz ihrer Gedanken niedergelegt.

Aus diesem Grunde glaubten die Alten, daß Erfahrung, Nachdenken und Beredsamkeit durch nichts so sehr gebildet werden, als durch das Studium der Literatur, der Geschichte, der Philosophie sowohl als der vorzüglichsten Meisterwerke der Beredsamkeit und Dichtkunst. Die Kunst und Fähigkeit richtig zu beobachten, klar und bestimmt zu denken und das Gesammelte und Gedachte in Rede zu fassen und mitzuteilen, hielten sie für die wahre Würde des Mannes. Darum beschäftigten sie sich allgemein, ohne Unterschied des Standes, mit den Werken ihrer Dichter und Redner. Kein Stand der bürgerlichen Gesellschaft schien ihnen diese Beschäftigung entbehren zu können; Staatsmänner und Feldherren widmeten sich ihr mit Sorgfalt und Liebe – XENOPHON, CICERO, CÄSAR . . .

Die Neueren haben die Wichtigkeit des Studiums der Literatur dadurch anerkannt, daß sie dasselbe in die Einrichtung der Universitäten aufnahmen. Es ist System der neueren Erziehung, dem Juristen, Mediziner, Theologen eine gelehrte Bildung zu geben. Man fordert, daß er mit dem Studium der Literatur seine Bildung beginne, aus dem nämlichen Grunde, da auch die Alten bereits auf jenes einen so hohen Wert legten. Wenn das Studium der Literatur wirklich dazu beiträgt, die großen Kräfte und Fähigkeiten des Menschen zu einem Ganzen zu entwickeln, so muß es wirklich jedem zur Bedingung gemacht werden, der zu einem höheren Stande sich vorbereiten und der menschlichen Gesellschaft sich nützlich machen will. In dieser Hinsicht haben die Neueren wirklich noch einen Vorzug vor den Alten. Es wurden bei diesen die unteren Stellen der Staatsverwaltung bei weitem nicht mit so unterrichteten, gelehrten Leuten besetzt wie heutzutage in den meisten Staaten. Da ein allgemeiner praktischer Wert die Fähigkeiten, die zu Unternehmungen und Geschäften allen not, vorzüglich erfordert, werden Erfahrung, Nachdenken und Ausdruck durch das Studium der Literatur in einem hohen Grade entwickelt, geschärft, genährt und gebildet.

Ehe wir aber unsere historische Darstellung beginnen, ist es nötig, einen vorläufigen Begriff der Literatur voranzuschicken, den Umfang und die Grenzen des Ganzen anzugeben. Dieser Begriff kann aber nur ein vorläufiger sein, indem der vollständigste Begriff die Geschichte der Literatur selbst ist. Diese vorläufige Grenzbestimmung kann nur den Zweck haben, die Hauptteile des Ganzen anzugeben, alles Heterogene zu entfernen und die Hauptpunkte herauszuheben, worauf die Aufmerksamkeit sich zu richten hat. Wir wollen diesen Begriff so aufstellen, wie er bei allen Nationen herrschend ist.

Man rechnet zur Literatur gewöhnlich alle Wissenschaften und Künste, die in der Sprache wirken: Poesie, Beredsamkeit, Geschichte, insofern sie in der Darstellung als Beredsamkeit gelten kann: Geschichtskunst, ferner die Werke der Sittenlehre, wenn diese als zur Beredsamkeit gehörig angesehen werden können oder von allgemeinerem Einfluß sind wie die Sokratische; Gelehrsamkeit und endlich Philosophie. Die Philosophie gehört auch deshalb mit zur Literatur, weil sie zu den in der Rede und Sprache wirkenden Künsten und Wissenschaften zählt, wenn sie auch in dem abstraktesten Gewande erscheint. Durch dieses äußere Merkmal unterscheiden sich die angeführten Wissenschaften und Künste von jenen, die in der Materie wirken, der Sprache aber nur als sekundäres Hilfsmittel der Mitteilung sich bedienen.

Dichtkunst, Beredsamkeit, Geschichte, Philosophie gehören zu der Gattung, die in der Rede wirken. Wir kennen auch die in der Materie wirkende Gattung. Die gesamten Gattungen fallen wieder unter eine höhere, nämlich der Wissenschaft und Kunst. Alle Formen und Produkte, die man unter der Literatur zusammenfaßt, gehören entweder unter den Begriff der Wissenschaft oder der Kunst, oder sie sind aus beiden zusammengesetzt. So ist die Poesie Kunst, Philosophie Wissenschaft, Rhetorik mehr eine Mischung von beiden; sie ist die Kunst der Überredung, deren Gegenstand aber die Wahrheit ist. Insofern liegt sie der Wissenschaft näher. Die Historie steht ebenfalls in der Mitte: insofern sie auf Erkenntnis ausgeht, nähert sie sich der Wissenschaft, durch die Darstellung nähert sie sich der Kunst.

Insofern die Philosophie, als Geist der Gelehrsamkeit und aller Wissenschaften überhaupt, in Rücksicht der Form alle die Wissenschaften begreift, die sich durch Zeichen ausdrücken, und in derselben Rücksicht die Poesie auch alle Künste umfaßt, die durch ein anderes Medium als durch die Sprache wirken – wie denn Mathematik, Chemie und Physik nur einzeln, aber genauer, d. h. spezieller zeigen, was schon in der Philosophie enthalten, und so Malerei, Plastik und Musik getrennt, lebhafter und besser dasselbe ausdrücken, was die Poesie alles zusammen leistet – insofern umfaßt die Literatur *alle Wissenschaften und Künste*, ist sie *Enzyklopädie*. [...]

Georg Gottfried Gervinus
(1805–1871)

Gervinus' ‹Geschichte der poetischen National-Literatur der Deutschen› ist in fünf Bänden von 1835–1842 erschienen. Die ‹vierte gänzlich umgearbeitete Ausgabe› von 1853 trug den Titel ‹Geschichte der deutschen Dichtung›.

Text: Anfang der Einleitung im ersten Band der in Leipzig erschienenen Ausgabe von 1835.

Ich habe es unternommen, die Geschichte der deutschen Dichtung von der Zeit ihres ersten Entstehens bis zu dem Puncte zu erzählen, wo sie nach mannichfaltigen Schicksalen sich dem allgemeinsten und reinsten Charakter der Poesie, und aller Kunst überhaupt, am meisten und bestimmtesten näherte. Ich mußte ihre Anfänge in Zeiten aufsuchen, aus welchen kaum vernehmbare Spuren ihres Daseins übrig geblieben sind; ich mußte sie durch andere Perioden verfolgen, wo sie bald unter dem Drucke des Mönchthums ein unwürdiges Joch duldete, bald unter der Zügellosigkeit des Ritterthums die gefährlichste Richtung einschlug, bald von dem heimischen Gewerbstand in Fesseln gelegt und oft von eindringenden Fremdlingen unterjocht ward, bis sie von allgemeinerer Aufklärung unterstützt sich in Mäßigung frei rang, ihr eigner Herr ward und schnell die zuletzt getragne Unterwerfung mit rächenden Eroberungen vergalt. Welche Schicksale sie litt, welche Hemmungen ihr entgegentraten, wie sie die Einen ertrug, die Anderen überwand, wie sie innerlich erstarkte, was sie äußerlich förderte, was ihr endlich eigenthümlichen Werth, Anerkennung und Herrschaft erwarb, soll ein einziges Gemälde anschaulich zu machen versuchen.

Wenn dieser Versuch vielleicht mehr einer Skizze, ja dem blosen ersten Entwurf einer Skizze ähnlich sieht, als einem ausgeführten Bilde, so urtheilt wohl jeder darüber schonend, der da weiß, wie unendlich schwer diese Aufgabe von jeder Seite her zu lösen ist, sei nun von Auffassung oder Darstellung oder auch nur der trockensten Sichtung des Stoffes die

Rede. Denn wie sollte in einem Gegenstande, der die vielfältigsten Producte der verschiedensten Zeiten in sich befaßt, der, wenn er irgend erschöpft werden sollte, eine unermeßliche Belesenheit nicht nur auf dem vaterländischen Gebiete der Dichtkunst, sondern auch in dem gleichen der anderen europäischen und asiatischen Nationen, ja auch in den verwandten Reichen der Künste und Wissenschaften verlangt, wie sollte da ein Einzelner, und besäße er von der Natur im reichlichsten Maaße die Gabe, alle Richtungen des menschlichen Geistes zu verfolgen, je hoffen dürfen, zugleich der strengen und Einen Forderung der Wissenschaft zu genügen und den getheilten Erwartungen der partheiten Gelehrten, zugleich das wahre Bedürfniß der Gegenwart zu befriedigen und die irregehenden Wünsche der Menge, und wieder die Ansichten der meist blos sachkundigen Kenner und der meist blos weltkundigen Laien mit Einem Male, gleich vertraut mit Sachen und Menschen, zu berücksichtigen!

Daß die Ziele, die sich der Schreiber einer Geschichte der deutschen Dichtkunst wählen kann, so weit auseinander, so leicht unterscheidbar liegen, dies erleichterte mir die Wahl; denn eine Wahl war unvermeidlich. Man wird mir vielleicht vorwerfen, daß ich ein zu weites Ziel ins Auge faßte, daß ich meine Kräfte mißkennend, zurückblieb, daß ich wohl gar thörichterweise für den entferntesten einen Punct nahm, hinter dem schärfere Augen noch andere erblicken; den stärksten Tadel aber werde ich mir wahrscheinlich dadurch zuziehen, daß ich in einem Gebiete, wo die vortrefflichsten Forscher eine bestimmte Bahn vorgezeichnet haben, meinen eigenen Weg einschlug, daß ich mich fast aller Vortheile, die mir ihr Vorgang darbot, begab, daß ich überhaupt die ganze Behandlungsart geschichtlicher Stoffe, wie sie seit mehreren Jahrzehnten in Deutschland herkömmlich ward, verließ, und statt einem forschenden Werke der Gelehrsamkeit ein darstellendes Kunstwerk zu entwerfen unternahm, und dies in einem Felde, auf dem noch so viele Beschäftigung eben für die forschende Geschichte übrig ist. Mir schien es aber, als ob die Geschichte der deutschen Nationalliteratur noch von Niemanden aus einem Gesichtspuncte behandelt worden sei, welcher der Sache selbst würdig, und der Gegenwart und jetzigen Lage der Nation angemessen wäre; mir schien es, als ob zu einer solchen würdigern Auffassung der Sache auch auf dem hergebrachten Wege nur schwer oder gar nicht zu gelangen sei. Aehnlich verhält es sich auch mit der politischen Geschichte von Deutschland. Man machte zwar die ungeheuersten Anstrengungen, man legte die gewaltigsten Werke an, um der Nation Ehrendenkmale zu setzen, allein je höher man baute, je gleichgültiger ward das erst in Masse versammelte Publicum und verlief sich allgemach. Die Ursache war keine andere, als daß man hier nur der Vorzeit Monumente setzte und sie mit heimlichen oder ausgesprochenen Vorwürfen einer Zeit und einem Geschlechte vorhielt, das, wenn es auch nicht in der Gegenwart großen äußeren Ruhm gegen den seiner Vorfahren zu stellen hatte, doch in seinem inneren Leben ein ersetzendes Verdienst kannte, und eben darin vielleicht eine Saat künftiger Thaten keimen wußte, deren stilles Wachsthum es sich nicht verkümmern lassen wollte. Während unter diesen politischen Geschichtschreibern Charaktere fehlten, wie Möser, dem das ächte Gepräge deutscher Natur aufgedrückt war, mit der er die getrenntesten Eigenschaften seines vieldeutigen Volkes umfaßte und mit gleicher Hingebung und mit jener gesunden Gründlichkeit sich mit dem Aeltesten und dem Neuesten, mit den engsten Bedürfnissen seiner nächsten Umgebung, wie mit den großen Problemen eines Welthandels und einer riesenmäßigen Staatsverwaltung beschäftigte; während uns hier Köpfe abgingen, die wie SPITTLER, statt immer und einzig mit ärgerlichem Beifall auf unser Alterthum hinzuweisen, dem wir uns bei jeder neuen Beleuchtung aufs neue mehr und mehr entwachsen fühlten, das auf die Zukunft gerichtete Volk mit der Vergangenheit und an der Gegenwart belehrt und ermuthigt hätten; während also die für die Gegenwart fruchtbare Behandlung der vaterländischen Geschichte bei dem Mangel solcher Männer, die für das mitlebende Geschlecht zu wirken verstanden hätten, unterblieb, so war es in der Literargeschichte noch ärger. Hier setzten zwar Männer, die das Vaterland unter seinen größten Gelehrten nennen wird und welche die unvergeßlichsten Spuren ihrer Wirksamkeit hinterlassen haben und hinterlassen werden, die Arbeit ihres Lebens mit einer nicht genug zu erkennenden Unverdrossenheit und Ausdauer an eben jene Zeiträume, die auch in der politischen Geschichte so viele aufmerksame Beobachter, so viele fleißige Bearbeiter, so viele enthusiastische Bewunderer gefunden hatten; allein für die neuere Literatur der Deutschen geschah nichts. Die Geschichtschreiber der Nationalliteratur nahmen folgerecht fast allein Rücksicht auf die alte Zeit, fast keiner aber erschien, dessen Werk auch selbst in diesen Theilen nur ahnen ließe, wie treffliche Forscher hier vorgearbeitet hatten, geschweige daß man die dichterischen und sonstigen Werke jener Zeit aus unsern Literargeschichten hätte kennen lernen. Die neue deutsche Literatur aber, so reich, so blühend und mannichfaltig, nahm sich meist überall in diesen Geschichtswerken wie ein steriles Feld aus, auf dem nichts zu erbeuten war, denn hier, wo aus den Quellen unmittelbar zu forschen und zu urtheilen war, wo noch kein vermittelnder Forscher die Urtheile an die Hand gab, hier wußte sich Niemand zu helfen. Und doch! wie anders waren hier obendrein die Verhältnisse, als in der politischen Geschichte, die man in der neuesten Zeit ihrer Gehaltlosigkeit wegen eher verschmähen und liegen lassen durfte. Aber hier lag ein ganzes Jahrhundert hinter uns, in dem eine der merkwürdigsten Veränderungen in dem geistigen Reiche einer der geistreichsten Nationen der Erde vorgegangen war, eine Revolution, deren sichtbarste Frucht für uns die Rückkehr aus der häßlichsten Barbarei zu wahrem, gesundem Geschmack in Kunst und Leben war, und deren größte Früchte wer weiß wie viele Jahrhunderte erst in ihrem Verlaufe zeitigen und genießen werden. Hier also lag die größte Aufforderung in der Zeit, nicht zum zweiten Male, wie wir es mit der Reformation gethan, eine ewig denkwürdige Epoche unserer Geschichte, die wie jene den ungemessensten Einfluß auf die Geschichte der europäischen Menschheit ausüben wird und bereits auszuüben begann, vorübergehen zu lassen, ohne wenigstens den Versuch gemacht zu haben, eine einigermaßen würdige Erzählung der Begebenheiten jener Zeit der Nachwelt zu hinterlassen. Daß wir dies damals nach der Reformationszeit nicht gethan, daß wir es dieses Mal nach der Blüthe unserer Literatur noch nicht versucht haben, daß wir lediglich den alten Werken unseres Volkes in Staat, in Wissenschaft und Kunst unsre Forschung widmen, dies scheint mir nicht aus Kälte, nicht aus Undank, nicht aus vorherrschender Neigung der Nation zu ihrer Vorzeit, sondern aus der Natur unsrer Geschichte selbst erklärt werden zu müssen und leicht erklärt werden zu können. Die neuere Zeit und ihre Geschichte spielt auf einer so ungeheuren Bühne, daß Uebersicht und Bewältigung der Erscheinungen nur aus sehr weiter Ferne möglich wird. Die schöne Zeit ist nicht mehr, wo ein THUKYDIDES, mit glücklichem Alter gesegnet, sich erst der noch dauernden Sitten jener ehrenvesten Zeit der Marathonkämpfer erfreuen, dann ein dreißigjähriges Schauspiel der größten Umwälzungen im äußeren und inneren Leben mit unverwandter Aufmerksamkeit verfolgen, und endlich noch eine lange Reihe von Jahren den Nachwirkungen dieser Umstürze zusehen und Alles in Ein großes Werk niederlegen konnte. Die ähnliche Periode, mit ähnlichen Ursachen und Wirkungen, die in der athenischen Welt in Einem Jahrhundert vorüberging, dehnt sich, nicht eben in jedem neuen Staate, aber in dem neuen Europa, dessen Theile ohne das Ganze nicht zu verstehen sind, in — wir können noch nicht sagen *wie viele* Jahrhunderte aus, wir, die wir bereits über drei Jahrhunderte zusammenhängender Bewegungen hinter uns sehen. Die alte Zeit unsers Volkes haben wir seit der Auflösung des Reichs mehr als vollkommen vollendet; die Acten sind geschlossen; dies mußte, trotz der Entfremdung der Nation von ihrer älteren Geschichte, für die Historiker Mahnung und Aufforderung genug sein, ihren ganzen Fleiß jenen Zeiten zu widmen, mit denen jetzt voll ins Reine zu kommen ist, deren Nachwirkungen immer mehr verschwinden, deren Zustände uns immer deutlicher werden, je mehr wir uns daraus entfernen. Wer aber sollte im sechzehnten und siebenzehnten Jahrhundert eine Geschichte der Reformation entwerfen, da jede neue größere Begebenheit, die aus ihr in der äußern Welt folgte, zweifelhaft ließ, wohin alles Geschehene und Geschehende zuletzt führen würde, bis erst das vorige Jahrhundert darüber bestimmtere Auskunft zu geben begann. Und wer sollte in den Jahren 1789 und 1830 Hand an eine Literargeschichte der neueren Zeit legen? Kaum war nach jener außerordentlichen Gährung unter unseren künstlerischen Genien durch den deutschen Homer Ruhe geschafft und es folgte mit den classischen Werken GÖTHES eine Art von Niedersetzung des Geschmacks und der Sprache, so brachte uns die französische Revolution um sein frischestes Wirken, SCHILLER starb früh weg, und der grelle Absturz unserer schönen Literatur zur Entartung und Nichtigkeit war im ersten Augenblicke wohl noch viel abschreckender, als die neuesten, politischen Begebenheiten, die uns von der behaglichen Betrachtung unserer inneren Bildungsgeschichte immer mehr abziehen werden.

In den allerungünstigsten Verhältnissen also greife ich den schwierigen Stoff einer Geschichte auf, die theilweise fast eine Zeitgeschichte zu nennen ist; kann irgend etwas dem Leser Zutrauen einflößen, so wird es das sein, daß er sieht, ich kenne die Klippen, die ich vorsichtig vermeiden muß, wenn ich nicht kläglich scheitern will. Und vorsichtig hat mich gewiß die mißliche Aufgabe gemacht, aber abschrecken konnte sie mich nicht. Ich erkenne im ganzen Umfange, wie vergebens wir Neueren, sobald von productiver Thätigkeit die Rede ist, uns mit den Alten zu messen streben, denen Alles nahe lag, Alles lebendig war, Alles die bestimmteste Beziehung hatte, was wir mühselig aus der Ferne und aus Büchern herbeiholen müssen; die keine Beschränkung inneres Verkehrs und geistiger Thätigkeit vom Staate, ja nicht von ihren Göttern duldeten, während es bei uns noch geschehen konnte, daß Grenzlinien dem geistigen Verkehr gesteckt wurden, da die gegen den äußeren fielen, so daß es kein Wunder wäre, wenn jedem, dem es um ächtes Wissen und Bildung wahrer Ernst ist, beim Erwägen der großen Hindernisse, welche die neuen Zeiten aller totalen Durchbildung ohnehin *nothwendig* entgegenstellen, auch noch durch solche äußere Hemmungen alle Lust des Wirkens verkümmert und verbittert würde. Jener Meister der Geschichte durfte es wagen, der Nachwelt die Geschichte seiner Zeit zur Belehrung und Warnung in wiederkommenden ähnlichen Lagen zu hinterlassen; die kürzeste historische Erfahrung hatte er hinter und um sich, aber ihre Lebendigkeit und Mannichfaltigkeit, die Offenheit und Unverstecktheit des alten öffentlichen und Privatlebens, die Gesundheit der Beobachtung und die Masse der Begebenheiten, die sich in kurzer Zeit und in kleinem Raume ungehemmt, schnell und rasch entfalteten, brachte ihn in Beurtheilung der Natur der Menschheit vielleicht weiter, als uns unsere weitschichtige Gelehrsamkeit und unser fleißiges Forschen nach den Schicksalen der Welt in mehr als zwei Jahrtausenden, die seitdem verflossen sind, gebracht hat. Wer heute nicht versteht den Geist fremder Zeiten und Völker wie seiner eigenen zu fassen, sich jeder Beschränktheit in Religion und Volksthümlichkeit völlig zu entäußern, wer das Leben vergißt über dem Buch, und des Buches Geist über dem Wort, wer die Geschichte der Menschheit versäumt über der der einzelnen Völker und Zeiten, wer nicht das Ganze umfaßt und mit gleich großer Kühnheit wie Sicherheit das Treiben von Jahrhunderten mit Einem Blicke überschlagen kann, sondern am kleinen Maaß seiner persönlichen oder nationellen, seiner gelehrten oder dogmatischen Beschränktheit die Welt ausmessen will, der darf nicht wagen nach der Palme in der Geschichtschreibung zu ringen. Ehedem aber war das ganz anders. In so ungeheuren Fernen, mit so außerordentlichem Aufgebot von Fleiß und Ausdauer brauchten die Alten ihre Weisheit nicht zu kaufen. Der Geschichtschreiber des peloponnesischen Kriegs durfte diesen Kampf zweier kleiner Staaten eine Welterschütterung nennen, denn sein Volk war damals die Welt; er durfte auf seine einfache Beobachtung bauen, und ihrer Gültigkeit eine stete Dauer verheißen, denn noch war jedes Object des Beobachters unverschleiert, wie sein eignes Auge, während wir mit Vorurtheilen aufwachsen, mit widernatürlichen Bedürfnissen und Genüssen genährt werden und kein Ereigniß in der politischen Welt in seinen Ursachen offen vor uns daliegt. Bei uns muß das Lernen anfangen mit der Rückkehr aus einem verderbten und ungesunden Wesen zu der reinen Quelle der Menschlichkeit, von der der Grieche vertrauensvoll ausgehen durfte. Dann erst werden wir berechtigt sein, über unsere Zeit, ihre Geschichte und ihre Aussichten ein Urtheil zu fällen; und wenn bei solchen Forderungen alle Geschicht*schreibung* fast ganz bei uns aufhörte und nur Geschicht*forschung* übrig blieb, wenn die Wissenschaft sich ganz von dem

Leben trennte, so war das freilich traurig, aber wohl natürlich und nicht befremdend. Und doch scheint es auf der anderen Seite wieder, als ob wir, die wir so reich sind an Erfahrungen jeder Art, uns eben dadurch ermuthigt fühlen müßten, auch diese Behandlung der Geschichte wieder aufzunehmen und in ihr lebendige Belehrung für uns und unsere Zustände zu suchen. Und unter uns besonders, die wir anzufangen scheinen, in eben dem Maaße unsere Nation zu verachten, wie man im Ausland die lang hergebrachte Verachtung gegen uns ablegte, unter uns scheint es doch endlich einmal Zeit zu sein, der Nation ihren *gegenwärtigen* Werth begreiflich zu machen, ihr das verkümmerte Vertrauen auf sich selbst zu erfrischen, ihr neben dem Stolz auf ihre ältesten Zeiten Freudigkeit an dem jetzigen Augenblick und den gewissesten Muth auf die Zukunft einzuflößen. Dies aber kann nur erreicht werden, wenn man ihr ihre Geschichte bis auf die neuesten Zeiten vorführt, wenn sie aus ihr und der verglichenen Geschichte anderer Völker sich selbst klar gemacht wird. Doch nicht jede Seite der Geschichte eignete sich eben hierzu; zu irgend einem Ziele, zu einem Ruhepuncte müssen die Begebenheiten geführt haben, wenn sie lehrreich werden sollen. Keine politische Geschichte, welche Deutschlands Schicksale bis auf den heutigen Tag erzählt, kann je eine rechte Wirkung haben, denn die Geschichte muß, wie die Kunst, zu Ruhe führen, und wir müssen nie von einem geschichtlichen Kunstwerke trostlos weggehen dürfen. *Den* Geschichtskünstler aber möchte ich doch sehen, der uns von einer Schilderung des gegenwärtigen politischen Zustandes von Deutschland getröstet zu entlassen verstände. Die Geschichte der deutschen Dichtung dagegen schien mir ihrer inneren Beschaffenheit nach eben so wählbar, als ihrem Werthe und unserem Zeitbedürfniß nach wählenswerth. Sie ist, wenn anders aus der Geschichte Wahrheiten zu lernen sind, zu einem Ziele gekommen, von wo aus man mit Erfolg ein Ganzes überblicken, einen beruhigenden, ja einen erhebenden Eindruck empfangen und die größten Belehrungen ziehen kann. Die Wahl eines Geschichtstoffes mit den Forderungen und Bedürfnissen der Gegenwart in Einklang zu bringen scheint mir aber eine so bedeutende Pflicht des Geschichtschreibers, daß, hätte ich die politische, die religiöse, die gesammtliterarische oder irgend eine andere Seite der Geschichte unsers Volkes für passender und dringender zur Bearbeitung gehalten, ich diese andere ergriffen haben würde, weil auch kein Lieblingsfach den Historiker ausschließlich fesseln soll.

Das Ziel in der Geschichte unserer deutschen Dichtkunst, auf das ich hindeutete, liegt bei der Scheide der letzten Jahrhunderte; bis dorthin mußte also meine Erzählung vordringen. Dieses Ziel ist nicht ein künstlich von mir geschaffenes, ein zu meinen Zwecken zugerichtetes und untergeschobenes, sondern ein in der Natur der Sache begründetes. [. . .]

JACOB GRIMM und WILHELM GRIMM
(1785–1863)   (1786–1859)

Text: JACOB GRIMM, *Kleinere Schriften, hg. v.* E. IPPEL, *Bd. 8, Gütersloh*
1890, S. 464 f. (ungekürzt)

REDE AN DIE STUDENTEN
bei deren ovation für die brüder Grimm am 24. febr. 1843

Wenn ein baum aus seiner mütterlichen erde, wo er fröhlich gedieh, herausgehoben und versetzt wird, so bráucht er immer zeit, bis er sich anderswo einwurzelt, und nur durch grosze pflege und sorgfalt vermag er
wieder zu gedeihen. auch wir sind zweimal aus dem boden der heimat
herausgehoben und konnten das nicht schnell verwinden. aber wir haben
einen boden gefunden, auf dem wir wieder kraft gewannen und frische
wurzeln schlugen; das ist das leben und wirken für die jugend, und ihre
liebe, von der Sie uns eben einen ehrenden beweis geben. wir haben zuerst ein feld bebaut, das nicht neu war; es war längst vorhanden, war unser eigen, aber man kümmerte sich nicht darum, es hatte keine geltung
mehr. die klassischen studien, meine herren, sind die grundlage unserer
bildung; sie zeigen uns immer das einfach menschliche; zu ihnen kehren
wir immer wieder, wenn wir uns an dem reinen schönen erfreuen wollen. die klassischen studien können nie verdrängt, ihr werth soll nicht
verringert werden. das studium des deutschen alterthums will sie auch
nicht verdrängen; es will nur eintreten in das recht, das ihm gebührt, und
den platz wiedergewinnen, aus dem es vertrieben ist. wir haben zeiten
gehabt, vor denen die klassischen studien uns nicht schützen konnten, über
welche sie uns nicht hinweghalfen; erst als wir uns wieder zu dem wand-
ten, was das wesen unseres volkes ist, schüttelten wir die noth ab, und so
wird uns das aus jeder noth helfen. das eigene, vaterländische hat etwas
kräftigendes. das wird jetzt immer mehr anerkannt, die erforschung des
deutschen wesens gewinnt immer gröszern boden. das zeigt uns auch der
ehrende beweis der liebe, den wir hier von Ihnen dankbar empfangen. am
meisten aber danke ich Ihnen, dasz Sie dazu gerade den tag gewählt haben, welcher dem das leben gab, der mir auf der ganzen welt am nächsten
ist.

Darauf sprach Wilhelm:

Als ich das erstemal hier zu Ihnen sprach, da bat ich, dasz wir vertrauen
bei Ihnen finden möchten, wie wir Ihnen mit vertrauen entgegen kämen.
meine bitte ist auf das schönste erfüllt. vor einem jahre lag ich schwer
darnieder und durfte gar nicht hoffen, je wieder vor Ihnen zu stehen und
für Sie zu wirken. ich konnte nur bitten, dasz der himmel mir das leben
erhielte; aber ich habe viel mehr erhalten und kann mich heute unter Ihnen ungestört an diesem beweis Ihrer freundlichen gesinnung für uns
freuen. wir eignen ihn nicht uns zu, wir nehmen ihn an als ausdruck Ihrer liebe zu den studien, die wir gepflegt haben. diese studien umfassen
das vaterland; sie haben den eigenen reiz, den das heimische für jeden
immer besitzt, den nichts fremdes ersetzen kann, sei es auch noch so vor-

züglich. sie wollen nicht bloszer zierrath, nicht müszige gelehrsamkeit sein; das erkenntnis unsres alterthums, seiner sprache, seiner poesie, seines rechts, seiner sitte will die geschichte erklären, beleben, erfrischen und schmücken, will den baum des deutschen lebens tränken aus eigenem quell. aber die erforschung des deutschen alterthums fordert, wie alles was lebendig machen soll, ein streben, das ernst und innig sein musz. es gehört die begeisterung dazu, die Sie noch haben, mit der Sie alles erfassen; die schönste gabe Ihres alters, die gabe, auf der die zukunft ruht. sie möge Ihnen immer bleiben; die akademische jugend lebe hoch!

WILHELM GRIMM

Aus der ‹Antrittsrede in der Akademie, gehalten am 8. Juli 1841›.

Text: WILHELM GRIMM, *Kleinere Schriften,* hg. v. G. HINRICHS, Bd. 1, Berlin 1881, S. 505 ff.

[...]
In beneidenswerther Lage befinden sich jene Wissenschaften, welchen Jahrhunderte lang fortgeführte Arbeiten schon eine Grundlage bereitet haben, auf welcher sie in gesichertem Wohlstande weiter fortbauen. Sie gleichen einem Manne, der auf ererbten, längst durchfurchten Boden seinen Samen wirft und der Ernte gewiss sein kann, unbesorgt, ob sie jeden Sommer gleich ergiebig ist; er weiss, was das eine Jahr nicht einbringt, wird das nächste doppelt vergüten. In solch einer glücklichen Lage befindet sich die Erforschung des deutschen Alterthums noch nicht. Sie hat noch schwere Arbeit vor sich, sie muss den Boden umreissen und urbar machen, eingewurzelte Vorurtheile ausroden, wenn sie sich auch freuen darf, dass einzelne Felder schon grünen, selbst reife Früchte tragen. Es ist eine befremdende, aber doch leicht erklärbare Erscheinung, dass das Einheimische am spätesten die wissenschaftliche Betrachtung erweckt. Wie die schriftliche Aufzeichnung der überlieferten Poesie, des fortgepflanzten Rechts, wie die Beachtung althergebrachter Sitten erst zu einer Zeit beginnt, wo der Untergang droht, so pflegt das einheimische Alterthum erst dann äusserlich Macht und Ansehen zu gewinnen, wenn die Gegenwart von ihrem Zusammenhang mit der Vergangenheit soll abgelöst und die Fäden eigener Entwickelung sollen abgeschnitten werden. Die deutsche Alterthumswissenschaft hat den Ruhm, zu einer Zeit entstanden zu sein, wo fremde Gewalt auf Deutschland lastete. Sie wollte, soweit es bei ihr stand, den Geist stärken, dessen Kraft langsam wächst, dessen Erfolg sicher ist. Sie wird diesen Ursprung nicht verläugnen, sondern daran fest halten, dass Sicherung und Wiederbelebung des Vaterländischen ihr letztes Ziel ist.

Möge daher die Akademie ihre Theilnahme auch einem Vorhaben schenken, das ein solches Ziel im Auge zu haben sich bewusst ist. Ich meine das Unternehmen, die deutsche Sprache der letzten Jahrhunderte von der Zeit an, wo sie, von LUTHERS lebenskräftigem Geist erwärmt, aus ihrer Erstarrung erwachte und neue Wurzeln zu schlagen anfieng, in Einem Werke zusammenzufassen. – Die Rede unserer Zeit bewegt sich in einem nicht allzugrossen Kreis und sucht, was ihr fehlt, durch geschickte Handhabung des Bekannten zu bedecken; vielleicht wird sie selbst überrascht, wenn sie sieht, wie viel umfangreicher der Baum ist, den jene drei Jahrhunderte hervorgetrieben haben, wie reich seine Zweige sich nach allen Seiten ausbreiten. – Den höchsten Dank zu erreichen, geht über die Kräfte des Einzelnen, aber warum sollten wir nicht hoffen dürfen, mit treuem Fleiss und ernstlicher Anstrengung den Weg bis dahin zurück zu legen, wo sich das Gebiet unserer Sprache, soweit sie eine noch bestehende darf genannt werden, mit einiger Sicherheit überblicken lässt? – Welcher Gewinn daraus entspringen, wie weit unsere Zeit dadurch gefördert, ob Reinheit, Adel, Wahrheit, sinnliche Kraft der Sprache wachsen, ob das Gefühl für das gemeinsame Vaterland dadurch zunehmen wird, das wird von der geistigen Freiheit und Lebendigkeit der Gegenwart abhängen. Nur im Sonnenschein, von frischer Luft angehaucht, gedeiht die Kornähre zu nährender Frucht. [. . .]

JACOB GRIMM

Vom 24.–26. September 1846 fand in Frankfurt am Main die erste Germanistenversammlung statt. Als JACOB GRIMM *auf Vorschlag* LUDWIG UHLANDS *zum Vorsitzenden gewählt worden war, sprach er ‹Über die wechselseitigen beziehungen und die verbindung der drei in der versammlung vertretenen wissenschaften›.*

Text: JACOB GRIMM, *Kleinere Schriften, hg. v. E.* IPPEL, *Bd. 7, Berlin 1884, S. 556 ff. (ungekürzt).*

Meine herren! es gebührt mir vor allen dingen meinen tiefgefühlten dank auszusprechen für die grosze mir eben wiederfahrene auszeichnung. einer versammlung, in der so bedeutende männer vorragen, wär es leicht gewesen ihre wahl auf einen würdigeren fallen zu lassen.

Ich erlaube mir einiges über die gegenstände selbst zu sagen, um derentwillen wir gegenwärtig versammelt sind, und obgleich ich meine geringen kräfte dem vaterländischen recht und der vaterländischen geschichte zuweilen zugewandt habe, so ist mir doch die sprachforschung am geläufigsten; es dürfte auch an sich nicht unpassend erscheinen, weil sie das allgemeine uns verknüpfende band heiszen kann, dasz ich eben vom standpunkt der sprache aus mein auge auf die anderen wissenschaften richte, welche hier vertreten werden sollen.

Lassen Sie mich mit der einfachen frage anheben: was ist ein volk? und ebenso einfach antworten: ein volk ist der inbegriff von menschen, welche dieselbe sprache reden. das ist für uns Deutsche die unschuldigste und zugleich stolzeste erklärung, weil sie mit einmal über das gitter hinwegspringen und jetzt schon den blick auf eine näher oder ferner liegende, aber ich darf wol sagen einmal unausbleiblich heranrückende zukunft lenken darf, wo alle schranken fallen und das natürliche gesetz anerkannt werden wird, dasz nicht flüsse, nicht berge völkerscheide bilden, sondern dasz einem volk, das über berge und ströme gedrungen ist, seine eigne sprache allein die grenze setzen kann. dies mächtige sprachgefühl hat den menschen von jeher ihre erste weihe gegeben und sie zu jeder eigenthümlichkeit ausgerüstet. wer nach jahrelangem auswandern wieder den boden seiner heimat betritt, die mütterliche erde küszt, in wessen ohr die altgewohnten laute dringen, der fühlt was er entbehrt hatte und wie ganz er wieder geworden ist. allen edeln völkern ist darum ihre sprache höchster stolz und hort gewesen. welchen groszen gewaltigen baum hat die unsere getrieben, dessen wachsthum wir nun schon fast zweitausend jahre in der geschichte verfolgen können! zwar seine krone ist ihm abgehauen worden, die gothische sprache, aber das untergehende volk der Gothen hat uns ein theures vermächtnis hinterlassen, ein denkmal das noch hinreicht, um über den gehalt einer sprache zu urtheilen, ohne die wir gar nicht im stande wären, weder die feste regel aller nachherigen entfaltungen deutscher zunge, noch volle einsicht in ihren zusammenhang mit den übrigen alten sprachen zu gewinnen. auch ein anderer zweig unserer sprache ist ausgestorben, jener siegreichen Franken sprache, die dem überwundnen gallischen volk ihren namen mittheilten, ihre sprache nicht verleihen konnten. die Franken wichen dem geistigen eindruck des romanischen idioms, aber eine masse wörter, deren zahl gröszer ist, als man sich einbildet, war aus der deutschen sprache in die französische übergetreten und der ganze in sitte und gesinnung noch viel stärker waltende einflusz des germanischen elements hat dem gallischen volke überhaupt neues leben und frische kraft eingehaucht. aber noch ein hauptast unserer sprache, den der sächsische volksstamm über das meer nach Britannien verpflanzte, nachdem er jahrhunderte lang dort in kräftiger ausbildung sich behauptet hatte, konnte zwar nicht gleich dem fränkischen völlig erliegen, doch eine ganz eigenthümliche rückwirkung romanischer zunge erfahren. daraus ist jene wundersame mischung deutscher und römischer, dem ersten anschein nach unvereinbarer stoffe hervorgegangen, welche den grundcharakter einer weltherschend gewordnen sprache, wie man die englische gewisz nennen kann, festsetzte. bekanntlich hat dieser zusammenflusz in der weise stattgefunden, dasz ihr sinnlicher und leiblicher bestandtheil aus der deutschen, ihr geistiger und abstracter hingegen aus der französischen entnommen ward, und da sprachformen und denkungsart der völker unsichtbar in einander greifen, so heiszt es nicht zuviel behauptet, dasz die natur der deutschen und französischen sprache in vollen anschlag kommen müsse, wenn man ein volk verstehen will wie das englische, das seit ELISABETH die geschichte, seit SHAKSPEARE die literatur mitzulenken gewohnt ist. wir sehen also unsere sprache und ihre geschichte auf einer seite an die des classischen Alterthums reichen, auf der andern mit denen der mächtigsten völker unserer gegenwart unzerreiszbar zusammenhängen.

Welches loos ist aber uns, die wir im herzen Europas wohnen geblieben sind, selbst gefallen? wir, aus deren schosz seit der völkerwanderung zahllose heldenstämme nach dem ganzen westen entsandt wurden, auf deren boden immer die schlachten der entscheidung geschlagen, die kühnsten aufschwünge des geistes vorbereitet zu werden pflegen, ja wir hegen noch keime in uns künftiger ungeahnter entwickelungen. aus der vielheit unserer mundarten haben wir allmälich eine sprache gewonnen, die ohne pracht und eitelkeit ihren grundzug, das ist schlichte treue festhält, die schon im mittelalter liebliche frucht getragen und auch nach langer versäumnis regeste verjüngungskraft bewahrt hat. seit LUTHER ist die herschaft des hochdeutschen dialects unabänderlich festgestellt und willig entsagen alle theile Deutschlands einzelnen vortheilen, die jede vertrauliche mundart mitführt, wenn dadurch kraft und stärke der aus ihnen allen aufsteigenden gemeinschaftlichen und edelsten schriftsprache gehoben wird. jeder verlust ist für ein glück zu achten, der höhere gewinne zu wege bringt.

Nur in den Niederlanden hat sich bis heute eine eigenthümliche, unseren nordwesten sichtbar schwächende gestaltung der sprache aufrecht erhalten, und nun schon seit jahrhunderten ihren weg für sich eingeschlagen, der nicht selten zu anmutiger aussicht einladet. scheint es kaum möglich ihn ganz wieder zu uns zurückzuführen, so bleibt es desto wünschenswerther alle verbindungen zwischen ihm und unsrer bahn zu vervielfältigen. es gereicht uns zur groszen freude, dasz auch in dieser versammlung mehrere Niederländer zugegen sind, welche ihren eifer an den tag gelegt haben die niederländische sprache in der weise, wie wir es in der hochdeutschen versuchen, geschichtlich zu erforschen. wie gerne hätte ich an dieser stätte meinen edlen freund WILLEMS * aus Gent erblickt, den im laufe des sommers ein allzufrüher tod unerbittlich dahin raffte! ihm lag es vor allen an, das alte band zwischen hochdeutscher und niederdeutscher sprache wieder zu festigen. anfangs fürchtete man, dasz durch die trennung von Belgien und Holland der deutschen sprache eintrag geschehen würde; aber gerade das gegentheil hat sich ergeben. nicht blos in Belgien, auch in Holland ist seitdem tiefere neigung für reinheit und erhaltung der heimischen sprache offenbar geworden und man darf überhaupt aufstellen, dasz durch drohende erschütterung im innern eines landes die liebe zu seiner angestammten sprache und sitte oft auf das lebhafteste angefacht werde.

Für alle zweige deutscher sprache, dies wort in einer völlig zulässigen weitesten bedeutung genommen, eröffnet sich, je weiter die forschung vorrückt, immer lohnendere aussicht, und allen händen, die sich zum anbau dieses feldes anschicken, ist vollauf arbeit zugedacht.

Vielfach angeregt worden ist die frage, in wie weit unsere sprache reingehalten und gereinigt werden müsse? eben hierüber läszt sich rathschlagen und durch gemeinsame besprechung ermitteln, was der einzelne für sich allein kaum zu beschlieszen wagt; orthographischer fortschritt, dessen nothwendigkeit jedermann absieht, wird allein auf diesem wege vor dem vorwurf unüberlegter und störender neuerung zu schützen sein. mir scheint, dasz keine reinigung gewaltsam geschehen dürfe, dasz man den

---

* JAN FRANS WILLEMS (1793–1846), flämischer Schriftsteller, Herausgeber altflämischer Lieder, Begründer der Zeitschrift ‹Het Belgisch Museum›. (Anm. d. Red.)

aus alten und benachbarten neuen sprachen zu uns dringenden wörtern gar nicht ihren eingang wehren könne, wol aber sich besinnen müsse, alsogleich einem jeden derselben sitz und stimme in unserer wohnung einzuräumen. an eines solchen fremden wortes stelle würde mancher schönere unserer sprache zusagendere ausdruck aus ihrem eignen vorrath geschöpft oder geschaffen werden können und der glücklichen eingebung des dichters ist es verliehen seiner im rechten augenblick des bedarfs habhaft zu werden; er läszt sich nicht kalt ausprägen, nüchterne wortbildungen haben unserer sprache gröszeren schaden gebracht als nutzen. sünde ist es fremde wörter anzuwenden da wo deutsche gleich gute und sogar bessere vorhanden sind, aus unverantwortlicher unkenntnis des gültigsten einheimischen sprachgebrauchs. soll ich mich kurz aussprechen: unsere sprache musz vielmehr rein gehalten und erkannt, als willkührlich gereinigt und unbefugt erweitert werden. aber die meisten erkennen sie nicht in ihrer ganzen tugend.

Von sprachforschung auf geschichtsforschung den übergang zu finden wird mir leicht. wie die sprache überall historisch betrachtet werden musz, kann auch die ältere geschichte, die doch grundlage aller neueren ist, gar nicht der bekanntschaft mit alter sprache entrathen und bleibt ohne solche gefährlichen irrthümern und nachtheiligem schwanken ausgesetzt.

An sich aber scheint es, steht unsere deutsche geschichtsforschung gegenwärtig im günstigsten aufschwung. noch zu keiner zeit wurden quellen und denkmäler, zurückgeführt auf die lauterkeit ihres ursprungs, so emsig und erfolgreich herausgegeben; an dem licht, das diese quellen ausströmen, hat sich auch neue geschichtsschreibung entzündet, die schon, ohne ihren gipfel erreicht zu haben, zu den gröszten hoffnungen berechtigt. in allen theilen unseres vaterlandes ist eifer für geschichte erwacht, wie es sich in einer ansehnlichen zahl von belehrenden vereinen, deren bloszes dasein nach einer höheren gemeinschaft deutscher historiker hinstrebt, auf das verschiedenartigste kund gethan hat. es wird gewünscht werden und gedeihen bringen, wenn die verschiedenheit dieser vereine untereinander ausgeglichen, wenn das nöthige von dem zufälligen, das grosze von dem kleinen gesondert werden und ein desto tüchtigerer erfolg erwachsen kann. wahrscheinlich bleiben in unserer versammlung hierauf bezügliche vorschläge nicht aus.

Unsere historie hat es freilich auch mit der allgemeinen geschichte zu thun und kann nicht in die grenze des jetzigen Deutschlands zurückgewiesen werden. aber dieses liegt uns doch zuvorderst an und niemand wird ableugnen, dasz ihr das vorher hintenan gesetzte studium deutscher sprache bereits förderlich geworden sei. es musz doch in jener barbarei unserer vorzeit etwas anziehendes gelegen haben; denn wie schon ein unsterblicher Römer, der gleichsam morgendämmerung dem aufgang unserer geschichte vorangehen liesz, zu seinem unvergleichlichen werk angetrieben wurde durch die rohe, aber einfache und rechtschaffene natur deutscher sitten und gebräuche gegenüber den erschlaffenden und abgenutzten seines landes, so würde auch noch später MONTESQUIEU von seinem *esprit des loix* die hand gelassen haben, wenn ihm nicht eben der vergleich unserer barbarischen gesetze mit den römischen eignen reiz dazu verliehen hätte.

Das deutsche recht befindet sich in eigenthümlicher lage. es ist, will man auf seine geltung sehen, keine allgemeine wissenschaft in dem sinn wie die der sprache, sondern eingeschränkt und zurückgewiesen auf einzelne lehren, welche neben dem die oberfläche unseres rechtsbodens überfluthenden römischen recht sich noch behauptet haben. dieses fremden rechtes einführung gründet sich auf den wahn, dasz unsere kaiser fortsetzer der römischen seien, dasz dem aufhörenden römischen reich das deutsche nachfolge, so wenig sich CARL DER GROSZE an ROMULUS AUGUSTULUS reiht, man müste denn deutschen Herulern, Gothen und Longobarden das vermögen beilegen, die in Italien erlöschende römische herschaft zu übernehmen und bis auf die Franken fortzuleiten. römisches recht erschien zu ausgang des mittelalters in ganz Deutschland als etwas nothwendiges. gewisz wird niemand, wie abgeneigt er ihm vielleicht sei, leugnen, dasz es gröszte feinheit der gedanken mit gröszter schärfe der begriffe verbindet, aber fühlen mag er zugleich, dasz im römischen recht auch schon spuren byzantinischer versunkenheit, in welcher das mächtigste reich der welt schmachvoll endete, vor augen liegen.

Das römische recht, nachdem es lange zeit hindurch bei uns eingewohnt und unsere gesammte rechtsanschauung eng mit ihm verwoben ist, gewaltsam von uns auszuscheiden, scheint mir ein ungeheurer und fast so unerträglicher purismus, als wollte ein Engländer den gedanken durchführen, dasz es noch möglich sei, die romanischen wörter aus dem englischen zu drängen und blos die wörter deutschen ursprungs zu behalten.

Aber auf andere wege leitet allerdings den germanisten das geschichtlich belebte studium seiner alterthümer bis herab zu den spuren, die noch im heutigen leben von dem echtdeutschen rechtsbrauch oder bei nachbarvölkern haften, welche dem eindrang der römischen gesetze unterworfen blieben. jene überbleibsel verknüpfen sich dem forschenden geist unvermerkt zu einem ganzen und der gedanke tritt näher, dasz manche verloren gegangene treffliche und unserer deutschen art zusagende einrichtung der vorzeit wenigstens theilweise zurückgerufen und angewandt werden könne, lücken, die selbst das römische recht liesz, zu erfüllen, oder da, wo dieses den forderungen der gegenwart nicht mehr zuzusagen scheint, an dessen stelle zu rücken. die rechtsgeschichte, welche selbst bei den practikern übel angesehen ist, würde diesmal einer neuen gesetzgebung in hand arbeiten und wirksam beitragen, ansehnliche stücke des fremden rechts zu verbannen. eine einheimische, aus alt und neu zusammengesetzte kräftige lehre könnte sich dann erzeugen. diese, wie mich dünkt, unter heutigen germanisten waltende richtung ist sowol eine historisch gelehrte als politisch practische, sie schlieszen sich an diejenigen unter den neuern historikern, welche aus der geschichte die politik aufzuerbauen für höchste noth halten. den gegensatz bilden die ruhigeren geschichtsschreiber, die ein unübersehbares, ihnen eignes gebiet mit demselben ackergeräthe bestellen, das ihnen schon lange erfolge sicherte, und ihr verfahren stimmt zu dem der römischen rechtsgelehrten oder sogenannten civilisten, die von jeher glänzende proben von gelehrsamkeit und scharfsinn abgelegt haben.

diese wohnen in einem prächtigen, wenn auch im stil des auslands aufgemauerten gebäude, das aber hin und wieder zu zerbröckeln anfängt und wetterschäden hat. wer verdenkt es den deutschen rechtslehrern, dasz sie von vaterlandsliebe erfüllt, das verschlagene heimische fahrzeug anzuhalten, neu zu bemannen und rüstig in den hafen zu steuern suchen?

Soviel geht hieraus hervor, dasz das deutsche recht, was auch seine künftigen im schoosz der zukunft liegenden erfolge seien, innig mit dem betrieb der vaterländischen geschichte und philologie zusammenhängt und die verbindung dieser drei wissenschaften in unserer versammlung eine höchst natürliche und angemessene erscheint.

Warum sind wir aber versammelt? gewisz nicht um miteinander zu arbeiten; jede tüchtige arbeit wird immer auf den schultern der einzelnen liegen müssen: wir wollen uns berathen, gedanken austauschen und erweitern.

Fern von unserer zusammenkunft sei jener unterschied zwischen Nord- und Süddeutschen, den man einen thörichten, die gemüter verletzenden nennen darf, der nur sinn erhält, insofern es zuweilen frommen mag norddeutsche fehler und tugenden mit süddeutschen zu vergleichen, oder bequem scheint in kurzem ausdruck zusammenzufassen, was die verschiedenen stämme auszeichnet. kein solcher unterschied kann hier bei uns auftauchen, eben so wenig darf etwas in unsere versammlung einflieszen von jenem unseligen glaubenshader, der in unserer zeit die menschen verwirrt und von einander abwendet. unsere vorfahren sind Deutsche gewesen, ehe sie zum christenthum bekehrt wurden; es ist ein älterer zustand von dem wir ausgehen müssen, der uns unter einander als Deutsche in ein band vereint hat, das durch die scheidung der katholiken und protestanten nicht zerrissen werden kann. jene glaubensirrungen führen oft ab von dem groszen felde der wissenschaft in ein enges rinnsal oder in unheimliche schluchten. ich möchte des dichters ausspruch:

warum uns gott so wolgefällt?

weil er uns nirgend etwas in den weg stellt,

in seiner ernstesten bedeutung nehmen. gott läszt seine sonne über allen menschen leuchten, er will sie nicht einander gegenüber stellen, wie von denen zuweilen geschieht, die uns gottes wort verkündigen. kein glaubenszwiespalt darf ein groszes volk, das sich wieder fühlt und aufrecht erhalten will, vereinigen.

Was die eigentliche politik betrifft, so bleibe sie unsern zusammenkünften, die nichts darüber zu beschlieszen haben, fremd, so natürlich und unvermeidlich es sein wird, auf dem boden der geschichte, des rechts und selbst der sprache aufsteigende fragen, die an das politische gebiet streifen, mit wissenschaftlicher strenge aufzunehmen und zu verhandeln. mitten auf solcher grenze auszuweichen, in lebendiger, alle herzen bewegender gegenwart, würde einzelner männer unwerth scheinen, geschweige einer versammlung, deren glieder nach allen seiten hin aufzuschauen gewohnt sind und in freier rede nicht jedes ihrer worte vorher auf die wage zu legen brauchen.

So sei nun dieser verein zu guter stunde eröffnet, ergehe sich in der allerbesten verständigung und wecke bei seinem schlusse in uns allen den wunsch der wiederholung. nicht ohne glücklichste vorbedeutung treten wir zusammen in einer stadt, die von alters her als das herz deutscher geschichte betrachtet werden kann. hier in Frankfurt sind so viele deutsche ereignisse vorgegangen, schon vor mehr als tausend jahren hat KARL DER GROSZE ihre straszen, in denen wir uns heute noch bewegen, durchwandelt; wie oft mag bange erwartung dahin, wo wir nun versammelt sind, auf das was hier über Deutschland beschlossen werden sollte, hingeblickt haben! in solchen räumen darf nur deutsches, und nichts undeutsches geschehen!

JACOB GRIMM

Aus der ‹Vorrede› zum ersten Band des ‹Deutschen Wörterbuchs›, Berlin 1854. GRIMM *hat zuvor auf die Verdienste hingewiesen, die sich deutsche Schriftsteller des 18. Jahrhunderts, vor allem* GOETHE *und* SCHILLER, *um die deutsche Sprache erworben haben.*

Text: JACOB GRIMM, *Kleinere Schriften, hg. v.* E. IPPEL, *Bd. 8, Gütersloh 1890, S. 308 ff. und 379 f.*

[...]

Nachdem diese groszen dichter vor dem ganzen volk mit immer steigendem erfolg, was deutsche sprachgewalt sei und meine, bewährt hatten und durch feindliche unterjochung in den wehevollen anfängen dieses jahrhunderts allen gemütern eingeprägt war, an diesem kleinod unsrer sprache stolzer festzuhalten; fand sich das bewustsein eines auch in ihr seit frühster zeit waltenden grundgesetzes so erleichtert, dasz es nichts als der einfachsten mittel bedurfte, um es auf einmal zur anschauung zu bringen. diese willfährig aufgenommene erkenntnis traf aber glücklicherweise zusammen mit einer vom sanskrit her erregten vergleichenden sprachwissenschaft, welche keiner sie nah oder fern berührenden spracheigenthümlichkeit aus dem wege gehend vor allen andern auch der einheimischen das gebührende recht widerfahren zu lassen geneigt sein muste, in welcher noch mehr als eine saite zu den volleren klängen jener ehrwürdigen sprachmutter anschlug. so hat sich unter mancherlei gunst und abgunst allmälich eine deutsche philologie in bedeutenderem umfang als je vorher gebildet, deren selbständige ergebnisse vielfache frucht tragen, unabhängigen werth behaupten und fortdauernde theilnahme in anspruch nehmen können. früherhin liesz alles und jedes, was von den denkmälern unseres alterthums mühsam gedruckt erschienen war, in ein paar folianten und quartanten sich beisammen haben; jetzt stehn in den bibliotheken ganze gefache von altdeutschen büchern erfüllt und die verleger zagen nicht mehr vor dieser literatur. wie viel noch übrig bleibe zu thun, ein rühmlicher eifer regt sich alle lücken zu ergänzen und ungenügende durch bessere ausgaben zu verdrängen. nicht länger verschlossen liegen die quellen unserer sprache und ihre bäche und ströme dürfen oft bis auf die stelle zurückgeführt werden, wo sie zum erstenmal vorgebrochen sind; fortan aber kann eine deutsche grammatik, ein deutsches wörter-

buch, die sich dieser forschungen und aller daraus erwachsenen fordernisse
entäuszern, weder gelten noch irgend ersprieszlichen dienst leisten.

Von an der oberfläche klebenden, nicht tiefer eingehenden arbeiten
beginnt heutzutage auch die ernstere stimmung des volks sich loszusagen.
aufgelegt zum betrieb der naturwissenschaften, die den verstand beschäftigen und mit einfachen mitteln, wenn sie recht verwendet werden, das
nützlichste ausrichten, wird ihm auch sonst das unnütze und schlechte
verleidet; wozu ihm noch immer handbücher und auszüge unseres gewaltigen sprachhortes und alten erbes vorlegen?, die statt dafür einzu-
nehmen davon ableiten und nichts als schalen absud seiner kraft und fülle
bieten, aus dem keine nahrung und sättigung zu gewinnen steht, als sei
der unmittelbare zutritt verschlagen und die eigne anschau verdeckt. seit
den befreiungskriegen ist in allen edlen schichten der nation anhaltende
und unvergehende sehnsucht entsprungen nach den gütern, die Deutschland einigen und nicht trennen, die uns allein den stempel voller eigenheit aufzudrücken und zu wahren im stande sind. der groszen zahl von
zeitgenossen, vor deren wachem auge die nächsten dreiszig jahre darauf
sich entrollten, bleibt unvergessen, wie hoch in ihnen die hofnungen gien-
gen, wie stolz und rein die gedanken waren; wenn nach dem gewitter von
1848 rückschläge lang und schwerfällig die luft durchziehen, können sprache und geschichte am herlichsten ihre unerschöpfliche macht der beruhi-
gung gewähren. auch die kräfte der unendlichen natur zu ergründen stillt
und erhebt, doch ist nicht der mensch selbst ihre edelste hervorbringung,
sind nicht die blüten seines geistes das höchste ziel? seiner dichter und
schriftsteller, nicht allein der heutigen, auch der früher dagewesenen will
das volk nun besser als vorher theilhaft werden und sie mit genieszen
können; es ist recht, dasz durch die wieder aufgethanen schleuszen die
flut des alterthums, so weit sie reiche, bis hin an die gegenwart spüle. zur
forschung über den verhalt der alten, verschollenen sprache fühlen wenige
sich berufen, in der menge aber waltet das bedürfnis, der trieb, die neu-
gier, den gesamten umfang und alle mittel unsrer lebendigen, nicht der
zerlegten und aufgelösten sprache kennen zu lernen. die grammatik ihrer
natur nach ist für gelehrte, ziel und bestimmung des allen leuten dienenden wörterbuchs, wie hernach noch entfaltet werden soll, sind neben einer
gelehrten und begeisterten grundlage nothwendig auch im edelsten sinne
practisch [. . .]

Es galt unsern wortschatz zu heben, zu deuten und zu läutern, denn
samlung ohne verständnis läszt leer, unselbständige deutsche etymolo-
gie vermag nichts, und wem lautere schreibung ein kleines ist, der kann
auch in der sprache das grosze nicht lieben und erkennen.

Hinter der aufgabe bleibt aber das gelingen, hinter dem entwurf die
ausführung.

> ich zimmere bei wege,
> des musz ich manegen meister han,

dieser alte spruch läszt empfinden, wie dem zu mute sei, der ein haus an
ofner strasze auferrichtete, vor welchem die leute stehn bleiben und es
begaffen. jener hat am thor und dieser am giebel etwas auszusetzen, der
eine lobt die zierraten, der andere den anstrich. ein wörterbuch steht aber

auf dem allgemeinen heerweg der sprache, wo sich die unendliche menge des volks versammelt, das ihrer im ganzen, lange nicht im einzelnen kundig, sowol äuszerungen des beifalls und lobes als auch des tadels erschallen läszt.

Wenn die fächer und zellen errichtet sind, kann eingetragen werden und unmöglich ist, dasz sie alle schon erfüllt wären. ein tag lehrt den andern und wie froh macht es die unvollkommne arbeit unaufhörlich zu ergänzen und zu erweitern. eine grosze zahl sprachergibiger werke, die jetzt noch ungelesen bleiben musten, wird auf allen blättern übersehene wörter darreichen und für die gebrauchten beispiele manche frischere an hand geben; ja die bereits gelesenen hauptschriftsteller sind allmälig wieder zu lesen, weil das erstemal noch nicht auf alles geachtet werden konnte. [. . .]

Unablässig, nach jedem vermögen das in mir gelegen war, wollte ich zur erkenntnis der deutschen sprache kommen und ihr von vielen seiten her ins auge schauen; meine blicke erhellten sich je länger je mehr und sind noch ungetrübt. aller eitlen prahlsucht feind darf ich behaupten, dasz, gelinge es das begonnene schwere werk zu vollführen, der ruhm unserer sprache und unsers volks, welche beide eins sind, dadurch erhöht sein werde. meine tage, nach dem gemeinen menschlichen losz, sind nahe verschlissen, und das mir vom lebenslicht noch übrige endchen kann unversehens umstürzen. der weg ist aber gewiesen, ein gutes stück der bahn gebrochen, dasz auch frische wanderer den fusz ansetzen und sie durchlaufen können.

Deutsche geliebte landsleute, welches reichs, welches glaubens ihr seiet, tretet ein in die euch allen aufgethane halle eurer angestammten, uralten sprache, lernet und heiliget sie und haltet an ihr, eure volkskraft und dauer hängt in ihr. noch reicht sie über den Rhein in das Elsasz bis nach Lothringen, über die Eider tief in Schleswigholstein, am ostseegestade hin nach Riga und Reval, jenseits der Karpathen in Siebenbürgens altdakisches gebiet. auch zu euch, ihr ausgewanderten Deutschen, über das salzige meer gelangen wird das buch und euch wehmütige, liebliche gedanken an die heimatsprache eingeben oder befestigen, mit der ihr zugleich unsere und euere dichter hinüber zieht, wie die englischen und spanischen in Amerika ewig fortleben.

RUDOLF HILDEBRAND

(1824–1892)

HILDEBRAND, *wichtiger Mitarbeiter am Grimmschen Wörterbuch, seit 1869 Professor in Leipzig, hat sich intensiv um die Förderung des Deutschunterrichts bemüht; weithin wirkten seine Schrift ‹Vom deutschen Sprachunterricht›, Leipzig 1867, die viele Auflagen erlebte, und seine Aufsätze in der ‹Zeitschrift für deutschen Unterricht›. Seine Leipziger Antrittsvorlesung vom 24. 4. 1869 trug den Titel*

[...] das deutsche wörterbuch arbeitet nicht nur für die wissenschaft, es arbeitet auch unmittelbar für die nation. Für jedes volk, das sich fühlt, ist ja seine sprache ein nationalschatz, ja sie wird ihm unter umständen zum höchsten nationalschatze, in dessen schicksal, gedeihen oder vergehen, es sein eignes schicksal als volk greifbar vor sich sieht. Wir sehens ja heutzutage vor uns hie und da an unsern gränzen, wie ein volk, das als solches sich gefährdet sieht oder glaubt, seine ganze liebe und sorge auf seine sprache wirft, bis zur krankhaften leidenschaft, um in seiner sprache sich selbst zu retten; kommen doch fälle vor, wo man ein schon vergehendes volk durch wiedergeburt der sprache neu zu bilden versucht. So eng ist im bewusztsein der menschen die sprache mit dem wesen des volkes, mit der nationalität verknüpft; und wenn wir den begriff der nationalität für ziemlich jung halten, für nicht älter als das französische wort selbst, das bei uns noch nicht hundert jahre alt sein wird, so ist das nur halb richtig, einer von den vielen fällen, wo wir unsere vorzeit für unbewuszter halten als sie war. Das bewusztsein der nationalität in und an der sprache ist alt, im mittelalter sagte man für nationalität sogar kurzweg sprache, oder *zunge*, wie es damals hiesz.

[...]

Unter den hauptvölkern Europas ist und war aber das deutsche mehr als die andern veranlaszt, seine sprache als höchsten schatz zu hüten und zu hegen, genau in dem grade mehr als ihm durch den gang der geschichte das gefühl seiner einheit und seiner nationalehre schwerer gemacht wurde als den andern. In demselben grade, in welchem die lockerung der reichseinheit und kraft wuchs, in demselben grade wuchs die liebe zum hochdeutschen, die sorge für sein gedeihen. Und in demselben jahrhundert, in dem der alte deutsche staat von auszen die schlimmsten stösze erhielt, beginnt auch die wissenschaftliche arbeit an der muttersprache am eifrigsten die gemüter zu beschäftigen, zur zeit des dreiszigjährigen krieges. Denn wie das stammgefühl an der mundart des stammes haftet, das heimatsgefühl an der mundart der heimat, so war die liebe zur gedeihenden schriftsprache eins mit der liebe zu dem leidenden groszen vaterlande; in mancher zweifelnden seele hat das hochdeutsch das vaterland selbst zu ersetzen gehabt. Die geschichte unserer schriftsprache ist wirklich zugleich ein wesentliches stück unserer geschichte als nation.

[...] das musterbild Griechenlands braucht uns nicht bange zu machen: wie berechtigt und wie lehrreich es auch ist und bleibt, es trifft *hier* nicht auf uns – die menschheit lebt jetzt nach andern lebensgesetzen, nach andern lebensbedingungen als im alterthum – schon darum, weil nicht mehr, wie damals, nur éin volk den gang der entwickelung bestimmt, sodasz das gedeihen und vergehen der cultur nur an éinen mittelpunkt gebunden war. Wol hat das gewaltige Rom den nachdrücklichsten versuch gemacht, und nach seinem politischen falle der römische geist, *sich* als den einen mittelpunkt für die gesittung der welt festzuhalten, die ganze welt über éinen leisten zu schlagen; wird doch dieser versuch in anderer form eigentlich noch heute ebenso nachdrücklich, bewuszt oder unbewuszt, fortgesetzt. Aber er ist in der hauptsache zum glück gescheitert, mehrere geistige mittelpunkte sind es jetzt, an denen und zwischen denen sich das culturleben entwickelt; eine reihe culturvölker arbeiten jetzt, hand in hand, oder im wetteifer, oder abwechselnd, an den aufgaben der menschheit, und das leben der menschheit schlägt ganz neue wege ein.

Der vergleich eines volkes mit einem menschen in ihrem leben trifft auch nicht ganz, wie der vergleich eines menschen mit einer pflanze in ihrem leben zum theil zwar trifft, zum theil aber nicht. Kann schon der einzelne mensch sich von geistigem und sittlichem verfalle zu neuem leben aufraffen, in gewissem sinne sogar von körperlichem verfalle, kann er sich verjüngen von innen heraus, aus der einsicht seines zustandes heraus – in weit höherem grade noch können das völker, und die neuere zeit zeigt uns diesen wunderbaren vorgang. Deutschland, überhaupt das moderne Europa haben ihre alexandrinische periode schon hinter sich, schon überstanden, wie eine verderbendrohende krankheit. Ja wir haben noch mehr und schlimmeres hinter uns und glücklich überstanden, tiefen verfall der öffentlichen sittlichkeit, des staatslebens, des rechtslebens, des gemütslebens, der wissenschaften, sonst die vorzeichen des untergangs. Wir waren gealtert, aber wir verjüngen uns, erneuen uns von innen heraus, von der wissenschaft aus. Denn was beim einzelnen menschen die einsicht ist, die ihn über sich belehrt, und das gewissen, das ihm sein vergessenes ideal vorhält, das ist für die völker die wissenschaft. Was Fichte im jahre 1808 in seinen reden an die deutsche nation verlangte zur rettung Deutschlands, der menschheit, eine gänzliche umschaffung der deutschen nation, und dadurch der menschheit, wie er hinzusetzte – das geht in der that schon vor, wenigstens in seinem ersten theile, es war schon damals im vollen gange. Auch im alterthum haben in der zeit des verfalls denker und dichter zu helfen versucht und umkehr gepredigt, und das bild der groszen und besseren vergangenheit mahnend vorgehalten; aber ein solches schauspiel, dasz die dichter und denker und forscher von der studierstube aus drauszen ein neues leben schaffen, dasz sie, die stubenhokker, dem leben heilend bis an die wurzel greifen (wenn Sie mir diesz bild durchlassen wollen), diesz wunderbare schauspiel ist neu in der geschichte der menschheit.

Die anfänge dieser schweren arbeit gehen bis auf das ende des mittelalters zurück, jedes folgende jahrhundert hat seinen theil daran, und jedes der culturvölker hat seinen theil daran, auch das richtig verstandene vorbild des griechisch-römischen alterthums; mit umfassendem bewusztsein aber und philosophisch klar ausgesprochen tritt der grundsatz und das streben der notwendigen verjüngung auf eben in Fichtes zeit, als man Deutschlands ende gekommen wähnte. Damals ist der plan unserer erneuerung mit groszer klarheit entworfen worden, hunderten, tausenden der besten männer war er klar ins herz geschrieben, und ein theil dieses erneuerungsplanes sind die altdeutschen studien, die damals zum range einer wissenschaft erhoben wurden, und in diesem plane hat auch das deutsche wörterbuch seine rechte stelle. Denn wenn eine zeit, wenn ein volk krank ist, so ist die erkenntnis der heilung in seiner geschichte zu holen, nicht blosz in der politischen, auch, ja mehr noch in der eigentlichen volksgeschichte, wie sie in litteratur und sprache sich am klarsten spiegelt. So ist denn die deutsche philologie im engeren sinne nicht blosz eine wissenschaft, sie ist zugleich eine arbeiterin für das heil der nation, wie freilich jede wissenschaft im höheren sinne; aber die deutsche philologie ist das näher und unmittelbarer als jede andere. Ich darf wol hinzufügen, das wars, was mich, fast wider willen, und von andern zielen ab, zu ihr zog.

Der Deutsche in der Schule der Zukunft

Text: R. Hildebrand, *Beiträge zum deutschen Unterricht, Leipzig 1897, S. 107 f. und 110 ff.*

[. . .]

Ich meine: die Bewegung, die keine neue ist, sondern eine alte, die nur einen neuen Anstoß erhalten hat, kann nur darin enden und ihre Ruhe finden, daß auch im höheren Unterrichtswesen, wie schon im niederen längst geschehen ist, das Deutsche, also der deutsche Unterricht in die Mitte rückt, als innerster Kreis mit dem bestimmenden Mittelpunkte.

Wer das zum ersten Male hört und sich vorstellt, wird stutzen und erschrecken, der Gedanke wird nicht ausbleiben: da träten wir ja in eine Beschränkung zurück, aus der wir eben seit Jahrhunderten herausstrebten! Wer aber, wie ich, ein langes Leben in den einschlagenden Fragen, Gedanken, Erfahrungen zugebracht hat, und zwar mit freiem, unbefangenem und unparteiischem (das heißt von selbst zugleich: deutschem) Sinn, wie ich das von mir anzugeben getraue, dem ist jener Satz das natürliche Ergebniß eben der Bewegung unseres Schulwesens seit Jahrhunderten. Es handelt sich um eine große Bewegung, die den Einzelnen nicht fragt, was er will oder nicht will, was er möchte oder nicht möchte, sondern mit einer Art elementarer Gewalt ihren Weg nimmt, wobei dem Einzelnen nur freigelassen bleibt, ob er sich ihr hingeben oder gegen sie stemmen will, um bei Seite geschoben und sich selbst überlassen zu werden, oder, wie das im Fall des Widerstrebens meistens geschieht, endlich in der Reihe der Nachzügler doch mitzutrollen [. . .]

Es ist wie mit dem einigen Deutschland, das auch unter hartem Widerstand des Alten innerlich doch mit unwiderstehlicher Gewalt fertig wurde, bis die Zeit kam, es auch äußerlich lebendig zu machen. Auch für die deutsche Geisteswelt ist der Augenblick nun da, diesen Übergang vom Innern zum Äußern zu vollziehen. Es ist uns Deutschen recht schwer gemacht worden, eigentlich von uns selbst, wirklich zu sein, was wir von Art, durch Gott und Natur, sind, aber die Zeit ist da, wo ein feines Wort Hagedorns in dem Gedichte Horaz an uns zur Wahrheit werden will:

Der ist beglückt, der seyn darf was er ist.

Hagedorns poet. Werke, Hamb. 1764, 1, 80.

Aber ich denke seit Jahren bei diesem Gedankengange auch an die Vertreter der alten Schule, unter denen ich ja mit meiner Überzeugung, die sich da aus altem Keim heraus bildete, Jahre lang freundschaftlich gelebt habe. Es gilt ihren Widerstand zu überwinden, ja sie aus Widersachern der deutschen Bewegung zu Gönnern zu machen, was sie ja nun fast alle mehr oder weniger im Grunde schon sind und immer mehr werden. Freilich wenn einer von ihnen den oben gezeigten Gang und Drang der Dinge plötzlich so ganz vor sich sieht, statt mehr unmerklich in ihm mit fort zu treiben, so bleibt ihm wol ein scharfer Schreck nicht erspart, als bräche das ganze hohe alte Gebäude zusammen, an und in dem er arbeitet als Lebensaufgabe. Aber das ist eben, was ich, wenn nur Ort und Zeit dazu wäre, gern ganz deutlich machen möchte, wie ich mich lange schon darum bemüht habe, wenn die Sache zur Sprache kam: der Schreck ist ganz unnöthig! Die Gönnerschaft, die gewünscht wird und zum großen Theil schon in Geltung ist, schließt keinerlei wahren Verlust für die Vertreter der alten Schule ein, sofern man sich muthig entschließt, mit allerlei altem Wust, wie er sich in alten Gebäuden ansammelt, aufzuräumen und das nicht als Verlust rechnet, sondern als ein Platzschaffen für neues, junges Leben. Denn: falls alles in rechten Gang kommt, wird die alte Schulphilologie für ihre wahren, besten Zwecke nicht Schaden, sondern Gewinn vor dem neuen Standpunkt haben. Er wird belebend, verjüngend auf sie rückwirken, wie man denn das schon in der eigentlichen Wissenschaft bemerken kann z. B. an der mythologischen und Sagenforschung, allgemach auch an der Forschung über Metrik und Rhythmik. Und sieht man auf das, was der alten Schulbildung mit Recht als eigentliche Blüthe galt, auf die Poesie: wie hätte man aus dem Alterthum allein zu dem wahren Begriff von Wesen und Werth der Dichtung kommen können ohne die neure Entdeckung der Volksdichtung, die uns HERDER, GOETHE, die Romantiker u. A. erschlossen haben? Und auch die Erforschung unserer mittelhochdeutschen Dichtung hat die Erkenntniß der echten Dichtung ästhetisch und literargeschichtlich wesentlich gefördert. Denke ich mich aber mitten in den Schulbetrieb hinein, wenn in der Classe irgend ein antiker Schriftsteller behandelt wird, ja da können die Gescheiden und Unbefangenen unter den Lehrern gar nicht auskommen ohne das Mittel, das auch schon im 16. Jahrhundert sich angewandt findet, daß sie, um eine Wendung oder einen Gedanken von seltnerer Art den Schülern klar zu machen, Entsprechendes aus deutscher Literatur oder auch Volksrede hinzuziehen, Entsprechendes oder auch Entgegengesetztes, um den Unterschied von beiderlei Denk- und Redeweisen klar zu machen, was unter Umständen so dienlich ist. Denkt man sich aber da den Lehrer des Lateinischen und Griechischen mit einer wirklichen gediegenen Kenntniß deutscher Literatur und Sprache ausgerüstet, wie fruchtbar und fesselnd könnte der Unterricht sein! Es muß ja dazu kommen.

Kurz wenn nun das Deutsche, das Vaterländische, das Heimische und Eigene in den innersten Kreis unseres Erziehungswesens und damit unserer Bildung einrückt, wie das geschehen muß und zum Theil schon von selbst geschieht, so bedeutet das an und für sich gar nicht eine Änderung im Bestande und Inhalt unsrer Bildungswelt, sondern nur in ihren inneren Verhältnissen, in denen eine Verschiebung nöthig ist, welche die Natur verlangt und lange schon still von selber durchsetzt. Worum es sich eigentlich handelt, das hat HERMAN GRIMM kürzlich treffend ausgesprochen: ‹Unsere Jugend hat bisher von Italien und Griechenland aus Deutschland betrachtet, sie muß von Deutschland aus Italien und Griechenland kennen lernen›, als Schlußsatz eines Aufsatzes über die Schulfrage (Die deutsche Schulfrage und unsere Classiker, Deutsche Rundschau 1888, Maiheft.), an dem man nur statt der Jugend die deutsche Geisteswelt überhaupt stehend denken kann.

Wir kommen, daran ist kein Zweifel mehr, endlich, endlich zu uns selbst, wie im politischen und nationalen Leben, so im Geistesleben, das ja vom nationalen schon mit eingeschlossen ist, und damit beginnt, das ist auch kein Zweifel mehr, ein neuer großer Hauptabschnitt unseres Lebens. Dabei gebührt es aber der Schule, die Führung zu übernehmen, wie sie im 16. Jahrhundert that, als es galt, die griechisch-römische Welt dem Geiste als Bildungsstoff zuzuführen. Die damals begonnene Periode, die man gewöhnlich als die der Renaissance bezeichnet, läuft nun ab, wir erleben den Beginn der deutschen Periode, die eigentlich schon lange unter der Hand begonnen hat.

Der Himmel gebe unserer Schule und den dort waltenden Mächten den rechten Geist, daß es nicht einmal von uns heiße, mit SCHILLER zu reden:
Aber der große Moment findet ein kleines Geschlecht.

WILHELM SCHERER
(1841–1886)

1868 Professor in Wien, 1872 an der neuen Reichsuniversität Straßburg, seit 1877 in Berlin. Das Vorwort seiner Arbeit ‹Zur Geschichte der deutschen Sprache›, Berlin 1868, in dem das oft zitierte Wort von einem ‹System der nationalen Ethik› steht, ist KARL MÜLLENHOFF gewidmet.

[...] Denke ich mir einen Menschen der in blühendem Jugendalter sich zum höchsten Bewußtsein über sich selbst zu erheben vermöchte, so würde er den Stand und das Maß seiner Kräfte sorgfältig überschlagen, er würde untersuchen auf welche Gebiete menschlichen Thuns seine Hauptanlagen hinweisen, er würde dann den Lebenskreis prüfen innerhalb dessen er zu wirken hat, er würde nach den öffentlichen Aufgaben spähen die ihrer Lösung harren: und aus der Vergleichung der allgemeinen Lage mit seiner individuellen Leistungsfähigkeit würde er zur Wahl und Begrenzung der Ziele gelangen, für die er seine Existenz einzusetzen bereit wäre. Hat er sich in den erworbenen Anschauungen über die Welt und sich selbst nicht getäuscht, hat ihn gereifte Einsicht oder glücklicher Blick in sich wie außer sich das Richtige erkennen lassen: so werden manche irreführende Phantome vor ihm entweichen, er wird durch Beharrlichkeit vielleicht den höchsten Platz einnehmen der ihm nach seinen natürlichen Anlagen zusteht.

Was Jeder für sich wünschen und in bescheidener, aber gründlicher Ueberlegung zu seiner und zu des Ganzen Wohlfahrt anstreben darf, das wünschen und erstreben wir noch in viel höherem Masse für den menschlichen Verein, dem wir alles Grösste und Beste danken was wir besitzen und was unseren echtesten Werth ausmacht: für unsere Nation.

In der That können wir seit der Mitte des vorigen Jahrhunderts eine fortschreitende Bewegung beobachten, in welcher die Deutschen sich zur bewußten Erfüllung ihrer Bestimmung unter den Nationen zu erheben trachten. Seit MÖSER, HERDER, GOETHE nach dem Wesen deutscher Art und Kunst forschten, ist unserem Volke mit zunehmender Klarheit die Forderung der historischen Selbsterkenntniß aufgegangen. Poesie, Publicistik, Wissenschaft vereinigen sich, um an der sicheren Ausgestaltung eines festen nationalen Lebensplanes zu arbeiten. Die Poesie bemüht sich nationale Lebens- und Zeitbilder aufzurollen, bald diese bald jene socialen Schichten theils in Liebe theils in Haß uns abzuschildern und auf eigenthümliche Tüchtigkeit in verborgenem Dasein die phantasievolle Betrachtung zu lenken. Die Publicistik hat seit FICHTE, ARNDT, JAHN überall wo sie an ihre höchsten Aufgaben streifte, die Erfahrungen der Vergangenheit für die Gegenwart nutzbar zu machen gesucht. Und die Studien unserer alten Sprache, Poesie, Recht, Verfassung, Politik bewegte ein mächtiger Aufschwung. Niemand wird leugnen, daß im Gegensatze zu den alten Hauptstoffen der Kunst und Forschung, dem Christenthum und der Antike, seit etwa hundert Jahren das Deutsche, Einheimische, das irdisch Gegenwärtige und Praktische in stetigem Wachsthum zu immer ausschließenderer Geltung hindurchgedrungen ist.

Warum sollte es nicht eine Wissenschaft geben, welche den Sinn dieser Bestrebungen, das was den innersten aufquellenden Lebenskern unserer neuesten Geschichte ausmacht, zu ihrem eigentlichen Gegenstande wählte, welche zugleich ganz universell und ganz momentan, ganz umfassend theoretisch und zugleich ganz praktisch, das kühne Unternehmen wagte, ein *System der nationalen Ethik* aufzustellen, welches alle Ideale der Gegenwart in sich beschlösse und, indem es sie läuterte, indem es ihre Berechtigung und Möglichkeit untersuchte, uns ein herzerhebendes Gemälde der Zukunft mit vielfältigem Trost für manche Unvollkommenheiten der Gegenwart und manchen lastenden Schaden der Vergangenheit als untrüglichen Wegweiser des edelsten Wollens in die Seele pflanzte.

Der Verlauf einer ruhmvollen glänzenden Geschichte stünde uns zu Gebote, um ein Gesammtbild dessen was wir sind und bedeuten zu entwerfen: und auf diesem Inventar aller unserer Kräfte würde sich eine nationale Güter- und Pflichtenlehre aufbauen, woraus den Volksgenossen ihr Vaterland gleichsam in athmender Gestalt ebenso strenge heischend wie liebreich spendend entgegenträte. [...]

In der ‹Neuen Freien Presse› setzt sich SCHERER 1879 mit der weitverbreiteten Literaturgeschichte von A. F. C. VILMAR (1800–1868) auseinander, deren erste Auflage 1845 erschienen war und die mehr als zwanzig Auflagen erreichte.

Text: W. SCHERER, Kleine Schriften, hg. v. K. BURDACH, Berlin 1893, Bd. 1, S. 672 ff.

[. . .] Gervinus, der einzige Litterarhistoriker großen Stils, den wir besaßen, ist eigentlich ohne Nachfolge geblieben; seine umfassenden, geistvollen geschichtlichen Anschauungen sind niemals popularisirt worden. Es war leicht, ihm einige Ungerechtigkeiten nachzuweisen; für die beispiellose, nie wieder erreichte Feinheit der Form in unserer altdeutschen Poesie hatte er zu wenig Sinn; auch die Zeichen seiner eigenen Zeit mißverstand er; es war nicht nothwendig, die Nation abzurufen von der Pflege der Dichtung, und die Schätze der alten geistigen Cultur ihr zu verleiden – im Gegentheil! Ein wahrhaft vorschauender Blick mußte schon damals die Gefahren erkennen, welche aus dem Vorwalten politischer und materieller Interessen drohten. Der Historiker mußte sein Volk warnen vor der Einseitigkeit, der es so oft schon verfallen; er mußte in unseren großen Dichtern die wahren Bundesgenossen erkennen, durch welche wir allein uns auf der Höhe der Cultur behaupten können. Trotz dieser und anderer Irrthümer ist die ‹Geschichte der deutschen Dichtung› von Gervinus noch heute das einzige Werk, welches sich des großen Gegenstandes würdig zeigt. Aber ein Buch von fünf Bänden kann nicht in die weitesten Kreise dringen. Der Litterarhistoriker, welcher die Auffassung der gebildeten Masse beherrscht, heißt nicht Gervinus, sondern – Vilmar.

Die ‹Geschichte der deutschen National-Litteratur› von Vilmar stand, als sie erschien, beinahe auf der Höhe der Wissenschaft. Der geringe äußere Umfang, die Masse des bewältigten Stoffes, die geschickte Rhetorik des Vortrages, der warme patriotische Ton machten das Glück des Buches. Jetzt steht es längst nicht mehr auf der Höhe der Forschung; aber kein anderes hat es bisher zu verdrängen vermocht. War es arm an Gedanken, so war es um so reicher an anschaulichen Bildern. Legte es auf die altdeutsche Dichtung einen unerlaubten Accent, so wuchs unser Publicum in das altdeutsche Interesse immer gründlicher hinein. Und so ist es gekommen, daß die Mehrzahl der Deutschen ihre Vorstellung von der Entwickelung unserer Litteratur aus der Hand eines der schlimmsten religiösen und politischen Reactionäre empfangen, der mit merkwürdiger Geschicklichkeit eine harmlose Maske vorzunehmen und ein sehr wirksames christlich-germanisches Agitationsmittel zu schaffen wußte. [. . .]

Was aber die Überschätzung des germanischen Elements in unserer Bildung betrifft, so will ich kurz und schroff meine Meinung sagen. Die wahre Deutschheit besteht nicht im erneuerten Germanenthum, nicht in stabreimender Faselei, nicht in der Beschwörung alter Heidengötter, sondern in der treuen Bewahrung, ja in der möglichsten Steigerung der classischen Bildung. Ist es ehrenvoller, einem Häuptling aus Arminius’ Zeiten zu gleichen oder einem athenischen Bürger aus der Epoche des Perikles? Wo fühlen wir uns mehr zu Hause, in den Wäldern, welche Tacitus schildert, oder unter der Gesellschaft von Platons Symposion? Ich will den germanischen Zuwachs unseres heutigen ästhetischen und historischen Bewußtseins gewiß nicht schelten; aber er muß nicht an die Stelle treten wollen dessen, was mehr werth ist als der eingeschränkte Begriff der bloßen Blutsverwandtschaft. Sollen wir unsere Freunde nur unter unseren Verwandten suchen? Wenn ich mich ins Jenseits versetzen könnte, sollte ich es verschmähen, eine Stunde in GOETHES Gesellschaft zuzubringen, um mich mit THUSNELDA durch Geberden zu unterhalten!

Unter einigen heuchlerischen Phrasen von Demuth und Bescheidenheit redet VILMAR ‹mit hoher und inniger und darum desto stillerer Freude› von unserer bevorzugten Stellung unter den Nationen der Erde und stellt die Behauptung auf, die Deutschen hätten die erste und größte Dichterfähigkeit, sie seien das eigentliche Dichtervolk auf der Welt. Schamlose Prahlerei! Als ob es keine Griechen, als ob es keinen SHAKESPEARE, keinen DANTE, MOLIÈRE und CERVANTES gäbe!

Die Deutschen allein sollen zwei classische Litteraturperioden gehabt haben, eine mittelalterliche und eine moderne. Als ob es auf die Zahl der Blütezeiten ankäme! Und als ob nicht griechisches Epos und griechisches Drama auch dort zwei verschiedenen Epochen entspräche! Als ob nicht die classische Literatur unseres Mittelalters gerade so auf einer vorangegangenen Blüte französischer Dichtung beruhte wie unsere Litteratur des achtzehnten Jahrhunderts!

Es scheint endlich an der Zeit, den falschen Patriotismus und die reactionäre Tendenz des landläufigen Litteraturgeschichtsbildes durch eine sachgemäße Auffassung ohne Voreingenommenheit zu ersetzen. [...]

ERICH SCHMIDT
(1853–1913)

1877 Professor in Straßburg, 1880 in Wien, 1885 Direktor des Goethe-Schiller-Archivs in Weimar, 1887 Nachfolger SCHERERS in Berlin. ‹Wege und Ziele der deutschen Literaturgeschichte› heißt die Antrittsvorlesung, die SCHMIDT in Wien gehalten hat.

Text: E. SCHMIDT, Charakteristiken, Berlin 1886, S. 491 ff.

[...] Ich lege Ihnen ein wissenschaftliches Glaubensbekenntnis ab, bevor wir in Colleg und Seminar eintreten.

Litteraturgeschichte soll ein Stück Entwicklungsgeschichte des geistigen Lebens eines Volkes mit vergleichenden Ausblicken auf die anderen Nationallitteraturen sein. Sie erkennt das Sein aus dem Werden und untersucht wie die neuere Naturwissenschaft Vererbung und Anpassung und wieder Vererbung und so fort in fester Kette. Sie wird die verschiedenen Ausgangspunkte zu vereinigen und ihre Aufgabe umfassend zu lösen trachten. Die Bibliographie überreicht ihr einen Canevas zum Ausfüllen. Aber als statistische Wissenschaft giebt sie auch eine Übersicht der Production und Consumtion, des Imports und Exports, der Bearbeitungen, der beliebten Stoffe, der Aufführungen, der örtlichen und zeitlichen Vertheilung, der Auflagen und Nachdrucke, der Neudrucke und Sammlungen. Einer verständigen Bibliographie wird der Meßkalender des sechzehnten, das Subscribentenverzeichnis des achtzehnten Jahrhunderts, das Absatzregister der *Tauchnitz edition* eine Quelle der Erkenntnis. Sie läßt uns überschauen, was in einzelnen Gattungen geleistet worden ist und welche blühten. Wir betrachten die Reihenfolge der Gattungen, die wir in große und kleine scheiden, und fragen ob ein Dichter ein Feld oder mehrere bebaute – ich erinnere allgemein an den Unterschied zwischen den Griechen und den experimentirenden Römern – und welche mit Glück; warum mit Erfolg oder Miserfolg? Die Technik der Gattung wird untersucht; Vermischung der poetischen Techniken und der Einfluß anderer Kunstgattungen nicht übersehen, wobei feinere Probleme zu lösen sind, als der WAGNERsche Kunstmischmasch sie bietet. Wir blicken, dankbar für KOBERSTEINS * Anleitung, auf die Theorie und das wechselnde Verhältnis von Theorie und Praxis.

Wir erörtern die Form, Blüte, Verfall, Reformbestrebungen. Roheit und Künstelei gelten uns als Zeichen der Krankheit, die Congruenz von Form und Inhalt als Zeichen der Gesundheit. Herrscht Einheit oder Vielheit? Was sind die Lieblingsmaße? Die Geschichte des Einflusses der romanischen Metrik, der antiken Verskunst, oder orientalischer Gebilde muß geschrieben werden. Wird für diese oder jene Gattung gebundene oder ungebundene Rede bevorzugt, wie man im achtzehnten Jahrhundert über die Komödie in Versen stritt? Wie gelangte allmählich das deutsche Drama zum Blankvers? Welcher Art ist das Verhältnis von Poesie und Prosa? Wie steht es um den Reim, den beispielsweise die Gottschedianer vertheidigten und die Klopstockianer verpönten? Wie bei jedem Einzelnen um die Reinheit des Reims und um prosodische Sorgfalt? Wir verlangen eine Geschichte der Dichtersprache, des Stils, nicht nur allgemeiner für große Gruppen und im Vergleich mit der jeweiligen Richtung anderer Künste, sondern auch für jeden Dichter speciell. Historisch-kritische Ausgaben, wie GOETHE eine für den ‹unermüdet zum Besseren arbeitenden› WIELAND gewünscht hat, müssen uns zu Hilfe kommen. Wortschatz (dabei Erneuerung, Neuschöpfung, Entlehnung, Provincialismen u. s. w.), Syntax, rhetorische Figuren werden behandelt; Überfluß, weise Oekonomie, Armuth gebucht. Läßt der Dichter fremde Sprachen auf sich wirken, welche kennt er, und hat er gar in fremdem Idiom geschrieben? Man denke an die Neulateiner und die Überlegenheit des Latein zur Zeit HUTTENS, an WECKHERLINS Anglicismen, LOGAUS oder KLOPSTOCKS Latinismen, die Gallicismen anderer, an FRIEDRICH DES GROSSEN französische Poesie. Auch der Einfluß früherer Perioden der deutschen Sprache will studirt sein, und gerade die Gegenwart fordert wieder mit nachgelalltem Altdeutsch dazu auf. Wie steht der junge GOETHE zum sechzehnten Jahrhundert, wie ACHIM VON ARNIM? was schöpft der Göttinger Hain, was UHLAND aus Minnesang und Volkslied, was die Schule SCHEFFELS? was scheidet GUSTAV FREYTAG von FELIX DAHN? wie hat RICHARD WAGNER seinen Sprachsud gebraut? Treibt der Dichter Dialektpoesie, gestattet er seiner Mundart stärkere oder schwächere Rechte über die Schriftsprache, ist er als Dolmetsch thätig? Wer GOETHES Voltaireübertragungen oder SCHILLERS Phaedra studirt, dringt tief in ihren und in den französischen Stil ein. Er

---

* AUGUST KOBERSTEIN (1797–1870), Literarhistoriker, seit 1824 Professor an der Landesschule zu Pforta, Verfasser eines ‹Grundriss der Geschichte der deutschen Nationalliteratur› (1827). (Anm. d. Red.)

habe den VOLTAIRE in Musik gesetzt wie MOZART den SCHIKANEDER, sagt CAROLINE geistreich von GOETHE.

Wie steht man zum Ausland? Der Begriff der Nationallitteratur duldet gleichwohl keinen engherzigen Schutzzoll; im geistigen Leben sind wir freihändlerisch. Aber ist Selbständigkeit oder Unselbständigkeit, größere Receptivität oder Productivität, wahre oder falsche Aneignung sichtbar, und wie hat die deutsche Litteratur sich allmählich zu universalistischer Antheilnahme emporgearbeitet? Voran steht uns das Verhältnis zur Antike, die durch so verschiedene Brillen angeschaut worden ist. Es giebt auch in den Litteraturen ein Prestige und mannigfachen Machtwechsel; es giebt Großmächte, solche die es einmal gewesen sind, solche die es einmal werden können.

Die deutsche Litteraturgeschichte will ferner, so gut wie die Kunstgeschichte, so gut wie die Forschung der F. SCHLEGEL und OTFRIED MÜLLER, die Rolle der Landschaften im Verlaufe der Entwicklung würdigen. Temperament und Lebensverhältnisse, die Mischung mit anderem Blut sind für jeden Stamm zu erwägen, die geographische Lage zu bedenken. Das Binnenland weist anders geartete Kunstproducte auf als die Nähe des Meeres erzeugt. Anders blüht in der Tiefebene, anders im Gebirge die Naturempfindung. Und specieller: was ist das Fränkische in GOETHE, das Sächsische in GELLERT, das Schwäbische in SCHILLER, das Mecklenburgische in VOSS oder REUTER, das Ditmarsche in HEBBEL, das Märkische in KLEIST, das Österreichische in GRILLPARZER, das Schweizerische in GOTTHELF oder KELLER? Aber auch: was ist das Italienische in BRENTANO, das Französische in CHAMISSO? Wie zeigen sich im Osten slavische, im Westen romanische Einschläge in dem deutschen Gewebe? Auch innerhalb des großen Nationalverbandes gehen Verschiebungen der litterarischen Machtverhältnisse vor sich. Lange steht Österreich voran, im fünfzehnten und sechzehnten Jahrhundert Alemannien, im siebzehnten Schlesien, im achtzehnten läuft das steigende Preußen FRIEDRICHS dem sinkenden Sachsen BRÜHLS den Rang ab, im neunzehnten rühren sich die Schwaben. Einzelne Städte beanspruchen besondere Aufmerksamkeit. Der Franzose kann sich fast auf sein Bildungscentrum Paris beschränken; der Deutsche blickt auf Leipzig, Hamburg, Halle, Breslau, Königsberg, Weimar-Jena, Berlin, München, Wien, Zürich, Stuttgart u. s. w. und auf die Schriftstellercolonien im Ausland. Nicht bloß für eigentliche Hofdichtung, die heute nicht mehr möglich ist, sind die Höfe bedeutsam.

Die Wirkung kann, was auch von den früheren und den folgenden Fragen gilt, recht verschieden sein. Stammt der Dichter aus einer Republik oder Monarchie? Stand seine Wiege in einem Dorf, in einer Landstadt, Großstadt, Residenz? Ist es ein historisch ausgezeichneter Ort mit bestimmten geistigen Traditionen? Blieb der Dichter stets im Lande seiner Geburt, oder ging er mitunter auf Reisen, oder suchte er sich gar eine neue Heimat? Wir betreten, vielleicht durch Autobiographien und Bildungsromane unterstützt, sein Vaterhaus, um in der Sphäre der Familie nach Vererbung zu forschen und Charakter, Bildung, Stand, Vermögenslage der Vorfahren zu prüfen; denn verschieden ist Ausgang und Fortgang für den Sohn des Gelehrten und des Ungelehrten, des Bauern, des Bürgers und des Adeligen, des Begüterten und des Unbemittelten. Welchen Beruf erkor er sich, oder war ihm – nicht immer zum Segen – vergönnt nur Dichter zu sein? Alle Nebenumstände und Folgen der Lebensstellung berühren seine Poesie. Die Rolle der Stände und Berufe muß umfassend behandelt werden, wie das für Klerus und Adel des Mittelalters bereits geschehen ist. So schafft das sechzehnte Jahrhundert in den protestantischen Predigern rege Schriftsteller und Vererber der Bildung.

Wir fragen jeden, wie er es mit der Religion hält und welcher Art der religiöse Geist des Elternhauses war. Ist er Katholik, Protestant, Jude, und von welcher Schattirung; Christ, Unchrist, Widerchrist; Pietist, Orthodoxer, Rationalist? Oder Convertit, und warum? Ist es eine Zeit der Toleranz oder der Unduldsamkeit, des Glaubens oder der Skepsis, der Stagnation oder der Neubelebung auf religiösem Gebiete? Für unser Jahrhundert wird das jüdische Element, seine Salons und seine Frauen, seine Journalisten und seine Dichter, seine HEINE und seine AUERBACH, wird sein Fluch und sein Segen ein starkes, unbefangenes Augenmerk erheischen.

Die politischen Zustände sind gleich den religiösen zu mustern. Krieg oder Friede, Erhebung oder Druck, Misstimmung oder ruhige Zufriedenheit, Indifferentismus oder Parteinahme?

Um den Bildungsgang des Einen zu verfolgen, muß man die Erziehung, den Zustand in der *universitas literarum* und das etwaige Übergewicht einzelner Wissenschaften, die Tendenzen der Forschung, die Lebensanschauung, die Geselligkeit nach Sittenstrenge oder Frivolität, Freiheit oder Convention skizziren. Was ist, mit einem Worte, der Geist der Generation, und wie sind die Generationen in einander geschoben, denn Generationen so wenig als Perioden der Litteratur oder Epochen im Dasein des Individuums lösen einander wie Schildwachen auf die Minute ab. Unter die große Rubrik *Bildung der Zeit* fällt auch die Frage nach dem Publicum des Schriftstellers. Für welche Genießende und mit welcher Wechselwirkung schreibt er, aristokratisch exclusiv oder demokratisch für jedermann aus dem Volke, emporziehend oder herabsteigend, angefeuert oder angefeindet? Die Werthschätzung des Dichters an sich ist zu verschiedenen Zeiten verschieden. So wenig die Popularität allein ein Gradmesser der Bedeutung sein kann, sammeln wir doch eifrig Stimmen der Zeitgenossen. Die Isolirtheit oder die Zugehörigkeit zu einer Faction, sei sie von älterem Bestand oder neu gebildet, ist uns wichtig.

Wir erforschen die Stellung der Frauen, die man in Blüteepochen als Führerinnen ehrt und wohl zugleich als Mitdichtende begrüßen kann, ohne daß Frauendichtung an sich ein Zeichen frauenhafter Dichtung wäre (Frau AVA,* ROSWITHA, die HOYERS, die GOTTSCHEDIN); die man in Zeiten des Niedergangs ignorirt. Neuestens sind von SCHERER geradezu ‹männische› und ‹frauenhafte› Perioden unterschieden worden, was gar nicht so verblüffend zu wirken brauchte. Hat doch WILHELM VON HUMBOLDT schon 1795 in den Horen ‹Über den Geschlechtsunterschied und dessen Einfluß

---

* Erste namentlich bekannte Dichterin in deutscher Sprache (um 1200), Verfasserin geistlicher Gedichte, u. a. eines Leben Jesu. (Anm. d. Red.)

auf die organische Natur›, ‹Über männliche und weibliche Form› gehandelt und SCHILLER (an KÖRNER) es eine schöne und große Idee genannt, den Begriff des Geschlechts und der Zeugung selbst durch das menschliche Gemüth und die geistigen Zeugungen durchzuführen. Hat doch F. SCHLEGEL in seinem Aufsatz ‹Über die Diotima› dem Verständnis frauenhafter Zeiten den Weg gewiesen. Sehen wir uns doch überall angeregt, männliche und weibliche, zeugende und empfangende Genies und auch männliche und weibliche Kunstgattungen und Kunstbegabungen zu unterscheiden. Kann doch niemand das Frauenhafte der perikleischen Zeit, der römischen Elegik, der Mystik, des Pietismus, der Goetheschen Epoche, der Romantik verkennen. Sollte nun nicht wenigstens versucht werden dürfen, den wahrgenommenen Turnus aus dem Geschlechtsunterschied und einer Art Machtablösung in der Menschheit zu erklären?

Das einzelne Werk hat seine Vor- und Nachgeschichte. Wir sehen es werden und wirken. Man braucht nur die Goethelitteratur zu überfliegen, um sich zu überzeugen, wie ungemeine Fortschritte die Erforschung der poetischen Motive in den letzten zehn Jahren gemacht hat, wenn auch einzelne gelegentlich Kunstwerke wie Cadaver secirt, Dichter wie Schuldenmacher mishandelt und ihre *philologisch-historische Methode* zum Mantel ihrer Schwung- und Gedankenlosigkeit gemacht haben. Wir bewundern WILHELM SCHLEGELS Scheidekunst, trommeln aber keinen *concursus creditorum* WIELANDS zusammen, denn wir meinen mit HEINE, daß es in der Kunst kein sechstes Gebot giebt. Wir fassen Entlehnung, Reminiscenz u. dgl. mit SCHERER, der für Quellenkunde der Motive so viel gethan hat, in einem sehr weiten Sinn, denn ‹die Production der Phantasie ist im wesentlichen eine Reproduction. Aber alle ähnlichen Vorstellungen finden sich zusammen in der Seele des Menschen, sie verketten sich unter einander, sie verstärken sich gegenseitig. Wenn ein Dichter eine Begebenheit darstellt, so wirken alle Begebenheiten ähnlicher Art, die er jemals erlebt, von denen er jemals gelesen.› Wie die Kunstgeschichte etwa den Gottvatertypus oder die Abendmahlsdarstellung im Laufe der Entwicklung verfolgt, so verfolgen wir z. B. den Typus des Heldenvaters oder die Gruppe: ein Mann zwischen zwei Frauen. Wir scheiden die Motive in erlebte und erlernte, und untersuchen Vereinigung und Wandel, Verstärkung und Abschwächung, Fülle und Armuth, realistische und idealisirende Wiedergabe des Beobachteten, Wahrheit und Unwahrheit, Drang der Gelegenheit und Observanz. Wir müssen ganzen Perioden immer mehr die Auskunft abringen, was an Affecten, Charakteren, Facten u.s.w. der Beobachtung bereits zugänglich war. Aber das liegt noch sehr im Argen.

Die Geschichte des Dichtwerkes schließt mit der Darstellung seines Nachlebens. Auch die Verbreitung ist hier zu überlegen, und ob ein Drama aufgeführt, ein Lied gesungen wurde und wird, ob Bearbeitungen ernster Art oder Travestien das Original betroffen haben. Die Überlieferung wird geprüft nach ihrer Art (mündliche, schriftliche, gedruckte) und ihrer Zuverlässigkeit. Reinheit des Textes ist das vornehmste Gebot. Seitdem LACHMANN für LESSING, der zugleich in DANZEL einen wissenschaftlichen Darsteller fand, vorangegangen ist, hat sich auf diesem Gebiet eine erfreuliche Rührigkeit entfaltet, wenn auch noch nicht alle zu fester Methode gelangt sind, den meisten für die Besorgung von dichterischen Nachlässen und Briefschätzen die Principien fehlen und oft eine arge Überschätzung der gethanen Arbeit hervorspringt. Aber wir haben Textkritik üben und aus den Varianten immer mit der Frage nach den Gründen der Veränderung die innere und äußere Wandlung erfassen gelernt; wir unterscheiden Echtes von Unechtem, eigene Umarbeitung und fremde Correctur, und die Elemente in einem von Mehreren geleisteten Werk, wir weisen namenloses Gut seinem Urheber zu. Wie die Philosophen sich jetzt übereifrig eine Kantphilologie schaffen, so besitzen wir eine Goethephilologie, welche die Götze, Werther und Iphigenien historisch-kritisch studirt und die Schichten innerhalb des allmählich entstandenen Faust gleich den Bauperioden eines Münsters erkennt. Wie der Kunstforscher von den Handzeichnungen ausgeht, so durchspüren wir Lessings und Schillers dramatische Entwürfe.

Ich habe Sie da in einen Wald von Fragezeichen geführt. Je näher die Litteraturgeschichte der Beantwortung aller dieser Fragen rückt, je fester sie sich auf die Geschichte, die classische und die deutsche Philologie stützt, je vorsichtiger gegen eitles Aesthetisiren sie regen Verkehr mit der Aesthetik pflegt und eine inductive Poetik verfolgt, um so gewisser wird sie der Gefahr der Phrase sowohl als der Trockenheit nie erliegen. Wer Groß und Klein unterscheiden kann, wird bei aller Andacht für das Einzelne kein jämmerlicher Mikrolog werden. [. . .]

Kunstgeschichte und Litteraturgeschichte haben naturgemäß mehr als andere Disciplinen die Möglichkeit und die Pflicht, sich einer anständigen Popularität zu befleißigen, aber eben darum sind sie auf der Hut gegen schlechte Gesellschaft. Der Mitarbeit ernster Dilettanten und einer tüchtigen Tageskritik froh, werden wir uns die Pseudolitteraten energisch vom Leibe halten. Wir werden nicht nach der Ziffer 1832 einen dicken Strich machen, sondern auch neueren und neuesten Schriftstellern lauschen. Analogien der Vergangenheit können unser Urtheil über zeitgenössische Erscheinungen festigen und an der Gegenwart gemachte Beobachtungen uns Aufschluß über Vergangenes spenden. So leite uns denn fort und fort die Losung Wilhelm Schlegels: ‹Die Kunstkritik muß sich, um ihrem großen Zweck Genüge zu leisten, mit der Geschichte und, sofern sie sich auf Poesie und Litteratur bezieht, auch mit der Philologie verbünden.›

1866 Professor der Philosophie in Basel, 1868 in Kiel, 1871 in Breslau, seit 1882 in Berlin.

Text: W. Dilthey, *Gesammelte Schriften, Bd. 7, hg. v.* B. Groethuysen, *Berlin 1927, S. 70 ff.*

Die Abgrenzung der Geisteswissenschaften

In den letzten Dezennien haben über die Natur der Geisteswissenschaften und insbesondere der Geschichte interessante Debatten stattgefunden. Wie können die Geisteswissenschaften von den Naturwissenschaften abgegrenzt werden? Worin liegt das Wesen der Geschichte und ihr Unterschied von den anderen Wissenschaften? Ist objektives historisches Wissen erreichbar? Ohne in die Ansichten polemisch einzugehen, die in diesen Debatten einander gegenüberstanden, lege ich einige Betrachtungen vor, welche denselben Fragen gewidmet sind.

1

Ich beginne mit der Frage, wie den Naturwissenschaften gegenüber eine andere Klasse von Wissenschaften abgegrenzt werden könne, mag man nun für sie den Ausdruck *Geisteswissenschaften* oder *Kulturwissenschaften* wählen. Die Beantwortung dieser Frage ist nicht Sache der Spekulation; sie hat ihre feste Grundlage in einer großen Tatsache. Neben den Naturwissenschaften hat sich eine Gruppe von Erkenntnissen entwickelt, naturwüchsig aus den Aufgaben des Lebens selber, welche durch Verwandtschaft und durch gegenseitige Begründung miteinander verbunden sind. Geschichte, Nationalökonomie, Rechts- und Staatswissenschaften, Religionswissenschaft, das Studium von Literatur und Dichtung, von Kunst und Musik, philosophischer Weltanschauung, als Theorie und als Erkenntnis des historischen Verlaufs sind solche Wissenschaften.

Worin besteht nun die Verwandtschaft zwischen denselben? Ich versuche, zu einem Letzten zurückzugehen, das sie miteinander gemein haben. Alle diese Wissenschaften beziehen sich auf die Menschen, ihre Verhältnisse zueinander und zur äußeren Natur. Ich sehe zunächst von jeder erkenntnistheoretischen Erörterung über den Realitätswert dieses in der Erfahrung auftretenden Tatbestandes ab. Eine solche Erörterung kann erst später angestellt werden; denn Begriffe wie Realität, Objektivität können nach ihrer Geltung in den Geisteswissenschaften erst auf Grund analytischer Vorarbeiten erörtert werden. Was ist nun all diesen Wissenschaften in ihrer Beziehung auf die Menschen, ihre Verhältnisse zueinander und zur äußeren Natur gemeinsam? Sie sind alle fundiert im Erleben, in den Ausdrücken für Erlebnisse und in dem Verstehen dieser Ausdrücke. Das Erlebte und das Verständnis jeder Art von Ausdruck für Erlebnisse fundiert alle Urteile, Begriffe, Erkenntnisse, welche den Geisteswissenschaften eigentümlich sind. So entsteht ein Gefüge von Wissen, in welchem das Erlebte, das Verstandene und die Repräsentationen desselben im begrifflichen Denken miteinander verbunden sind. Und dieses Gefüge kehrt nun in der ganzen Gruppe der Wissenschaften wieder, die das der Theorie der Geisteswissenschaften zugrunde liegende Faktum ausmachen. Alle die Eigenschaften, welche als das Wesen dieser Wissenschaften konstituierend richtig herausgehoben sind, folgen erst aus diesem gemeinsamen Wesen derselben. So das besondere Verhältnis, in welchem innerhalb dieser Gruppe das Einmalige, Singulare, Individuelle zu allgemeinen Gleichförmigkeiten steht. Das besondere Verhältnis, in welchem hier der ursächliche Zusammenhang zu Werten, die sich in ihm verwirklichen, sich findet. Aber mehr noch ergibt sich von hier aus: alle leitenden Begriffe, mit welchen diese Gruppe von Wissenschaften operiert, sind von den entsprechenden des Naturwissens verschieden. Realität hat in denselben einen anderen Sinn als in unserem Naturwissen, wenn sie von dessen physischen Gegenständen prädiziert wird. Die Kategorien, die im Erlebten und Verstandenen enthalten sind und welche die Repräsentation desselben in Wissenschaften möglich machen, sind andere. Die Objektivität des Wissens, die hier angestrebt wird, hat einen anderen Sinn; die Methoden, sich dem Ideal der Objektivität des Wissens hier anzunähern, zeigen wesentliche Verschiedenheiten von denen, durch welche wir der Naturerkenntnis uns nähern. So bildet diese Gruppe von Wissenschaften ein eigenes Reich, das unter eigenen Gesetzen steht, die in der Natur des Erlebbaren, Ausdrückbaren und Erkennbaren gegründet sind.

Ich erläutere diese Begriffsbestimmung. Das vollständige und in sich abgeschlossene, klar abgegrenzte Geschehen, das in jedem Teil der Geschichte, wie in jedem geisteswissenschaftlichen Begriff enthalten ist, ist der Lebensverlauf. Dieser bildet einen Zusammenhang, der von Geburt und Tod umgrenzt ist. Für die äußere Wahrnehmung erscheint derselbe in dem Bestande der Person während ihrer Lebenszeit. Diesem Bestande kommt die Eigenschaft ununterbrochenen Bestehens zu. Aber unabhängig hiervon besteht ein erlebbarer Zusammenhang, der die Glieder des Lebensverlaufs von der Geburt bis zum Tode verbindet. Ein Entschluß wirkt Handlung, welche sich über viele Jahre erstreckt; sie sind unterbrochen oft auf lange Zeit von Lebensvorgängen ganz anderer Art; aber ohne daß eine neue Entschließung in derselben Richtung stattfände, wirkt der Entschluß auf die Handlung. Die Arbeit an einem Zusammenhang von Ideen kann durch lange Zeiträume geteilt sein, und es liegt doch dann in einer weit zurückliegenden Zeit eine Aufgabe, die wieder aufgenommen wird. Ein Lebensplan besteht, ohne daß eine neue Prüfung desselben eintreten müßte, fort und verbindet Entschlüsse, Handlungen, Widerstand, Wünsche, Hoffnungen der verschiedensten Art miteinander. Kurz, es gibt Zusammenhänge, die ganz unabhängig von der Aufeinanderfolge in der Zeit, den direkten Beziehungen des Sichbedingens in ihr die Teile des Lebensverlaufs zu einer Einheit verknüpfen. So wird die Einheit des Lebensverlaufs erlebt und in solchen Erlebnissen hat sie ihre Sicherheit.

2

In dem Lebensverlauf ist die Bestimmung der Zeitlichkeit des Lebens enthalten; der Ausdruck *Verlauf* bezeichnet eben nur dieses. Zeit ist nicht nur eine Linie, die aus gleichwertigen Teilen bestünde, ein System von Verhältnissen, von Sukzessionen, Gleichzeitigkeit, Dauer. Denken wir die Zeit absehend von dem, was sie erfüllt, so sind die Teile derselben einander gleichwertig. In dieser Kontinuität ist auch der kleinste Teil linear, er ist ein Ablauf; ein *ist* ist nirgend im kleinsten Teil. Die konkrete Zeit besteht aber vielmehr in dem rastlosen Vorrücken der Gegenwart, in welchem das Gegenwärtige immerfort Vergangenheit wird und das Zukünftige Gegenwart. Gegenwart ist Erfüllung eines Zeitmomentes mit Realität, ist Erlebnis im Gegensatz zur Erinnerung desselben, oder zu dem Wünschen, Hoffen, Erwarten, Fürchten [das] eines Erlebbaren für die Zukunft. Diese Erfüllung mit Realität ist es nun, die in fortrückender Zeit kontinuierlich und immer besteht, während das, was den Inhalt des Erlebens ausmacht, sich beständig ändert. Diese fortrückende Erfüllung mit Realität in der Linie der Zeit, die den Charakter der Gegenwart ausmacht, im Unterschied vom Vorstellen des Erlebten oder zu Erlebenden, dies beständige Versinken des Gegenwärtigen rückwärts in ein Vergangenes und zu-Gegenwart-Werden dessen, was wir eben noch erwartet, gewollt, gefürchtet haben, das auch nur in der Region des Vorgestellten war – das ist der Charakter der wirklichen Zeit. Der Ausdruck dieses Charakters ist, daß wir immer in der Gegenwart leben, und in ihm ist ferner enthalten die beständige Korruptibilität unseres Lebens. Und in diesem Fortrücken der Erfüllung des Zeitmomentes mit Realität liegt ferner, daß die Gegenwart innerhalb der Folge der Erlebnisse, wo nicht deren Kontinuität abbricht, im Schlaf oder andern Zuständen verwandter Art, ohne Bruch oder Riß folgt und immer da ist. Nur in ihr ist Zeiterfüllung, ist sonach Lebensfülle. Das Schiff unseres Lebens wird gleichsam auf einem beständig fortdrehenden Strom dahingetragen, und Gegenwart ist immer, wo wir auf diesen Wellen leben, leiden, wollen, erinnern, kurz wo wir in der Fülle unserer Realität erleben. Wir fahren aber unablässig mit diesem Strom dahin und in demselben Moment, in welchem das Zukünftige ein Gegenwärtiges wird, versinkt dieses auch schon in die Vergangenheit. Der Unterschied des Erlebnisses, zu welchem ja auch das Erlebnis der Erinnerung oder der Erwartung einer Zukunft oder des Willens, sie zu realisieren, gehört, von den in dem Erlebnis auftretenden Vorstellungen eines Vergangenen oder Kommenden ist uns immer erfahrbar. Besteht doch ewig in den Beziehungen zwischen solcher Gegenwart, Vergangenheit und Zukunft der Charakter unseres Lebensverlaufs. Aber da nun die Gegenwart niemals ist, sondern auch der kleinste Teil des kontinuierlichen Fortrückens in der Zeit Gegenwart und Erinnerung an das, was eben gegenwärtig war, in sich schließt, so ergibt sich hieraus, daß das Gegenwärtige als solches niemals erfahrbar ist. Hierzu kommt, daß der Zusammenhang des Erinnerten mit dem Gegenwärtigen, der Fortbestand der qualitativ bestimmten Realität, das Fortwirken im Vergangenen als Kraft in der Gegenwart dem Erinnerten einen eigenen Charakter von Präsenz mitteilt. Und die *Präsenz* ist das

Einbezogenwerden von Vergangenem in unser Erleben; dasjenige, was so im Fluß der Zeit eine Erlebniseinheit bildet, weil es im Lebensverlauf eine einheitliche Bedeutung hat, ist die kleinste Einheit, die wir als Erlebnis bezeichnen können. Darüber hinaus aber bezeichnet unser Sprachgebrauch als Erlebnis auch jede umfassendere ideale Einheit von Lebensteilen, die eine Bedeutung für den Lebensverlauf hat, und auch wo die Momente durch unterbrechende Vorgänge getrennt sind, wendet es diesen Begriff an.

3

So treten wir nun der Kategorie der Bedeutung entgegen. Die in ihr enthaltene Beziehung bestimmt und gliedert die Auffassung unseres Lebensverlaufs; sie ist aber auch der Gesichtspunkt, unter welchem wir das Neben- und Nacheinander von Lebensverläufen in der Geschichte erfassen und darstellen, das Bedeutsame heraushebend nach der Bedeutung, jedes Geschehnis gestaltend; sie ist ganz allgemein die Kategorie, welche dem Leben und der geschichtlichen Welt eigentümlich ist; ja dem Leben wohnt sie ein als die eigentümliche Beziehung, die zwischen seinen Teilen obwaltet, und so weit das Leben sich erstreckt, wohnt ihm diese Beziehung ein und macht sie es darstellbar.

Den eigentümlichen Zusammenhang meines Lebens habe ich nach der Natur der Zeit nur, indem ich mich zurückerinnere an seinen Verlauf. Eine lange Reihe von Vorgängen wirkt dann in meiner Erinnerung zusammen, nicht eines ist für sich reproduzierbar. Schon im Gedächtnis vollzieht sich eine Auswahl, und das Prinzip dieser Auswahl liegt in der Bedeutung, welche die einzelnen Erlebnisse für das Verständnis des Zusammenhangs meines Lebensverlaufs damals, als sie vergangen waren, hatten, in der Schätzung späterer Zeiten bewahrten, oder auch, als die Erinnerung noch frisch war, von einer neuen Auffassung meines Lebenszusammenhangs aus erhielten; und jetzt, da ich zurückdenke, erhält auch von dem, was mir noch reproduzierbar ist, nur dasjenige eine Stellung im Zusammenhange meines Lebens, was eine Bedeutung hat für dieses, wie ich es heute ansehe. Eben durch diese meine jetzige Auffassung des Lebens erhält jeder Teil desselben, der bedeutsam ist, im Lichte dieser Auffassung die Gestalt, in der er heute von mir aufgefaßt wird. Er erhält den Bezug zu anderen bedeutsamen Teilen von hier aus; er gehört einem Zusammenhang an, der durch die Beziehungen der bedeutsamen Momente des Lebens zu meiner jetzigen Deutung desselben bestimmt ist. Diese Bedeutungsbezüge konstituieren das gegenwärtige Erlebnis und durchdringen dasselbe. Bei einem erneuerten Besuch einer mir bedeutenden Person empfängt dies Erlebnis seine Fülle aus dem Bedeutsamen in früherem Zusammentreffen: dann sind die älteren Erlebnisse zusammengegangen in eine stärkere Einheit, die aus ihrem Bezug zum Gegenwärtigen entsteht. Ich kann dann das Gefühl haben, als wäre ich von dieser Person niemals getrennt gewesen. So innerlich und eigen ist dieser Bezug. Ich habe eine Galerie wiederholt besucht; aus dem, was mir bedeutend war, erwächst jetzt, durch welche Zeit auch der heutige Besuch von dem früheren getrennt war, die ganze Fülle des jetzigen künstlerischen Erlebnisses.

Der Ausdruck hiervon ist die Selbstbiographie. Sie ist eine Deutung des Lebens in seiner geheimnisvollen Verbindung von Zufall, Schicksal und Charakter. Wohin wir blicken, arbeitet unser Bewußtsein, mit dem Leben fertig zu werden. Wir leiden an unseren Schicksalen wie an unserem Wesen, und so zwingen sie uns, uns verstehend mit ihnen abzufinden. Vergangenheit lockt geheimnisvoll, das Gewebe der Bedeutung ihrer Momente zu erkennen. Und ihre Deutung bleibt doch unbefriedigend. Nie werden wir mit dem fertig, was wir Zufall nennen: das, was bedeutsam für unser Leben wurde als herrlich oder als furchtbar, scheint immer durch die Tür des Zufalls einzutreten.

Dieselbe Beziehung zwischen der Bedeutung der einzelnen Erlebnisse und dem Sinn des ganzen Lebensverlaufs waltet in der Dichtung. Sie waltet aber in einer ganz neuen Freiheit; denn die Phantasie gestaltet hier die Geschehnisse aus dem Bewußtsein ihrer Bedeutung für das Leben, losgelöst vom Zwange der Wirklichkeit. Und fragen wir nun nach dem Gesetz, unter welchem diese Umbildung sich vollzieht, dann ist es die Herstellung eines Bedeutungszusammenhangs. Das Heldenlied entsteht, indem von einer lebensbedeutsamen Beziehung aus, die wir als Motiv bezeichnen, ein Historisches untergeht in der Darstellung seiner Bedeutsamkeit. Alles versinkt dann am Geschehnis, was nicht für die Darstellung der Bedeutung desselben ein notwendiges Moment ist. Das Heldenepos ist dann ein höherer Aggregatzustand, in welchem die einem größeren Zusammenhang zugehörigen Heldenlieder durch die Beziehung ihrer Motive auf einen umfassenden Bedeutungszusammenhang eine höhere Dignität für die Erfassung der Bedeutung des Lebens erreichen. Eine weitere höhere Stufe in Deutung des Lebens enthält dann das ritterliche Epos.

Und wieder entsteht eine höhere Deutungsform im Drama. Es besteht ein Verhältnis von Konzentration zu scharfer Ausprägung der Lebensdeutung, wenn die Tragödie usw.

Auch in der bildenden Kunst herrscht dasselbe Verhältnis von Bedeutung des Einzelnen zum Verständnis eines Erlebniszusammenhangs. Eben hierin beruht der innere Zusammenhang der Künste untereinander in einem Zeitalter, das Verständnis durch Bedeutung des Einzelnen und die davon abhängige Technik auf allen Gebieten. Denn auch die bildende Kunst unterscheidet sich von der Photographie oder der Nachbildung in Wachs dadurch, daß sie den Zug des Bedeutsamen zum Verständnis, zur Geltung bringt. In der Mannigfaltigkeit der momentanen Bilderlebnisse von Landschaften oder Interieur oder menschlichem Antlitz wechselt beständig die Auffassung der bedeutsamen Momente. Immer aber ist es nicht objektive Darstellung, was hier auftritt, sondern Lebensbezug. Ein Wald in der Abenddämmerung steht mächtig und beinahe furchtbar vor dem Beschauer; die Häuser im Tal mit ihren stillen Lichtern rufen den Eindruck traulicher Heimlichkeit hervor, weil dies aus dem Bezug des Lebens zu ihnen hervorgeht. Die Lebensbilder einer Person sind vielfach bedingt von dem Bezug zu ihr. Und viel stärker tritt dies nun im Figurenbild hervor, in welchem das Verständnis eines Vorgangs den Mittelpunkt bildet.

Alle Veränderungen, welche die bildende Kunst in ihrem Verlaufe erfährt, ändern nichts an diesem Verhältnis, nach welchem jedes Werk der bildenden Kunst das Verständnis eines im Raum Auftretenden durch die Bedeutungsbeziehung zwischen seinen Teilen herstellt, und nur die Art dieser Beziehung ist verschieden. [. . .]

KONRAD BURDACH
(1859–1936)

1892 Professor, 1902 Generalsekretär der Preußischen Akademie der Wissenschaften zu Berlin. BURDACH hat sich ausgiebig mit der Geschichte der deutschen Philologie beschäftigt, siehe den Sammelband wissenschaftsgeschichtlicher Aufsätze ‹Die Wissenschaft von deutscher Sprache. Ihr Werden, ihr Weg, ihre Führer›, Berlin 1934.

Text: K. BURDACH, Vorspiel. Gesammelte Schriften zur Geschichte des deutschen Geistes, Bd. 1, Halle 1925, S. 10 ff.

EINLEITUNG DER VORLESUNG ÜBER WALTHER VON DER VOGELWEIDE
AN DER BERLINER UNIVERSITÄT (1902)

[. . .]
Was ich Ihnen bieten will, ist also praktische Philologie, und zwar praktische Philologie angewandt im Dienste geschichtlicher nationaler Erkenntnis, im Dienste der gerechten, vorurteilslosen Würdigung unserer großen mittelalterlichen Kaiserzeit, deren erhabene Dome als ehrwürdige stumme Zeugen in das Getriebe des modernen Lebens hineinragen.

Ich brauchte vorher das Wort *Philologie* absichtlich, obgleich ich weiß, daß es in weiten Kreisen ein gefürchtetes oder verachtetes Wort ist. Denn es ist die ehrenvollste, treffendste, würdigste Bezeichnung einer wissenschaftlichen Bemühung, deren große menschliche Bedeutung, deren Wichtigkeit für die Bildung der Nation nur ein Kurzsichtiger, ein falsch Unterrichteter leugnen kann.

Philologie ist nicht die Schulmeisterei, mit der grüne Jungen geödet und drangsaliert werden. Philologie ist nicht die Freude an einem Konglomerat von grammatischen Formen, nicht die Freude an einem spitzfindigen System sprachlicher Tatsachen. Philologie ist die Wissenschaft vom Logos, d. h. von dem Wort, das zugleich Sinn ist. Es ist die Freude am sinnvollen Wort, am lebendigen Ausdruck des Geistes. Der Geist einer Zeit, einer nationalen Gemeinschaft, die wir Volk nennen, macht sich wahrnehmbar durch mancherlei Zeichen und Symbole. In der Tracht und Kleidung, in der Sitte, im Schmuck, in den Erzeugnissen der Kunst vom geschliffenen oder gespitzten Stein der ältesten Urzeit bis zum Kölner Dom, von der ursprünglichsten Tonweise eines Hirtenrohres bis zu den Symphonien BEETHOVENS, von dem rohesten Tonamulet bis zum Hermes des PRAXITELES, von der simpelsten Bildkritzelei an einer Steinwand bis zu den Fresken MICHELANGELOS und RAFFAELS im Vatikan.

Alle diese Ausdrucksformen des menschlichen Geisteslebens wenden sich an die äußern Sinne, das Auge oder das Ohr: nur durch unbestimmte Symbole und Zeichen, durch unbestimmte Ahnungen dringen sie auch tiefer ins Innere des Aufnehmenden, bis an die Pforte des Bewußtseins.

Allein in der Sprache redet menschlicher *bewußter* Geist unmittelbar, sicher und klar zum menschlichen bewußten Geist. Nur der in Worte gefaßte Sinn gibt das *geistige Miteinanderleben* der Menschen, der einzelnen wie der Stämme und Völker wieder. Nur in und mit der Sprache gibt es Religion, gibt es Recht, gibt es Poesie, gibt es endlich überhaupt ein entwickeltes Denken. Das Johanneische ἐν ἀρχῇ ἦν ὁ λόγος: ‹Im Anfang war das Wort› hat seine tiefe Wahrheit: wenn wir auch ein Denken ohne Worte und über den Worten anerkennen müssen – so weit wir rückwärts schreitend in die Ursprünge menschlichen Lebens vordringen, überall steht das *Wort*, steht die Sprache am Anfang dieses menschlichen Lebens.

Die Philologie nun ist die Wissenschaft, die dem Zusammenhang zwischen Wort und Sinn nachforscht, die die *Einheit* von Wort und Sinn ergründen will. Aber nicht auf dem Wege der Spekulation, nicht durch allgemeine vernünftige Gedankenprozesse. Sondern indem sie die unendliche Vielheit von Erscheinungsformen dieses Zusammenhangs zwischen Wort und Sinn durch die gesamte Geschichte der Menschheit verfolgt. Diese ungeheure Fülle philologischer Phänomene sondert und gliedert sich aber in Gruppen und innerhalb von Grenzen, welche durch ethnische Unterschiede bedingt sind. Die Wissenschaft der Philologie ist darum die Wissenschaft von den Nationalitäten. – Die anderen Ausdrucksformen geistigen Lebens sind universal, allweltlich: Kleider und Moden, Werkzeuge und Geräte, Münzen und Kunstwerke, Melodien wandern über die Grenzen der Rassen und Stämme und Nationen. Sie können international werden und sind es zum Teil. Sie spiegeln also das allgemein Menschliche des geistigen Lebens und der geistigen Anlagen wieder. Die *Sprachen* haben noch jeder Zeit die Völker von einander getrennt. Wohl hat es Gelehrtensprachen, Kultus- und Kirchensprachen gegeben und gibt es zum Teil noch jetzt, die über die nationalen Grenzen hinausreichen. Aber das sind keine lebendigen Sprachen, sondern Buchstabensprachen, tote Sprachen. Die wahre, die lebendige Sprache ist immer national und partikulär, immer individuell und temporär. Sie ist ewig, aber niemals stabil. Ein fließendes Gewässer, in dem kein Tropfen still steht. Und anderseits: ein Gewand, das jeder trägt, das aber auf eines jeden Leib anders aussieht und das kein einzelner gemacht hat.

Auf keinem Gebiet der Äußerungsformen menschlichen Geistes zeigt sich die unendliche Mannigfaltigkeit der Individualität und die unerschöpfliche Neuerungs- und Schöpfermacht der Natur, die grenzenlose Veränderlichkeit und Entwicklungsfülle des geschichtlichen Lebens überwältigender als in den Wandlungen und Gestaltungen der Sprache, des sinnvollen Wortes.

Die Philologie als die Wissenschaft von den nationalen Formen und den geschichtlichen Entwicklungen des sinnvollen Wortes ist zugleich die Offenbarerin tiefster und edelster Geheimnisse. Sie trägt die Leuchte in die verborgenen Gründe, wo die Wurzeln der Nationalität der Völker, der geistigen Eigenart der Jahrhunderte und Generationen, der Individualität der einzelnen großen Denker und Dichter liegen.

Die höchste Leistung der Sprache ist die künstlerische Anwendung des Wortes: die Poesie, die Literatur. Hier blüht das sinnvolle Wort in seiner reinsten und edelsten Entfaltung. Um sie hat daher die Philologie sich, solange sie besteht, zuerst und am meisten bemüht. [. . .]

Die deutsche Philologie war ihrem Ursprung nach ein Akt des Widerstandes gegen den *Klassizismus*, gegen die Herrschaft des absoluten Schönheitsideals eines einzelnen fremden Volkes, sei es des römischen, sei es des griechischen, gegen den *Rationalismus*, d. h. gegen die Autorität der Vernunft, gegen den Kultus des Individuums, der Bildung, der Intelligenz, gegen die *aristokratische* Lebensanschauung, die in den Höfen, auf den Höhen der Gesellschaft allein Quell und lebendigen Fortgang der menschlichen Kultur erblickte, gegen die Suprematie *romanischer* Kultur. Ein neuer Begriff ‹*Volk*› gibt der jungen Wissenschaft die Richtung und weist ihr in Recht, Mythologie, Poesie das *Unbewußte*!

In den Tagen, da die politische Ohnmacht Deutschlands der staatlichen Fremdherrschaft zutrieb, erwuchs die Wissenschaft, welche den Namen der BRÜDER GRIMM und KARL LACHMANNS trug, unter dem Zeichen der *inneren* Befreiung der Nation.

LUDWIG UHLAND, der patriotische Sänger, Gelehrte und Politiker, schrieb 1822 die erste Biographie eines altdeutschen Dichters: die Biographie WALTHERS VON DER VOGELWEIDE. Und KARL LACHMANN, der selbst als Jüngling in den Freiheitskrieg gezogen war, schuf 1827 die erste kritisch-wissenschaftliche Ausgabe der Gedichte WALTHERS: ‹Ludwig Uhland zum Dank für deutsche Gesinnung, Poesie und Forschung gewidmet.› So lautet die Widmung, die deutlich verrät, was der Lakonismus dieser mustergültigen, unübertrefflich wortkargen Ausgabe verschweigt: aus *nationalen* Motiven ist sie entsprungen. Und KARL SIMROCK, der nationale Lyriker und Übersetzer, gleichfalls wie UHLAND ein Kind der Romantik, übertrug WALTHERS Dichtung zuerst 1833 in neuhochdeutsche Verse, TIECKS ersten Versuch weit überholend.

Die germanistische Wissenschaft hat sich im Laufe des Jahrhunderts von den romantischen Tendenzen ihres Ursprungs weit entfernt. Sie hat die anbetende Andacht zum Heimischen, zum Volkstümlichen, zum Kleinen und Unbedeutenden, sie hat die Überschätzung des Primitiven und Altertümlichen an sich, die Übertreibung des berechtigten Triebs, die deutsche Poesie aus sich heraus zu begreifen, abgestreift. Geschichtliche Objektivität hat romantische Unklarheit abgelöst. Man glaubt, seit WHITNEY * und SCHERER, nicht mehr mit JACOB GRIMM und SCHLEICHER ** an den Vorrang der alten Sprachzustände vor den jüngeren, an eine prinzipielle Ver-

---

* WILLIAM DWIGHT WHITNEY (1827–94), amerikanischer Sprach- und Sanskritforscher, seit 1854 Professor in Yale. (Anm. d. Red.)
**AUGUST SCHLEICHER (1821–68), deutscher Sprachforscher, Professor in Prag und Jena, erschloß durch Vergleich indogermanischer Sprachen eine indogermanische Ursprache. (Anm. d. Red.)

schiedenheit der Gesetze, nach dem sich sprachliches Leben in den Urzeiten und später vollzieht. Man zieht mit SCHERER die Konsequenz daraus für die Wertung der Literatur- und Kunstepochen. Man würdigt wohl den Anteil des Volks und der unbewußten Tätigkeit bei dem Entstehen und Fortwachsen der Sitte, des Rechts, der Poesie. Allein man glaubt nicht mehr mit den Romantikern an eine mystische momentane Schöpfung des Epos, der Sage, der sittlichen Gebräuche durch die Volksgesamtheit.

Aber, meine Herren, in gewisser Beziehung hat die deutsche Philologie bis auf den heutigen Tag eine Art von Einseitigkeit und Enge bewahrt, die sich aus den Tagen ihrer Entstehung herschreibt und erklärt.

Sie war erwachsen an JACOB GRIMMS wundervoller Vertiefung in die jahrhundertalte vielverschlungene Geschichte der germanischen Dialekte, wie sie seine Grammatik seit 1819 den staunenden Zeitgenossen vor Augen gestellt hatte. Sie teilte mit der Romantik die unendliche Hochschätzung der *Poesie* als mächtigen Faktors des Lebens.

Die Poesie in deutscher Sprache war und blieb daher Mittelpunkt: JACOB GRIMM hatte auch das deutsche Recht und die deutsche Mythologie umfaßt. Bei seinen Nachfolgern überwog aber unter dem übermächtigen Einfluß des Wortphilologen LACHMANN wieder das Interesse an der *Dichtung*. Die seit SCHERERS ‹Zur Geschichte der deutschen Sprache› 1868 aufblühende streng genetische deutsche Grammatik mit linguistischer Färbung, deren glänzendste Vertreter der Däne KARL VERNER, ferner die Deutschen AMELUNG, MAHLOW, BRAUNE, PAUL, SIEVERS, MÖLLER sind, bestärkte die Neigung, die mittelalterliche Literatur allein so weit zu berücksichtigen, als sie in *deutsche* Sprache gekleidet war, steigerte das Interesse an den formalen Elementen der deutschen Kultur und drängte die Teilnahme für die sogenannten Realien, für Recht, Sitte, Kunst und Altertümer zurück.

Darin liegt nun eine große Schwäche. Die deutsche Literatur des Mittelalters ist nur ein winziger Bruchteil der gesamten Literatur Deutschlands während dieser Zeit. Die Sprache der Bildung, der Kirche, der Wissenschaft, des diplomatischen Verkehrs, des Rechts war die *lateinische*. Die deutsche Poesie steht von ihren ersten uns bekannten Spuren an (seit dem 8. Jahrhundert) fortgesetzt unter dem Bann der überlegenen ererbten lateinischen Kultur und Sprache, lange Zeit auch unter dem der *französischen*.

Hat die deutsche Philologie als die Geschichte der nationalen Bildung unseres Volkes die Aufgabe, die heimischen Bestandteile der mittelalterlichen Kultur herauszuschälen und sie in ihrer Entwicklung, in ihrem Zusammenhang mit den Grundlagen unseres Volkes aufzudecken, so muß sie, um das Autochthone zu erkennen, doch auch über das Importierte einen klaren Überblick haben.

Diese Erkenntnis bricht seit einigen Jahren in germanistischen Kreisen allgemein durch. Doch ist sie noch lange nicht Allgemeingut geworden und erst von wenigen durch die Tat bekräftigt. [. . .]

ÜBER DEUTSCHE ERZIEHUNG

Nachwort und Ausblick

[. . .]

Der deutsche Sprachunterricht, der in solcher Erkenntnis seine Aufgabe erfüllt, wird die Lehre bestätigen, die sich aus einer unbefangenen Betrachtung der Geschichte der deutschen *Literatur* ergibt. Auch er wird auf das entschiedenste den nationalen Standpunkt vertreten. Aber auch er wird sich mit aller Schärfe widersetzen den nationalistischen Übertreibungen und Torheiten: jener pangermanischen Rasse-Mythologie, die sich einen Jehova der Weltkultur erfindet, der seit Äonen und in alle Ewigkeit dem germanischen Stamm und seinen Vorfahren die Rolle des Protagonisten im Drama der Menschheitsentwicklung überträgt.

Als ich ein Junge war, zur Zeit des deutsch-französischen Krieges, da spottete Groß und Klein des frechen Worts von der *grande nation*, die an der Spitze der Zivilisation marschiere. Um kein Haar vernünftiger ist es, wenn jetzt bei uns eine phantastische Lehre sich breit macht, die mit den luftigsten Gründen allen europäischen und außereuropäischen Stämmen außer den germanischen die Fähigkeit schöpferischer Kultur abspricht und alles Große, Fruchtbare, Dauernde, das jemals von Menschen geleistet wurde, als germanisches Verdienst betrachtet, die den Italienern ihren Dante, Petrarca, Lionardo, den Franzosen ihren Rabelais und Molière nimmt und sie für Kinder germanischen Bluts erklärt, die auch die hellenische Herrlichkeit und selbst das Wirken des Juden Jesus auf Gott weiß was für blondhaarige herrenschädelige Germanenbeimischung zurückführt! Man könnte sie verlachen, diese Träume. Aber sie sind eine offenkundige Weltgefahr, und welchen Schaden sie der Ehre des deutschen Namens zufügen, welchen begreiflichen und berechtigten Hohn und Haß sie bei allen Völkern der Erde gegen uns erregen, läßt sich gar nicht absehen. Die Erfinder und Verbreiter dieses Dogmas vom auserwählten Kulturvolk dünken sich Apostel des nationalen deutschen Evangeliums und Schatzgräber des versunkenen nationalen Charakters. In Wahrheit aber kann man nichts aussinnen, das den tiefen und edlen Gedanken unserer Großen, eines Leibniz etwa oder Goethe, schroffer widerspräche, das weiter abstünde von echter Germanenkraft und Germanengerechtigkeit. Denn die achtet an jedem aufrechten Lebensgenossen, auch am Feinde, die fremde Art.

Nein! der *nationale Charakter* Deutschlands, er ist noch nicht in die Höhe gerückt. Er ruht noch fern von uns in der Tiefe. Soll aber darum die Schule, die wir erhoffen, warten, bis er emporsteigt?

Bedräuliches Gewirr unversöhnter Gegensätze, erbitterter Hader wirklicher und vermeintlicher Widersacher, gehässiger Zwist der sich nahe stehenden Freunde – dies ist das Zeichen, unter dem unser Vaterland heute seinen geschichtlichen Weg fortsetzen soll. Ist es da nicht die Pflicht des Gymnasiums, sich auf sich selbst zu besinnen und eine Stätte zu werden der Übung und Kräftigung aller großen und edlen Anlagen, die in unserer

Nation liegen? Hat nicht der deutsche Unterricht schon jetzt den Beruf, Führer zu sein *zur nationalen Eintracht, zur Gerechtigkeit und Wahrhaftigkeit, zur Treue gegen uns und deutsche Art, aber auch zur Achtung und zum Verständnis fremden Volkstums und seiner Leistungen?* Um uns regen sich tausend Keime eines jungen Lebens. Ein Drängen und Sehnen nach neuer Jugend, nach natürlicher, freier, persönlicher und sozialer Gestaltung unseres Staates, unserer Gesellschaft, unserer körperlichen und geistigen Bildung. Ineinander verschlungen glühen zahllose Triebe nach neuen Wertungen, nach einem neuen Menschenideal. Das deutsche Gymnasium, der deutsche Unterricht helfe dem kommenden Geschlecht durch dieses Labyrinth ins Lichte. Die umfassende geschichtliche Erkenntnis unseres Selbst, unseres Volkstums, unsrer Sitte, unserer Sprache, unserer Sage, unserer Dichtung und Literatur werde der rettende Faden, der hinausleitet in den Tag des freien Lebens und Schaffens. Dann mögen sich dereinst diese Befreiten, Geschulten und Gestählten freuen der Sonne, die über einer dritten Blüte des deutschen Humanismus erstrahle. Selbwachsen und von echter heimatlicher Art soll der sein, aber fähig und bereit zu lebendiger Kenntnis auch aller ewigen Schöpfungen menschlicher Kultur von anderem nationalen Gehalt, seien es die Denkmäler des hellenisch-römischen Altertums, seien es die Werke und Taten unserer modernen Mitkämpfer im redlichen Wettbewerb um den Kranz des Ideals.

Weit und schwer ist der Weg. Lange wird es dauern, bis die rechte Form diesem neuen Gymnasium geschaffen und die rechte Lehrart dem künftigen deutschen Unterricht gefunden werde, bis die geeigneten Lehrer ihres Amtes zu walten vermögen. Von alledem wäre ein andermal zu reden. Nur der erreicht hier das Mögliche, der das Unmögliche mit ernstem Sinn und beharrendem Mut fordert. Germanisten an die Front!

23. Juli 1914.

Wenige Tage nachdem die Niederschrift dieser Mahnungen an den Herausgeber der Zeitschr. f. d. d. Unterr. abgegangen war, brach über unser Vaterland die große Schicksalsstunde herein. Dem Ruf ‹An die Front!› folgten nun ungezählte Germanisten im eigentlichen, schönsten Sinne. Nun erstand über Nacht durch ein Wunder die Einmütigkeit, die wir vermißten. Nun schweigt der Zwist der Parteien und Richtungen. Nun fühlen sich alle Deutschen eins als Verteidiger des deutschen Staats und der deutschen Kultur, unserer Existenz und unserer Zukunft. Möge in dem furchtbaren Weltkrieg, der uns aufgedrängt wurde, unser gutes Recht durch die Kraft unserer Waffen und die herrliche Hingebung unseres ganzen Volkes den Sieg erringen über unsere offenen wie auch über alle unsere heimlichen Feinde und Neider! Der *furor teutonicus* brause unwiderstehlich über die Erde! In ihm steckt ja der Kern unseres Wesens, aus dem Deutschlands nationaler Charakter hervorgehen könnte. Denn in diesem *furor teutonicus* birgt sich zugleich das Zarteste und Edelste, das Reinste und Höchste, das wir haben: die deutsche Seele, der deutsche Idealismus, der deutsche Weltberuf. In der gewaltigen Erhebung dieser eben durchlebten Wochen schien sich die ersehnte *innere nationale Wiedergeburt*, eine neue wahrhaft *deutsche Renaissance* unseres Vaterlandes, schien sich die in den letzten Jahrzehnten so schmerzlich entbehrte innere Einigung aller schaffenden Stände und Kreise anzukündigen. Der Friede möge das erfüllen und vollenden. Dann werden wir auch jenem neuen Weltreich des deutschen Geistes näher kommen, dessen Prophet einst SCHILLER war in seinem Säkulargedicht zur Begrüßung des 19. Jahrhunderts. Auch GOETHE und RICHARD WAGNER harrten dieses deutschen geistigen Weltreiches. Wenn der Sturm ausgetobt hat, möge der deutsche Unterricht dorthin ein Führer sein. Denn in dem Erstarken der germanischen Völker, das wir als Ergebnis dieses Krieges erhoffen, soll auch das große ewige Erbe ihrer zweitausendjährigen Geschichte wachsen, soll die volle Entfaltung unserer nationalen Kräfte den *freien Wettstreit aller Kulturvölker* sichern, läutern, und ihn aufwärts leiten zu immer friedensvolleren, menschlicheren Zielen.

9. September 1914.

GUSTAV ROETHE
(1859–1926)

Seit 1902 Professor in Berlin. ‹Wege der deutschen Philologie› nannte ROETHE *seine Rede zum Antritt des Rektorats 1923.*

Text: G. ROETHE, *Deutsche Reden*, hg. v. JULIUS PETERSEN, *Leipzig o. J.,* S. 439 ff.

[. . .]
Die strenge Philologie ist heute nicht beliebt: wer ihrer spottet oder sie schilt, ist des Beifalls in weiten Kreisen sicher. Solche Unpopularität kann sehr rühmlich sein. Und wenn die deutsche Philologie insofern günstiger dasteht, als ihr aus nationalen oder, wie man mit unschönem Worte heute sagt, *völkischen* Kreisen Hoffnung und Enthusiasmus entgegenschlägt, so ist dieses Vertrauen nicht unzweideutig. Die reine Erkenntnis, auf die wir allen entscheidenden Wert legen, erscheint gerade in Zeiten schwerer Not vielen wie ein geistiger Luxus; man ruft nach der angewandten Wissenschaft, deren Frucht sich greifen läßt; man möchte etwa der Sprachforschung statt der Deutung freien sprachlichen Lebens ein regelndes Richteramt über Sprachrichtigkeit und -reinheit zuweisen. Gilt es der Erweckung nationalen Sinns, so hat sich die Philologie ihrer Vergangenheit freilich nicht zu schämen. [. . .]
Von der großen nationalen Bedeutung der deutschen Philologie sei jeder ihrer Jünger durchdrungen! Und er treibe sie mit der Liebe, die sehend macht! Aber es gibt auch eine Liebe, die blind macht oder Wahnbilder erzeugt. [. . . Es folgen kritische Bemerkungen gegen völkische Wahnbilder.] Auch mich hat meine Wisssenschaft einst zu der Überzeugung geführt, daß die Deutschen ein adliges Volk seien, zu besonderen Aufgaben berufen, und so grausam die Gegenwart alle solche Träume Lügen straft, einen Schatten der Hoffnung, daß die verzerrte Maske von heute eben nur eine Ausgeburt seelischer Krankheit sei, laß ich mir doch nicht rauben. Aber so wenig wir uns selbst mit unsern Wünschen und Ahnungen aus

unserm wissenschaftlichen Schaffen ausschalten können, das strenge Streben nach nationaler Selbsterkenntnis, die sich nicht von Wünschen und Einbildungen berauschen läßt, sondern zu entsagen weiß, ist das Wesen der wissenschaftlichen deutschen Philologie. [. . .]

Die neuere deutsche Literaturgeschichte sollte von der älteren und von der Sprach- und Formgeschichte nie gelöst werden: wem die Größe unserer germanischen Heldendichtung, die glänzende Kunst des mittelalterlichen Rittertums, der Geist der Mystik und Reformation, das tiefste Leben unserer Sprache aus Mangel an Sprachkenntnis nur wenig vertraut ist, der wird gerade die großen deutschen Kräfte unserer neuen Zeit auch nicht würdigen; und dem mittelalterlichen Philologen, dem das überreiche Spiel der geschichtlichen Mächte, wie die Neuzeit es zeigt, fern liegt, dem wird auch unsere alte Sprache und Literatur nie volles Leben gewinnen. [. . .] Es gibt ja manchen geistvollen Mann, dem das strenge sprachlich-philologische Studium unbequem ist und der gleichwohl schriftstellerische Kräfte in sich fühlt, die er für wissenschaftlich hält. Und politisch unruhige Zeiten, wie die unsern, sind immer geneigt, dem geschickten Literaten auch die Pforten der Universität zu öffnen: ich erinnere an die MUNDT * und PRUTZ ** und manch Berliner Experiment, das wenig gefruchtet hat: daß wir Germanisten diesmal bisher in Preußen mit solchen Versuchen leidlich verschont geblieben sind, das erkenn ich dankbar an. Schriftstellertum und Wissenschaft sind getrennte Welten. Der bedeutende Schriftsteller kann mächtig und segensreich, anregend im hohen Sinne wirken und doch zur wissenschaftlichen Erziehung völlig ungeeignet sein. [. . .]

Für Euch, liebe Kommilitonen, ists schwere Zeit, für uns Ältere noch schwerere. Wir atmeten in unserer Jugend reine, frische, herzstärkende deutsche Luft; heute fühlen wir eine Übermacht drückender fremder Geistesgewalten. GOETHE, dem alles Teutonische fern lag, warnte seine lieben Deutschen doch dringend vor ausländischen Mustern im öffentlichen Leben: ‹Was einem Volk nützlich, ist dem andern ein Gift›. Und Umgestaltungen, die nicht aus dem innersten Kern der eignen Nation hervorgehen, haben keinen Erfolg: ‹sie sind ohne Gott, der sich von Pfuschereien zurückhält›. Daß unser Volk Katastrophen über Katastrophen überstanden hat, sich immer neu verjüngend, das läßt uns weiter hoffen. Die deutsche Seele ist nicht tot. Wie lebte sie in der großen Zeit des Weltkrieges! Sie spricht zu Euch aus unserer Geschichte, aus Sage und Dichtung, aus der

---

* THEODOR MUNDT (1808–1861), einer der Führer des ‹Jungen Deutschland›, Herausgeber der Zeitschrift ‹Literarischer Zodiacus›, später von ihm selbst mehrfach umbenannt (‹Dioskuren›, ‹Freihafen›, ‹Pilot›). Zwischen 1842 und 1850 Dozent für Geschichte, erst in Breslau, dann (a. o. Professor) in Berlin. Umfangreiche literarische Tätigkeit. (Anm. d. Red.)

** ROBERT PRUTZ (1816–1872), Mitarbeiter an den ‹Hallischen Jahrbüchern› und der ‹Rheinischen Zeitung›. 1845 wegen Majestätsbeleidigung – als Verfasser der Satire ‹Die politische Wochenstube› – angeklagt, aber bald begnadigt. 1849–1859 a. o. Professor in Halle, dann freier Schriftsteller. (Anm. d. Red.)

deutschen Musik und der deutschen Landschaft, zumal aus den Gestalten unserer Größten, aus LUTHER und FRIEDRICH, aus GOETHE und BISMARCK, die alle teilhatten an der großen Leidenschaft und der unermüdlichen Arbeit des Deutschen, die alle den flachen Eudämonismus, was die Menschen so Glück und Genuß nennen, verachteten, die alle wußten, daß nur der strenge Dienst, die treue Pflichterfüllung, die fruchtbare Leistung des ganzen Menschen glücklich macht.

Die Wissenschaft ist ernst und schwer; sie verlangt Hingabe und Treue. Mit Schnellpressengeschwindigkeit, wie manche törichte Demagogen sichs einbilden oder es lärmend fordern, läßt sie sich niemandem beibringen, am wenigsten dem Unvorbereiteten. Die beliebte anregende interessante Vorlesung, wöchentlich einmal abends, hat mit Wissenschaft wenig zu tun. Dieser naht Ihr erst, liebe Kommilitonen, durch das eigne Mitringen, naht Ihr um so sicherer, je schärfer Ihr Euch einsetzt. Lernen ist nicht Spielen. Die wahrhaft ‹fröhliche Wissenschaft› baut sich nur auf dem Untergrund der strengen Arbeit auf, die endlich schöpferisch wird. Es gibt nichts Froheres als diesen Augenblick. In der Seele der Jugend lebt heute besonders heiß der Wunsch, eine neue deutsche Welt zu schaffen. Das ist recht so. Aber Ihr erreicht sie nur, wenn Ihr in die große Schule des alten Deutschlands und Preußens geht, die Zukunft aus der Vergangenheit befruchtet. Nur ernste Erkenntnis, regsam und mühsam selbst errungen, die Euch nicht als billiges Geschenk in den Schoß fiel, gibt Euch die Freiheit, die Euch löst von dem Druck unfruchtbarer Masse und Mode. Der herrschende Zeitgeist, was man so modern nennt, ist immer veraltet, von gestern oder vorgestern, und führt ein modernes Scheinleben. Seid frei durch jenen liebenden Ernst unermüdlichen persönlichen Strebens, der im rechten Deutschen das faustische Erbteil ist!

In den schlimmen Tagen, da man überall zweifeln möchte an den guten Geistern unseres Volks, sind wir akademischen Lehrer, das sollen wir dankbar bekennen, ungewöhnlich gut dran. Die Jugend der deutschen Hochschulen hat sich wohl bewährt: während wir sonst mit ernster Sorge auf verwildernde Jugend blicken, denen die wundervolle Volksschule der allgemeinen Wehrpflicht heute fehlt, dürfen Ihre Lehrer Ihnen im frohen Gefühl guter ehrlicher deutscher Gemeinschaft ins Auge blicken. [. . .]

Ihr habt es nicht leicht: wie wenigen von Euch ist die sorglos heitere Sammlung gegönnt, mit der wir Alten in jungen Jahren die Hallen der Wissenschaft betreten durften! Und doch fühlen wir den kräftigen jugendlichen Hauch der Zukunft, der uns sonst in Deutschland so fremd geworden ist, durch die deutsche Hochschule wehen. Die Feinde haben unsere deutsche Staatsform, unser deutsches Heer und sonst alles, was unsere Stärke war, durch 1812 und 1813 gewitzigt, mit kluger Berechnung zerschlagen! Wir hoffen auf die deutschen Universitäten! Mögen sie berufen bleiben, den rettenden idealistischen Geist in ihrem Schoße zu nähren, den Geist, den einst der große Rektor des Jahres 1811, der Philosoph des Idealismus, gewaltig verkündete, auch er vom französischen Feinde überhört, den Geist der freien, schaffenden und sich selbst bildenden Persönlichkeit, den der geistige Vater dieser Hochschule, WILHELM VON HUMBOLDT, über alles stellte!

Die deutsche Philologie bekennt sich zum deutschen Worte. Haltet das deutsche Wort in Ehren! Aber der Faust, der mit dem Evangelium Johannis ringt, verharrt nicht bei dem Wortsinne von λόγος. GOETHE, der Freund des Friedens, war doch zugleich der entschlossene Prophet der schöpferischen Tat. Die Irrlehre, daß die Tat Sünde sei, ob sie sich auch durch TOLSTOIS des Slaven bedeutenden Namen und durch den Weisheitsmantel indischer Beschaulichkeit decke, mag sie auch für den Orient taugen: undeutsch ist sie durch und durch. Auch das zukunftsschwere Träumen des alten Reichs bewährte sich erst dadurch als wahrhaft deutsch, daß ‹wie der Strahl aus dem Gewölke, kam aus Gedanken zuletzt geistig und reif die Tat›. Die Wissenschaft der deutschen Philologie ist berufen, in Euch unserm ganzen Volke aus dem deutschen Worte den deutschen Geist, den deutschen Gedanken zu künden. Euer, der einst führenden deutschen Jugend, wartet die große Aufgabe, daß sich krönend, wie bei unsern Ahnen, aus dem deutschen Gedanken löse die schaffende deutsche Tat. Das walte Gott!

Text: Deutsche Männer, Berlin 1922, S. 6 f.

[...]
    Kein Volk ist an Helden des Schwertes und des Geistes so reich gewesen wie das deutsche; kein Volk freilich braucht auch den Führer, den König so notwendig wie das deutsche. Die eigentümliche Größe deutscher Art offenbart sich im Schaffen des Einzelnen. Auch dem Ausland ist es, schon für das Mittelalter, aufgefallen, daß im deutschen Geistesleben die individuellen, persönlichen Kräfte so viel mehr bedeuten als etwa in Frankreich, bei diesem gesellschaftlich bedingten Volke. Die Neigung des Deutschen zum Einzelgehen hat einen staunenswerten Reichtum geistiger Kräfte entbunden, und es ist ein echt deutsches Wort, jener Leitsatz LAGARDES: ‹Wertvoll sind nur die Einzelpersönlichkeiten.› Aber dieser geniale Vorzug hat traurige Schattenseiten. Eben darum sind wir hoffnungslos unpolitisch; wir entbehren von jeher des sicheren nationalen Gemeingefühls; die Massen, deren einzelne Glieder vielleicht vortrefflich sich bewähren, sind bei uns leichter als anderswo die Beute nichtswürdiger Verführer. Uns fehlt der untrügliche Gesamtinstinkt; darum ward es unsern Feinden nur allzu leicht, die Zwietracht zu säen, ohne die sie uns nie besiegt hätten: Deutsche sind stets nur durch Deutsche bezwungen worden. So haben wir köstliche Volks- und Staatskräfte vergeudet. Aber wenn dann der deutsche Führer kam, dem es gelang, durch seine machtvolle Persönlichkeit oder durch seine tiefwirkenden Worte und Gedanken des Volkes dumpf träumenden nationalen Willen wach zu rütteln, dann hat das deutsche Volk Wunder getan wie kein anderes. Wir harren der Stunde. [...]

LITERATURWISSENSCHAFT IM ‹DRITTEN REICH›

Wenn hier stellvertretend ein Auszug aus KARL VIËTOR, Die Wissenschaft vom deutschen Menschen in dieser Zeit, Zeitschrift für deutsche Bildung

9, 1933, S. 342 ff., abgedruckt wird, so geschieht das nicht zuletzt, um an einem besonders aufschlußreichen Beispiel zu zeigen, wie anfällig die deutsche Philologie gegenüber den völkisch-nationalen Parolen des Nationalsozialismus war und ihrem Wesen nach wohl sein mußte. Selbst ein Mann wie KARL VIËTOR *(1892–1951; 1925 Professor in Gießen, 1936 Emigration in die USA, 1937 Ruf an die Harvard-Universität Cambridge/ Mass.), der bald die Konsequenzen zog und Deutschland den Rücken kehrte, konnte sich zunächst dem Einfluß dieser Ideologien nicht entziehen.*

Sein Aufsatz ist eine der zahlreichen programmatischen Abhandlungen der damaligen Zeit, in denen eine neue Deutschwissenschaft und ein neuer Deutschunterricht proklamiert und theoretisch begründet wurden.

Durch den Sieg der nationalsozialistischen Bewegung ist allen völkischen Kräften in Deutschland ein ungeheures Feld eröffnet. Ohne Übertreibung darf man behaupten, daß jetzt und hier eine neue Epoche der deutschen Geschichte beginnt. Die endliche Entscheidung und die gewaltige Wucht, mit der sie sich vollzieht, schafft für jedes einzelne Dasein und jedes einzelne Tun einen neuen Grund, einen neuen Raum, ein neues Ziel. Das längst brüchige Gebäude der liberalistischen Ideen und der zu ihnen gehörigen Wirklichkeit ist zusammengebrochen. Die Deutschen haben sich in Marsch gesetzt, in neuer Haltung und zu neuen Zielen. Aber ob die im mythischen Bild des *Dritten Reiches* beschworene Vision des neuen Deutschlands so verwirklicht wird, wie es die Führer und die Besten unter uns wünschen und wollen, das wird einzig davon abhängen, was an schöpferischen Kräften mobilisiert wird, was wir alle an ausdauernder Bereitschaft aufbringen, schließlich: was das Schicksal diesmal den Deutschen vergönnt. Auf die Politik kam es zunächst an. Die nationalsozialistische Bewegung hat die neue politische Wirklichkeit, den neuen Staat geschaffen; sie hat seine Form gegeben, und das heißt: die Möglichkeit dazu, daß er zu einem neuen vollen Volksorganismus auswachse. Das ist viel, das ist das Erste und Nötigste, aber es ist nicht alles. Es ist ein Aufruf, ein Befehl an das deutsche Volk, mit seinem Wollen und Vollbringen, seiner nachströmenden Kraft auszufüllen, was da als großartige Möglichkeit von der härtesten, der willentlichsten Kraft der Nation hingestellt worden ist. Der Führer hat es ausgesprochen, daß, was die in der Partei zusammengefaßte Kraft des völkischen Kerns erkämpft hat, nun von der Gesamtheit der Nation erkannt, aufgenommen und angeeignet werden muß, damit aus der programmatischen Möglichkeit volle Volkswirklichkeit werde. Neues Volkstum als Inhalt des neuen Staats! Wer geschichtliches Leben versteht, der weiß, daß dies gewaltige Werk von keinem Gott geschenkt, von keinem einzelnen Menschen hervorgezaubert werden kann. Sondern daß es in einem langen, mühsamen Vorgang von uns allen, von der mobilisierten Gesamtheit aller, die guter Art, guten Geistes und guten Willens sind, Schritt für Schritt erobert werden muß. Alles was jetzt getan werden muß, sollte in dem entschlossenen Geist des Vorwärtsdranges geschehen, der eines der wichtigsten Bestandteile des *Frontgeistes* war. Das gilt gewiß für die nationale Erziehung, gilt auch für die Wissenschaft, die der nationalen Erziehung allerwichtigste Inhalte und Mittel bereitstellt:

für unsere, für die Wissenschaft vom deutschen Menschen in seinen gestalteten Äußerungen.

Wenn man als gläubiger Mitarbeiter an den Bestrebungen der Gesellschaft, deren Name auch im Titel unserer Zeitschrift erscheint, der Gesellschaft für Deutsche Bildung, auf die Bestrebungen dieses Kerntrupps zurückblickt – auf die zwanzig Jahre entschlossenen und unermüdlichen Kampfes um Dinge, die wohl in jeder andern Nation sich leicht würden durchsetzen lassen und vielleicht nur in Deutschland überhaupt eigens durchgesetzt werden müssen ... wenn man zurückblickt und sich vergegenwärtigt, was diese vielverkannte, tapfere Schar schon vor Jahren als Programm der Deutschwissenschaft und der deutschen Bildung verkündet hat, dann drängt sich einem deutlich auf: dies nationalpädagogische Programm der Gesellschaft für Deutsche Bildung ist, mit einigen Änderungen und Erweiterungen, ein gutes Programm auch für die zu leistende Arbeit des nationalen Aufbaus, soweit er die Wissenschaft vom deutschen Menschen und die Erziehung zum deutschen Menschen betrifft. Da steht in FRIEDRICH PANZERS kanonischer Schrift über ‹Deutschkunde als Mittelpunkt deutscher Erziehung› schon im Jahre 1922: ‹Die Erhebung kann nur aufwachsen auf dem Grunde der genauesten Kenntnis des Wesens unseres Volkes, seiner Leistungen in Vergangenheit und Gegenwart und damit seiner angeborenen Kräfte und Mängel.› Und: ‹Es ist die unausweichliche Forderung unserer Zeit, daß die Deutschkunde in den Mittelpunkt unserer öffentlichen Erziehung gestellt werde.› Das gilt so heute wie damals. Wenn man die Sätze liest und etwa die noch, mit denen PANZER im März 1920 das erste Mitteilungsblatt des Germanisten-Verbands eröffnete [...], so sieht man, daß in dieser tief nationalen Bildungsbewegung alles das angelegt und gefordert wurde, was wir heute aus der Gesamtaufgabe des totalen Nationalstaates in Angriff nehmen müssen. Ein Irrtum, daß der Weimarer Staat einem so bestimmt nationalpädagogischen Programm Luft und Licht zur Entfaltung gewähren werde. Jetzt aber ist für den Deutschwissenschaftler und Deutschlehrer die Zeit angebrochen, in der endlich – und zwar nicht nur geduldet von der allgemeinen Kulturpolitik des Staates, sondern ausdrücklich an die Front gestellt durch den mächtigen Gang der politischen Dinge und den großen Zug, den deutsche Kulturarbeit nun entfalten muß – in der er endlich in den Stand gesetzt ist, aus seiner Wissenschaft in Forschung und Lehre zu machen, was sie nach ihrer reinsten Bestimmung und nach ihrer erlauchten Herkunft aus der *deutschen Bewegung* sein soll: Wissenschaft vom deutschen Volk für das deutsche Volk. [...]

Deutsche Bildung ... der Begriff der Bildung ist durch langen Gebrauch und den Mißbrauch im Mund der liberalistischen Epigonen so entwertet, daß es nötig ist, wieder auf seinen echten Sinn zurückzugreifen. Bildung, sagt LAGARDE, ist die Form, in der die Kultur von den Individuen besessen wird. So ist es auch. Deutsche Bildung ist die Form, in der der deutsche Menschen die nationalen Kulturgüter besitzen. In solchem echten Bildungsvorgang treffen und durchdringen sich Individuum und Gemeinschaft, Person und Nation. Die nationalen Kulturgüter müssen durch einen solchen Vorgang des geistigen Handelns, des Ergreifens, ausdrücklich angeeignet werden. Vaterland, Deutschland, Deutschtum . . . heilige Worte, von höchstem Geistes- und Glaubenswert! Aber etwas anderes ist es, national empfinden, als mit dem Gefühl eine bestimmte Anschauung verbinden. Gewiß: ohne Gefühl kein Begriff, wie ohne Begeisterung keine große Tat. Aber nie kann es Völkern des neuzeitlichen Kulturstandes erspart bleiben, sich ihrer Sonderart bewußt zu werden und so erst zu besitzen, was sie sind. [. . .]

Was es sei, dies deutsche Wesen — eine so allgemeine und abstrakte Fragestellung kann überhaupt nur derart zu wissenschaftlichen Antworten gelangen, daß sie abgewandelt wird in die allein mögliche: was ist das deutsche Wesen, was macht die deutsche Sonderart in den einzelnen Gezeiten der deutschen Geschichte aus? Das ist eine ganz große, schwierige Forschungs- und Deutungsaufgabe für die Wissenschaft vom deutschen Menschen. Aber was für Ausblicke tun sich auf! Dies ist die Aufgabe, die von dieser Zeit, von der gegenwärtigen Lage der Nation uns Germanisten gestellt wird. Dies will man von uns hören, darauf müssen wir unsern Blick richten. Und nur dies kann heißen, unsere Wissenschaft politisieren. [. . .]

Damit die Deutschwissenschaft diese politische Sendung erfüllen kann, muß sie aber in einer Haltung ans Werk gehen und in einer Haltung ihr Wissen der Nation künden, die durchaus von dem aktivistischen Geist getragen ist, der diese revolutionäre Epoche mit der kommenden des Aufbaus verbinden wird. Wir glauben mit DILTHEY: was der deutsche Mensch sei, sagt die deutsche Geschichte. Und wir behaupten, daß die Dichtung die vollsten, stärksten Kundmachungen des Nationalgeistes enthält, auch klarer und allgemein faßbarer als in den andern Künsten und in der Philosophie. Denn hier spricht, wie HERDER sagt, ‹die ganze Seele der Nation am freiesten›. Aber nun: es handelt sich für die neue Forschung und Deutung nicht nur darum, zu schauen, zu erkennen; nicht nur darum, aus der Geschichte zu verstehen, was wir waren, was wir zu sein vermochten, wo wir versagten, wo wir groß waren. Dies alles müssen wir freilich wissen. Aber wir müssen dieses Wissen, das gewonnen ist aus Antrieben des neuen, des gegenwärtigen Geistes der deutschen Lage, auch auszudeuten, auszubeuten verstehen im Geiste dieses Jetzundhier.

Die ganze *Seele der Nation* ist in den Dichtwerken ausgedrückt. Aber nicht das allein ist es, was sie enthalten. Ein Zeitalter mit heroischen Idolen und so stark willentlicher Haltung wird die Dichtung der deutschen Vergangenheit auch als Ausprägungen nationalen Wollens zu verstehen lernen. Das innere Leben unserer Ahnen ist in den Kunstgebilden aufbewahrt: ihr Fühlen, die spielende Phantasie und die Weisheit der Väter — aber auch ihr Glaube, der mit der ewigen Fragwürdigkeit des Lebens auf ihre besondere Art fertig wurde, ihre Kraft, ihr Heldentum und das Ethos, aus dem sie handelten. Deutsche Sprach- und Literaturgeschichte sind, wenn man diese Schätze zu heben versteht, nicht nur Geschichte von Formen, von seelischen Erlebnisweisen, von Denkarten; sondern auch Wissenschaft der nationalen Ethik, Wissenschaft vom nationalen Wollen und seinen eigentümlichen Grundsätzen.

[. . .]

Mit der nun wichtigsten Aufgabe, allgemein Organ des nationalen Selbstverständnisses zu sein, steht die Wissenschaft vom deutschen Menschen in der Mitte der Zeiten. Sie ist damit ein Teil des gegenwärtigen nationalen Aufbruchs, ist Vermittlerin aller wurzelechten, zeugungsstarken Mächte der völkischen Vergangenheit, ist Helferin am großen Werk des zukünftigen, des Neuen Reiches. Die Überlieferung derart zu bewahren, daß man sie in der Gegenwart lebendig, zeugend macht, darauf kommt es nun mehr als je an. Wie diese Sätze HITLERS es schlagend fassen: ‹Wir wollen die großen Traditionen unseres Volkes, seiner Geschichte und seiner Kultur in demütiger Ehrfurcht pflegen als unversiegbare Quelle einer wirklichen inneren Stärke und einer möglichen Erneuerung in trüben Zeiten›. In dieser vermittelnden Leistung, dieser wahrhaft lebendigen Art der Verknüpfung des Überlieferten mit dem Gegenwärtigen zum Aufbau des Zukünftigen, so zwischen gestern und morgen entschlossen in die ungeheure Aufgabe des aufbrechenden Heute gestellt – in solcher Haltung wird der wissenschaftliche Teil der ‹Zeitschrift für Deutsche Bildung› seinen Lesern zu dienen suchen. [. . .]

ERNST ROBERT CURTIUS
(1886–1956)

Seit 1932 Professor für romanische Philologie in Bonn.

Text: Aus dem 1. Kapitel des Buches ‹Europäische Literatur und lateinisches Mittelalter›, Bern 1948.

EUROPÄISCHE LITERATUR

[. . .]
Wenn wir uns nun diesem Gegenstande der europäischen Literatur zuwenden, so verstehen wir Europa nicht im räumlichen, sondern im geschichtlichen Sinne. Die *Europäisierung des Geschichtsbildes,* die heute zu fordern ist, muß auch auf die Literatur angewendet werden. Wenn Europa ein Gebilde ist, das an zwei Kulturkörpern teilhat, dem antik-mittelmeerischen und dem modern-abendländischen, so gilt das auch von seiner Literatur. Als Ganzes kann man sie nur verstehen, wenn man ihre beiden Komponenten in einem Blick vereinigt. Aber für die landläufige Literaturgeschichte beginnt das moderne Europa erst um 1500. Das ist ebenso sinnvoll, wie wenn man eine Beschreibung des Rheins verspräche, aber nur das Stück von Mainz bis Köln lieferte. Freilich gibt es auch eine *mittelalterliche* Literaturgeschichte. Sie fängt um 1000 an, also, um im Bilde zu bleiben, schon in Straßburg. Aber wo bleibt die Zeit von 400 bis 1000? Da müßte man schon in Basel anfangen . . . Diese Strecke wird verschwiegen – aus sehr einfachem Grunde: die Literatur dieser Jahrhunderte ist bis auf verschwindende Ausnahmen lateinisch abgefaßt. Warum? Weil sich die Germanen [. . .] von Rom in Gestalt der römischen Kirche assimilieren ließen. Und wir müssen weiter zurückgehen. Die Literatur

des modernen Europa ist mit der des mittelmeerischen so verwachsen, wie wenn der Rhein die Wasser des Tiber aufgenommen hätte. [. . .]

Gibt es eine Wissenschaft von der europäischen Literatur, und wird sie auf den Universitäten gepflegt? Es gibt allerdings seit einem halben Jahrhundert eine *Literaturwissenschaft*. Sie will etwas anderes und Besseres sein als Literaturgeschichte (analog dem Verhältnis der *Kunstwissenschaft* zur Kunstgeschichte). Der Philologie ist sie abhold. Dafür sucht sie Anlehnung bei anderen Wissenschaften: Philosophie (DILTHEY, BERGSON), Soziologie, Psychoanalyse, vor allem Kunstgeschichte (WÖLFFLIN). [. . .] Die Literaturwissenschaftler sind meistens Germanisten. Die deutsche Literatur ist nun von allen sogenannten Nationalliteraturen als Ausgangs- und Beobachtungsfeld für europäische Literatur das ungeeignetste. [. . .] Ist das vielleicht ein Grund für die starke Anlehnungsbedürftigkeit der germanistischen Literaturwissenschaft? Aber sie teilt mit allen modernen Richtungen der Literaturwissenschaft die Eigentümlichkeit, daß sie die Literatur bestenfalls um 1100 beginnen läßt – weil damals der romanische Baustil blühte. Die Kunstgeschichte ist aber so wenig eine Überwissenschaft wie die Geographie oder die Soziologie. [. . .] Die moderne Literaturwissenschaft – d. h. die der letzten fünfzig Jahre – ist ein Phantom. Zur wissenschaftlichen Erforschung der europäischen Literatur ist sie aus zwei Gründen unfähig: willkürliche Einengung des Beobachtungsfeldes und Verkennung der autonomen Struktur der Literatur.

Die europäische Literatur ist der europäischen Kultur zeitlich koextensiv, umfaßt also einen Zeitraum von etwa sechsundzwanzig Jahrhunderten (von HOMER bis GOETHE gerechnet). Wer davon nur sechs oder sieben aus eigener Anschauung kennt und sich für die übrigen auf Hand- und Hilfsbücher verlassen muß, gleicht einem Reisenden, der Italien nur von den Alpen bis zum Arno kennt, das übrige aus dem Baedeker. Wer nur das Mittelalter und die Neuzeit kennt, der versteht nicht einmal diese beiden. Denn auf seinem kleinen Beobachtungsfeld findet er Phänomene wie *Epik*, *Klassik*, *Barock* (d. h. Manierismus) und viele andere vor, deren Geschichte und Bedeutung nur aus den älteren Zeiträumen der europäischen Literatur zu verstehen ist. Die europäische Literatur als Ganzes zu sehen, ist nur möglich, wenn man sich ein Bürgerrecht in allen ihren Epochen von HOMER bis GOETHE erworben hat. Man kann das aus keinem Lehrbuch gewinnen, selbst wenn es ein solches gäbe. Man erwirbt das Bürgerrecht im Reiche der europäischen Literatur nur, wenn man viele Jahre in jeder seiner Provinzen geweilt hat und viele Male die eine mit der anderen vertauscht hat. Man ist Europäer, wenn man *civis Romanus* geworden ist. Die Aufteilung der europäischen Literatur unter einer Anzahl unverbundener Philologien verhindert das fast vollkommen. Die *klassische* Philologie geht wohl in der Forschung, selten aber im Unterricht über die augusteische Literatur hinaus. Die *neueren* Philologien sind ausgerichtet auf die modernen *Nationalliteraturen*, einen Begriff, der sich erst seit dem Erwachen der Nationalitäten unter dem Druck des napoleonischen Überstaates konstituiert hat, also sehr zeitbedingt ist und den Blick auf das Ganze erst recht verhindert. Und doch hat die Arbeit der Philologien in den letzten vier oder fünf Generationen eine solche Menge von

Hilfsmitteln geschaffen, daß es gerade durch die zu Unrecht beklagte Spezialisierung möglich geworden ist, sich mit einigen Sprachkenntnissen in jeder der europäischen Hauptliteraturen zurechtzufinden. Die Spezialisierung hat also einer neuen Universalisierung den Weg bereitet. Aber man weiß es noch nicht und macht kaum Gebrauch davon.

[. . .]

Wer europäische Literaturforschung treiben will, [muß sich] mit den Methoden und den Gegenständen der klassischen, mittellateinischen und der neueren Philologien vertraut [. . .] machen. [. . .]

Er wird lernen, daß die europäische Literatur eine *Sinneinheit* ist, die sich dem Blick entzieht, wenn man sie in Stücke aufteilt. Er wird erkennen, daß sie eine autonome Struktur hat, die von der der bildenden Künste wesensverschieden ist [1]. Schon deswegen, weil die Literatur, abgesehen von allem anderen, Träger von Gedanken ist, die Kunst nicht. Die Literatur hat aber auch andere Formen der Bewegung, des Wachstums, der Kontinuität als die Kunst. Sie besitzt eine Freiheit, die dieser versagt ist. Für die Literatur ist alle Vergangenheit Gegenwart, oder kann es doch werden. Homer wird uns durch eine neue Übersetzung neu vergegenwärtigt, und RUDOLF ALEXANDER SCHRÖDERS Homer ist ein anderer als der VOSSENS. Ich kann den Homer und den Platon zu jeder Stunde vornehmen, ich *habe* ihn dann und habe ihn ganz. Er existiert in unzähligen Exemplaren. Der Parthenon und die Peterskirche sind nur einmal da, ich kann sie mir durch Fotografien nur partiell und schattenhaft anschaulich machen. Aber die Fotografien geben mir keinen Marmor, ich kann sie nicht abtasten und nicht darin spazierengehen, wie ich es in der ‹Odyssee› oder der ‹Divina Commedia› kann. Im Buch ist die Dichtung real gegenwärtig. Einen Tizian *habe* ich weder in der Fotografie noch in der vollendetsten Kopie, selbst wenn eine solche um ein paar Mark zu haben wäre. Mit der Literatur aller Zeiten und Völker kann ich eine unmittelbare, intime, ausfüllende Lebensbeziehung haben, mit der Kunst nicht. Kunstwerke muß ich in Museen aufsuchen. Das Buch ist um vieles realer als das Bild. Hier liegt ein Seinsverhältnis vor und die reale Teilhabe an einem geistigen Sein. Eine ontologische Philosophie würde das vertiefen können. Ein Buch ist, abgesehen von allem anderen, ein *Text*. Man versteht ihn oder versteht ihn nicht. Er enthält vielleicht *schwierige* Stellen. Man braucht eine Technik, um sie aufzuschließen. Sie heißt Philologie. Da die Literaturwissenschaft es mit Texten zu tun hat, ist sie ohne Philologie hilflos. Keine Intuition und Wesensschau kann diesen Mangel ersetzen. Die *Kunstwissenschaft* [2] hat es leichter. Sie arbeitet mit Bildern – und Lichtbildern. Da gibt es nichts Unverständliches. PINDARS Gedichte zu verstehen, kostet Kopfzerbrechen; der Parthenonfries nicht. Dasselbe Verhältnis besteht zwischen DANTE und den Kathedralen usw. Die Bilderwissenschaft ist mühelos, verglichen mit der Bücherwissenschaft. Wenn es nun möglich ist, das *Wesen der Gotik* an den Kathedralen zu lernen, braucht man Dante nicht mehr zu lesen. Im Gegenteil! Die Literaturgeschichte

---

[1] Über die Grenzen der Malerei und Poesie schrieb LESSING schon 1766.
[2] Ich trenne sie von der historischen Wissenschaft der Kunstgeschichte.

(und diese unangenehme Philologie!) hat von der Kunstgeschichte zu lernen! Hierbei ist nur vergessen, daß zwischen Buch und Bild, wie angedeutet, wesensmäßige Unterschiede bestehen. Die Möglichkeit, Homer, Virgil, Dante, Shakespeare, Goethe jederzeit und *ganz* zu haben, zeigt, daß die Literatur eine andere Seinsweise hat als die Kunst. Daraus folgt aber, daß das literarische Schaffen unter anderen Gesetzen steht als das künstlerische. Die *zeitlose Gegenwart*, die der Literatur wesensmäßig eignet, bedeutet, daß die Literatur der Vergangenheit in der der jeweiligen Gegenwart stets mitwirksam sein kann. So HOMER in VIRGIL, VIRGIL in DANTE, PLUTARCH und SENECA in SHAKESPEARE, SHAKESPEARE in GOETHES ‹Götz .von Berlichingen›, EURIPIDES in RACINES und GOETHES Iphigenie. Oder in unserer Zeit: ‹Tausendundeine Nacht› und CALDERÓN in HOFMANNSTHAL; die Odyssee in JOYCE; AISCHYLOS, PETRONIUS, DANTE, TRISTAN CORBIÈRE, spanische Mystik in T. S. ELIOT. Es gibt hier eine unerschöpfliche Fülle von möglichen Wechselbeziehungen. Es gibt außerdem den Garten der literarischen Formen: seien es nun die Gattungen (die CROCE aus philosophischem Systemzwang für irreal erklärt!), seien es metrische und strophische Formen, seien es geprägte Formeln oder erzählerische Motive oder sprachliche Kunstgriffe. Es ist ein unübersehbares Reich. Es gibt endlich die Fülle der einmal von der Dichtung geformten Gestalten, die in immer neue Leiber eingehen können: Achill, Ödipus, Semiramis, Faust, Don Juan. Das letzte und reifste Werk von ANDRÉ GIDE ist ein ‹Theseus› (1946).

Wie die europäische Literatur nur als Ganzheit gesehen werden kann, so kann ihre Erforschung nur historisch verfahren. Nicht in der Form der Literaturgeschichte! Eine erzählende und aufzählende Geschichte gibt immer nur katalogartiges Tatsachenwissen. Sie läßt den Stoff in seiner zufälligen Gestalt bestehen. Geschichtliche Betrachtung aber hat ihn aufzuschließen und zu durchdringen. Sie hat analytische Methoden auszubilden, das heißt solche, die den Stoff *auflösen* (wie die Chemie mit ihren Reagentien) und seine Strukturen sichtbar machen. Die Gesichtspunkte dafür können nur aus vergleichender Durchmusterung der Literaturen gewonnen, das heißt empirisch gefunden werden. Nur eine historisch und philologisch verfahrende Literaturwissenschaft kann der Aufgabe gerecht werden.

Eine solche *Wissenschaft von der europäischen Literatur* hat in dem spezialisierten Fächerwerk unserer Universitäten keinen Platz und kann ihn dort nicht haben. Die akademische Organisation der philologischen und literarischen Studien entspricht dem geisteswissenschaftlichen Aspekt von 1850. Dieser Aspekt ist von 1950 aus gesehen ebenso veraltet wie das Eisenbahnsystem von 1850. Die Eisenbahnen haben wir modernisiert, das System der Traditionsübermittlung nicht. Wie das zu geschehen hätte, kann hier nicht erörtert werden. Aber eines darf gesagt werden: ohne ein modernisiertes Studium der europäischen Literatur gibt es keine Pflege der europäischen Tradition.

Der Gründerheros (*heros ktistes*) der europäischen Literatur ist HOMER. Ihr letzter universaler Autor ist GOETHE. Was er für Deutschland bedeutet, hat HOFMANNSTHAL in zwei Sätzen gesagt: ‹Goethe kann als Grundlage der

Bildung eine ganze Kultur ersetzen.› Und: ‹Wir haben keine neuere Literatur. Wir haben Goethe und Ansätze.› Ein gewichtiges Urteil über die deutsche Literatur seit GOETHES Tode. Aber auch VALÉRY sagt schneidend: ‹le moderne se contente de peu.› Die europäische Literatur des 19. und beginnenden 20. Jahrhunderts ist noch nicht gesichtet, das Tote vom Lebendigen noch nicht geschieden. Sie kann Themata für Dissertationen liefern. Aber das entscheidende Wort über sie steht nicht der Literaturgeschichte zu, sondern der literarischen Kritik. Dafür haben wir in Deutschland FRIEDRICH SCHLEGEL – und Ansätze [1].

WOLFGANG KAYSER
(1906–1960)

1941 Professor in Lissabon, seit 1950 in Göttingen.

Text: Aus dem Vorwort zu ‹Das sprachliche Kunstwerk›, Bern 1948.

Das vorliegende Buch führt in die Arbeitsweisen ein, mit deren Hilfe sich eine Dichtung als sprachliches Kunstwerk erschließt. Die Forschung der letzten Jahrzehnte hat überwiegend mit anderer Zielsetzung gearbeitet. Sie stellte das Werk in Bezüge zu außerdichterischen Phänomenen und meinte, erst da das eigentliche Leben anzutreffen, dessen Abglanz dann das Werk sein sollte. Die Persönlichkeit eines Dichters oder seine

[1] Das vorliegende Kapitel erschien als Vorabdruck 1947 in der Zeitschrift ‹Merkur›. Von kunsthistorischer Seite wurde Widerspruch geäußert. Anstoß erregte der Satz, die Literatur sei Träger von Gedanken, die Kunst nicht. Ich verdeutliche also: wären PLATONS Schriften verloren, so könnte man sie aus der griechischen Plastik nicht rekonstruieren. Der Logos kann sich nur im Wort aussprechen. – Die Stellung der Kunstgeschichte innerhalb der Geisteswissenschaften scheint mir einer Revision zu bedürfen. Das wird auch von Kunsthistorikern nicht geleugnet; die gleiche Ansicht hat einer der bedeutendsten Kenner unlängst geäußert. ‹Um wieviel leichter ist es, die Sprache der aeginetischen Marmorwerke, der Koren von der Akropolis oder der olympischen Friese zu lernen – ganz zu schweigen von den moderner wirkenden Plastiken eines PAIONIOS, LYSIPPOS und PRAXITELES und der späteren hellenistischen Bildhauer – als die Oden eines PINDAR, die Tragödien eines AESCHYLOS, eines SOPHOKLES oder EURIPIDES und die Idyllen eines THEOKRIT im Original zu genießen. Man kann sie wohl in Übersetzung lesen, doch gibt auch die beste Fassung in einer anderen Sprache eine nur schwache Vorstellung ihres eigentlichen Wertes, während man eine griechische Statue so gut kopieren kann, daß es – wie im Fall des Hermes von PRAXITELES – ungeklärt bleibt, ob sie dieses hinreißenden Bildhauers eigene Arbeit ist oder nicht› (BERNARD BERENSON, Aesthetik und Geschichte in der bildenden Kunst. Zürich 1950. S. 43 f.).

Weltanschauung, eine literarische Bewegung oder eine Generation, eine soziale Gruppe oder eine Landschaft, ein Epochengeist oder ein Volkscharakter, schließlich Probleme und Ideen –, das waren die Lebensmächte, denen man sich durch die Dichtung zu nähern suchte. So berechtigt solche Arbeitsweisen auch heute noch sind und so groß ihr Ertrag sein mag, es stellt sich die Frage, ob damit nicht das Wesen des sprachlichen Kunstwerkes vernachlässigt und die eigentliche Aufgabe literarischer Forschung übersehen wird. Eine Dichtung lebt und entsteht nicht als Abglanz von irgend etwas anderem, sondern als in sich geschlossenes sprachliches Gefüge. Das dringendste Anliegen der Forschung sollte demnach sein, die schaffenden sprachlichen Kräfte zu bestimmen, ihr Zusammenwirken zu verstehen und die Ganzheit des einzelnen Werkes durchsichtig zu machen.

Während der Vorherrschaft jener andersgerichteten Arbeitsweisen hat es nicht an Forschern gefehlt, die den eigentlichen Aufgaben treu geblieben sind. Aber erst seit einem Jahrzehnt haben solche Bemühungen wieder an Umfang und Bedeutung gewonnen, haben sich verbunden und in Zeitschriften, Tagungen und Schulen organisiert, so daß die damalige Prophezeiung heute schon Tatsache ist: ein neuer Abschnitt in der Geschichte der literarischen Forschung hat begonnen. Und die Erwartung scheint berechtigt, daß von dem wiedergewonnenen Zentrum der auf das Dichterisch-Sprachliche gerichteten Arbeit aus auch die Literaturgeschichte neue Maßstäbe bekommen wird. [. . .]

Die Literaturgeschichte selber lehrt uns die Verflochtenheit und gemeinsame Grundlage der europäischen Literaturen immer deutlicher sehen. Wir stehen auch da vielleicht in einem grundsätzlichen Wandel der Anschauung und Arbeit. Ernst Robert Curtius hat in dem Einleitungskapitel zu seinem Buch ‹Europäische Literatur und lateinisches Mittelalter› die ‹Aufteilung der europäischen Literatur unter eine Anzahl unverbundener Philologien› – und nicht nur für das Mittelalter – bekämpft und statt dessen verlangt, ‹den Blick auf das Ganze› zu lenken. Mit seinem Werk hat er der Literaturgeschichte das Wegmal gesetzt, das die Literaturwissenschaft in Emil Staigers ‹Die Zeit als Einbildungskraft des Dichters› besitzt. Von beiden Standpunkten aus erscheint somit die Ausweitung des Blickes als notwendig. [. . .]

Literaturwissenschaft der DDR

Mitarbeiter des Germanistischen Instituts der Berliner Humboldt-Universität haben 1962 in den ‹Weimarer Beiträgen› als Diskussionsbeitrag einen programmatischen Aufsatz über ‹Aktuelle Aufgaben der Germanistik nach dem XXII. Parteitag der KPdSU und dem 14. Plenum des ZK der SED› veröffentlicht: ‹Er will jene Hemmnisse beseitigen helfen, die die Germanisten gegenwärtig noch daran hindern, ihre Lehr- und Forschungstätigkeit eng mit den geschichtlichen Aufgaben der Vollendung des Sozialismus in der DDR zu verbinden und ihren Beitrag zur bewußten Entwicklung des kulturellen Lebens zu leisten.› Nach Auskunft der Redaktion der ‹Weimarer Beiträge› vom 25. 1. 1966 sind die hier skizzierten Aufgaben für die literaturwissenschaftliche Forschung in der DDR ‹inzwischen für die Praxis wesentlich differenziert und auch erweitert worden›.

Text: Weimarer Beiträge 8, 1962, S. 242 ff.

[. . .]

Die Aufgaben der Germanistik müssen unter dem Gesichtspunkt bestimmt werden, wie sie mit ihren spezifischen Mitteln dazu beitragen kann, die Gesetzmäßigkeiten des sozialistischen Aufbaus und der mit ihm untrennbar verbundenen Kulturrevolution durchzusetzen. Die sozialistische Kulturrevolution steht mit allen Maßnahmen auf wirtschaftlichem und politischem Gebiet in engstem Zusammenhang. Sie erlangt im Rahmen des sozialistischen Aufbaus, der von der revolutionären marxistischen Partei bewußt gelenkt und geleitet wird auf der Grundlage der neuen sozialökonomischen und politischen Verhältnisse mit Hilfe des Arbeiter-und-Bauern-Staates und der gesellschaftlichen Organisationen, deshalb so große Bedeutung, weil erst mit ihrer Hilfe das Antlitz der neuen herrschenden Klasse vollständig ausgeprägt, die Arbeiterklasse uneingeschränkt zum Herrn der gesellschaftlichen Entwicklung wird und weil erst damit auch alle politischen und ökonomischen Probleme bei der Vollendung des Sozialismus mit vollem Erfolg gelöst werden können. Von der Entfaltung der schöpferischen Fähigkeiten und Talente des werktätigen Menschen, von der Entwicklung seines Bewußtseins, seiner Arbeitsdisziplin und -moral, von seinen neuen Beziehungen zum Kollektiv und zur Gesellschaft, von seiner umfassenden Bildung hängt die rasche Weiterentwicklung entscheidend ab.

Eine sozialistische Germanistik wird die in der DDR noch weit verbreitete einseitig historisierende, rein akademische Arbeitsweise, die sich unter dem Einfluß der bürgerlichen Germanistik erhalten hat, endgültig überwinden müssen; zugleich erfordert die sozialistische Kulturrevolution eine qualitative Veränderung und Erweiterung des Gegenstandes der Literaturwissenschaft. Das ergibt sich gesetzmäßig aus der Veränderung der objektiven Grundlagen der kulturellen Entwicklung in der Wirklichkeit, dem Übergang von der spontanen zur planmäßigen Lenkung aller gesellschaftlichen Prozesse. Gegenstand der sozialistischen Literaturwissenschaft ist nicht allein die deutsche Dichtung in Vergangenheit und Gegenwart, sondern die Literaturgesellschaft als Ganzes, nicht das *sprachliche Kunstwerk* an sich, sondern der gesamte Komplex dessen, was Literatur im Rahmen der Gesellschaft bedeutet. Die Germanistik hat also gleichermaßen die Gesetzmäßigkeiten der Entstehungsprozesse – die sowohl die Veränderungen im Entstehen literarischer Erzeugnisse wie die Veränderungen der widergespiegelten Wirklichkeit als Forschungsgegenstand umfassen – und die der Wirkungsprozesse in ihrer vielgestaltigen Wechselbeziehung zu untersuchen. Eine solche Erweiterung des Gegenstandes der Literaturwissenschaft führt in neuer Qualität das weiter, was in der Theorie und in der Praxis der deutschen Klassik – und von ihr ausgehend über HEINE und GERVINUS bis HETTNER – bereits als wichtiger Ansatz gewonnen war. Dieser Beginn blieb in der deutschen Hochschulgermanistik, die in der Folgezeit zunehmend von reaktionären Kräften bestimmt wurde, als Tradition nur ganz vereinzelt lebendig. Seit der Jahrhundertwende hatte die deutsche Germanistik eine Entwicklung eingeschlagen, in der immer stärker der sich ins kleinlich Philiströse oder Abstrakte verlierende Historismus positivistischer Schule durch die entschieden aristokratische und massenverachtende Geistes-Wissenschaft verdrängt wurde. Alle Beziehungen der Literatur zur politischen und gesellschaftlichen Wirklichkeit wurden ästhetisch herabgesetzt und verbannt. Man verstieg sich sogar so weit, den Dichter gegen den Literaten auszuspielen, eine reine Dichtung als einzig würdigen Gegenstand der Wissenschaft von den übrigen literarischen Lebensbereichen des Volkes abzutrennen. Ihre betonte Gleichgültigkeit und Verachtung gegenüber der Masse der Literaturkonsumenten, ihre kultisch esoterische Tendenz, hinderte diese Art Wissenschaft jedoch nicht daran, eine versteckte oder auch direkte reaktionäre politische Polemik und Aktivität zu entwickeln und in ihre schöngeistigen Reflexionen über reine Poesie höchst unpoetische Ausfälle gegen den Kommunismus, die Arbeiterbewegung, gegen revolutionäre Traditionen und die Bestrebungen der Volksmassen aufzunehmen. Diese Tradition der deutschen Germanistik, die objektive Gesetze negiert und der subjektiven Willkür Tür und Tor öffnet, muß in der Deutschen Demokratischen Republik endgültig überwunden werden; die geisteswissenschaftliche Schule mit ihren verschiedenen Richtungen gehört zum geistigen Arsenal einer Vergangenheit, die in Westdeutschland noch heute die Gegenwart beherrscht.

Gegen das Nachwirken dieser unrühmlichen Entwicklung muß ein entschiedener ideologischer und theoretischer Kampf geführt werden, damit unsere Germanistik ihren neuen Aufgaben, ihrem nunmehr erweiterten Gegenstand gerecht werden kann. Unter sozialistischen Bedingungen ist die Erweiterung des Gegenstandes und der Methodologie der Literaturwissenschaft, die an die progressiven Wissenschaftstraditionen anknüpft und sie weiterführt, ein gesetzmäßiger Prozeß. Er resultiert daraus, daß das von Ausbeutung und Unterdrückung befreite Volk in immer größerem Maße Anteil am gesamten Literaturprozeß nimmt und sich die Rolle der Literaturproduzenten und -konsumenten verändert. Damit haben wir eine aufsteigende Literatur mit eigenen Gesetzmäßigkeiten vor uns, die mit ihrem neuen gesellschaftlichen Inhalt Gestaltungs- und Formprobleme in bis dahin unbekannter Fülle aufwirft.

Im folgenden sollen die Aufgabenbereiche und Fragestellungen umrissen werden, die sich unseres Erachtens aus der Rolle der literaturwissenschaftlichen Germanistik im Rahmen der Kulturrevolution ergeben.

1. Als historisch-philologische Disziplin ist die Literaturwissenschaft dazu berufen, mit wissenschaftlicher Qualität und Klarheit das gesamte humanistische Erbe der Nationalliteratur für die sozialistisch-kommunistische Erziehung und das wachsende Bildungsbedürfnis der Volksmassen sowie als unabdingbare Grundlage der neuen sozialistischen Nationalliteratur zu erforschen und zu vermitteln. Der gewaltige Schatz kollektiver Erfahrungen der Menschheit aus den gesellschaftlichen Kämpfen und der Auseinandersetzung mit den Naturkräften findet in der Welt- und Nationalliteratur seinen künstlerisch verallgemeinerten Ausdruck und vermag

durch die Erarbeitung von Theorie und Geschichte der Literatur aktiv zur Ausbildung eines wissenschaftlichen Weltbildes, zur Verbreitung der materialistisch-atheistischen Weltanschauung und zur Entwicklung eines Nationalbewußtseins neuer Qualität beizutragen.

2. Gegenstand der Germanistik kann nicht nur die Literatur historisch abgeschlossener Epochen sein, vielmehr lebt und entwickelt sie sich als Wissenschaft im eigentlichen, d. h. produktiven Sinn nur im engsten Zusammenhang mit den jetzt auftretenden Fragen der gegenwärtigen Literaturprozesse. Obgleich sich diese Erkenntnis im Verlauf unserer sozialistischen Entwicklung auch in der akademischen Germanistik immer mehr durchgesetzt hat, muß dennoch eine entschiedenere Hinwendung zur Erforschung und Beschäftigung mit der Gegenwartsliteratur vollzogen werden. Im Prozeß der Kulturrevolution handelt es sich um das aufmerksame Verfolgen der gesamten sozialistischen Gegenwartsliteratur und nicht nur um die Auswertung einzelner Spitzenleistungen. Das Ziel muß darin bestehen, in möglichst kurzer Zeit die wichtigsten spezifischen Erscheinungen und Probleme unserer Gegenwartsliteratur wissenschaftlich exakt analysieren zu können und zu ihrer historisch-ästhetischen Gesetzmäßigkeit vorzudringen. Erst auf dieser Grundlage kann qualifizierter und wirksamer als bisher auf den Entstehungsprozeß der Literatur Einfluß genommen werden. Dabei ergeben sich als Hauptaufgaben, die Rolle des sozialistischen Realismus wissenschaftlich zu begründen, die Wechselbeziehungen von National- und Weltliteratur zu untersuchen und gegen alle Erscheinungen der Dekadenz zu kämpfen.

3. Die Germanistik trägt dazu bei, die sozialistische Moral durchzusetzen, indem sie untersucht, welche bedeutende Rolle die Darstellung moralischer Probleme, positiver moralischer Qualitäten sowohl in der Literatur vergangener Perioden wie in der gegenwärtig entstehenden Literatur spielt.

Unter diesen Gesichtspunkten hat die Ausarbeitung der Theorie des sozialistischen Realismus besondere Bedeutung, und zwar sowohl unter dem historischen Aspekt des Anteils, den die um ihre Befreiung kämpfende Arbeiterklasse an der Nationalkultur besitzt, wie unter dem Aspekt ihrer Emanzipation in der DDR und ihres Einflusses auf die gegenwärtige Literaturgesellschaft. Die sozialistische Literatur des ersten deutschen Arbeiter-und-Bauern-Staates konnte auf der Tradition des sozialistischen Realismus in der deutschen Nationalliteratur aufbauen; sie führte diese Entwicklung jedoch nicht einfach weiter. Da sich der Charakter der widerzuspiegelnden Realität laufend verändert, weist auch die literarische Widerspiegelung neue Qualitäten auf. Es geht nicht darum festzustellen, wie weit dies noch unvollkommen oder ansatzweise bewältigt ist, sondern es kommt darauf an, die neuen Qualitäten in unserer Gegenwartsliteratur entwickeln zu helfen sowie ihren Einfluß in der Literaturkonsumtion wirksamer zu gestalten. Dafür scheint es uns wesentlich zu sein, daß der Begriff des Schönen auf die Art und Weise künstlerischer Gestaltung reduziert wird. Diese Einengung des Schönheitsbegriffs findet ihre erste konsequente Ausprägung in der *L'art pour l'art*-Theorie der reaktionären Dekadenz der Jahrhundertwende (nachdem sie in der deutsch-romantischen

Kunsttheorie bereits vorgezeichnet war), wirkt aber bis heute auch außerhalb der eigentlichen Dekadenz weiter. Im Zusammenhang mit der kritischen Aufnahme und Weiterführung dessen, was in der klassischen Ästhetik vorgearbeitet wurde, ist die Schönheits-Kategorie als objektive Kategorie neu zu durchdenken und zu erforschen. Das bedeutet, daß die Kriterien des Schönen in der Wirklichkeit selbst aufgesucht werden müssen. Wahrhaft poetische Gestaltung heißt, die Schönheit der Wirklichkeit aufzuspüren und künstlerisch zu realisieren, nicht aber die Wirklichkeit erst durch die Kunst *schön* zu färben und ideal zu verklären. Hauptpunkte für die objektiven ästhetischen Maßstäbe sind die neuen geistig-moralischen Züge des Menschen der sozialistischen Gesellschaft, die Überwindung der kapitalistischen Entfremdung, die Arbeit als wirkliche Aneignung der Welt durch den Menschen, die Vielfalt und Lebendigkeit der gesellschaftlichen Beziehungen, durch die die objektiven Merkmale des neuen *schönen* Menschen konstituiert werden.

Der Beitrag der Literaturwissenschaft zur weltanschaulich-historischen Bewußtseinsbildung, zur moralischen und ästhetischen Erziehung hat innerhalb der Wechselbeziehungen zwischen Künstler und Volksmassen eine vermittelnde, unter den sozialistischen Verhältnissen direkt organisierende Funktion. Sie kann an der Vermittlung und Organisierung der Beziehungen zwischen den objektiven Bedürfnissen und dem künstlerischen Schaffen, zwischen Literaturproduktion und Literaturkonsumtion, folglich an dem lebendigen Austausch in der Literaturgesellschaft teilnehmen und hat hier Aufgaben, die sie bisher nur sehr unvollkommen gelöst hat.

Ein wichtiges Gebiet ist in diesem Zusammenhang die Literaturkritik, die zum eigensten Anliegen der Literaturwissenschaft werden muß. Innerhalb der sozialistischen Literaturgesellschaft sollte die Literaturkritik nicht prinzipiell von der Literaturwissenschaft getrennt sein, sondern muß in ihrem Charakter als literaturwissenschaftliche Disziplin erkannt und entsprechend berücksichtigt werden. In der Literaturkritik zeigt sich die politische und kulturpolitische Funktion der Literaturwissenschaft sehr unmittelbar, weil sie die operativste, die aktuellen Prozesse innerhalb der Literaturgesellschaft direkt begleitende Disziplin ist. Ihre Hauptaufgabe ist die Verteidigung der Prinzipien des sozialistischen Realismus und die rechtzeitige Förderung neuer, für die literarische und kulturelle Entwicklung wesentlicher Arbeiten. Sie kann dieser Aufgabe nur gerecht werden, wenn sie prinzipieller als bisher die wirklich neuen Momente sowohl im Prozeß der Literaturproduktion als auch der Literaturkonsumtion erkennt und verallgemeinert und gegen bürgerliche, dekadente Einflüsse parteilich kämpft, wenn sie also literaturkritische und literaturpropagandistische Aspekte ihrer Tätigkeit richtig verknüpft. [. . .]

Überhaupt muß die Kritik einer aufstrebenden sozialistischen Literatur aufbauend und helfend sein. Sie muß die Verantwortlichkeit für den Gesamtprozeß des Entstehens einer sozialistischen Nationalliteratur in jedem Einzelfalle im Auge behalten. Die Maßstäbe der Literaturkritik erwachsen primär aus den Bedingungen der gegenwärtigen Klassenkämpfe, können aber nur dann überzeugend und wirksam angewandt werden, wenn sie auf den verallgemeinerten Gesetzmäßigkeiten des gesamten historischen

Prozesses der Literaturentwicklung aufbauen. Dabei sollten auch die Erfahrungen und Probleme der anderen Kunstgattungen beachtet werden. Besonders wichtig ist es, mehr als bisher den Prozeß der Herausbildung der sozialistischen Weltliteratur und seine spezifischen Traditionsvoraussetzungen zu untersuchen, vor allem aber die Sowjetliteratur in die Fragestellungen mit einzubeziehen. Nur so kann die politische Kritik ästhetisch und historisch konkret, die ästhetische Kritik politisch schlagkräftig werden.

Unter dem Gesichtspunkt der weltanschaulich-historischen Bewußtseinsbildung, der moralischen und ästhetischen Erziehung, fällt auch die Entwicklung der Methodik des Deutschunterrichts an den allgemeinbildenden Schulen in verstärktem Maße in den Verantwortungsbereich der Germanistik. Dem Deutschunterricht an den Schulen kommt eine zentrale Stellung bei der musischen und wissenschaftlich-atheistischen Erziehung der jungen Generation zu. Er wirkt auf die Entwicklung zur gebildeten Nation nicht nur dadurch, daß die Schüler von heute die Erbauer des Sozialismus und Kommunismus von morgen sind, sondern auch über den Einfluß aufs Elternhaus und auf die kulturelle Betätigung der jungen Menschen beispielsweise im Rahmen der polytechnischen Ausbildung in den Betrieben.

[. . .]

Ein weites, nur erst wenig beachtetes Gebiet in bezug auf die ästhetische Erziehung eröffnet sich für die Germanistik mit der Untersuchung von Wirkungsmöglichkeiten der Literatur, und zwar gleichermaßen der in der Vergangenheit (im weitesten Sinn) entstandenen wie der gegenwärtig entstehenden. Die Literaturwissenschaft kann nur dann in den Prozeß der Kulturrevolution eingreifen, wenn sie Forschungen zur Wirklichkeitsgeschichte nicht nur unter historisch-soziologischen Gesichtspunkten anstellt, sondern den historischen mit dem aktuellen Aspekt verbindet, also ihr Augenmerk nicht nur darauf richtet, wie ein literarisches Kunstwerk zu seiner Zeit gewirkt hat, sondern auch wie es heute wirkt und was man für eine zielgerichtete Wirkung tun kann.

[. . .]

Die gesamte, bisher gegebene Aufgabenstellung läßt bereits erkennen, daß die Literaturgeschichtsforschung unabdingbar mit der Bewältigung der Gegenwartsaufgaben verknüpft ist, und zwar in umfassender Wechselbeziehung: Nur das Begreifen der Gegenwartsaufgaben kann der Literaturgeschichtsforschung fruchtbare Impulse zuführen; nur die Literaturgeschichtsforschung liefert für die Bewältigung der Gegenwartsaufgaben die exakte Grundlage, die allein zur Erkenntnis und zum Auffinden von ästhetischen Gesetzmäßigkeiten befähigt. Diese Wechselbeziehung wird jedoch nur wirksam, wenn die Literaturwissenschaft entschieden politischer wird, wenn sie den Kampf gegen die bürgerliche Ideologie – wie sie sowohl in der Literatur selbst als auch in Poetik und Literaturgeschichtsschreibung zum Ausdruck kommt – zielstrebiger aufnimmt. So ist z. B. die objektive Verbindung zwischen der *reinen* akademischen Literaturwissenschaft Westdeutschlands und der offen antikommunistisch-apologetischen, auf Massenwirksamkeit orientierten Pseudoliteratur bisher zu wenig herausgearbeitet worden. Die Auseinandersetzung mit der bürgerlichen Ideologie in Literatur und Wissenschaft hat keinesfalls an Aktualität eingebüßt, sondern muß mit größerer kämpferischer Konsequenz geführt werden.

Aus den spezifischen Aufgaben und Möglichkeiten, die die Germanistik im Rahmen der Kulturrevolution besitzt, ergibt sich nicht nur die Notwendigkeit literaturgeschichtlicher Forschungen, sondern auch einer Neukonzeption des Inhalts der literaturgeschichtlichen Forschung. Diese Neukonzeption muß von den großen gesellschaftlichen Fragen ausgehen, die auf der Tagesordnung der weltgeschichtlichen Entwicklung stehen. Hier sollen einige solcher Gesichtspunkte angedeutet bzw. auch schon näher ausgeführt werden [. . .]

1. Die Germanistik trägt zur Entwicklung eines Nationalbewußtseins neuer Qualität bei, indem sie auf die Prägung eines sozialistisch wissenschaftlichen Geschichtsbewußtseins einwirkt, soweit dieses durch den Umgang mit Literatur, durch literarische Traditionen bestimmt wird und indem sie die literarischen Gegenwartsprozesse in ihrer historischen Gesetzmäßigkeit begründet. Dabei gewinnt das Moment des Geschichtsbewußtseins als wesentlicher Faktor des Nationalbewußtseins eine um so größere Bedeutung, als die Entwicklung in Deutschland zu einer historisch neuen Form der Ausbildung der nationalen Frage geführt hat. Dadurch erscheinen gerade die Epochen deutscher Literaturgeschichte in neuer Beleuchtung, die historische Knotenpunkte der nationalen Entwicklung in Deutschland darstellen: Das gilt für das wissenschaftlich erst wenig erforschte Gebiet der Literatur der Bauernkriege, in der die nationale Frage zum ersten Mal in historisch bedeutsamer Weise im Zentrum der Klassenkämpfe stand und zugleich die literarische Betätigung der Volksmassen großes Gewicht erlangte; das gilt für das Gebiet der klassischen Literatur, in der die marxistische literaturwissenschaftliche Germanistik in ihren weiteren Forschungen bereits auf bedeutenden (weil in planmäßiger und systematischer Kollektivarbeit entstandenen) Ergebnissen aufbauen kann; das gilt für die Literatur der 48er Periode und ebenso für die Zeit seit 1871. Diese letzten Perioden erhalten dadurch besonderes Gewicht, daß jetzt die Arbeiterklasse die einzige gesellschaftliche Kraft darstellt, die die nationalen Probleme zu lösen imstande ist. [. . .]

In weit stärkerem Maße als bisher muß unsere literaturwissenschaftliche Germanistik das Schwergewicht darauf legen, daß die Dichtung der Deutschen Demokratischen Republik schon heute die Interessen der *ganzen* Nation repräsentiert, im Gegensatz zur Zerstörung echter nationaler literarischer Kultur auf westdeutschem Staatsboden: Die Literatur der Deutschen Demokratischen Republik ist nicht nur legitimer Erbe sämtlicher national- und menschheitsgeschichtlich konstruktiver Traditionen deutscher Literatur, sondern darüber hinaus sind in ihr alle Potenzen einer neuen Blüte der Nationalliteratur angelegt. Aufbauend auf den Erfahrungen der deutschen sozialistischen Literatur, die schon um 1930 und besonders in der Periode der Herrschaft des Faschismus mehr und mehr zum führenden Teil der Nationalliteratur wurde, stellt unsere Literatur heute die bestimmende und herrschende Nationalliteratur Deutschlands dar.

[. . .]

2. Im Hinblick darauf, daß die Ausarbeitung der Kriterien des realen sozialistischen Humanismus für die Verwirklichung neuer, das gesamte gesellschaftliche Leben bestimmender ethischer Normen eine entscheidende Rolle spielt – sowohl für die ästhetische Fundierung des Menschenbildes des sozialistischen Realismus wie für die Prägung des moralischen Gewissens der gesamten Nation – gewinnt die Untersuchung der Entwicklung des humanistischen Menschenbildes und des ästhetischen Ideals (bzw. auch deren Verlust oder Reduzierung) in der deutschen Literatur sämtlicher Epochen besondere Bedeutung. Das muß unter dem Gesichtspunkt geschehen, daß die gesamte bisherige Menschheitsgeschichte Vorgeschichte der kommunistischen Gesellschaft ist. Damit ist nicht gesagt, daß ihre gesamten Kunstäußerungen unter den Begriff der Vorgeschichte im eigentlichen Sinne subsumiert werden können. Es gibt historisch einmalige – weil aus historisch einmaligen Konstellationen erwachsende – Höhepunkte einzelner Kunstgattungen (so z. B. Sage und Märchen; das Götter-Menschen-Stück in Drama und Ballade usw.). Sie sind weder wiederholbar noch fortsetzbar, behalten aber nichtsdestoweniger ihren Wert und – wenn auch in ständig sich veränderndem Sinne – ihre Kunstwirkung, weil sie wesentliche, nicht wegzudenkende Bestandteile des Bewußtseins der Menschheit darstellen. Auch hier, in diesem sehr weiten Sinne, erweist sich der Begriff der *Vorgeschichte* als tauglich. Die Untersuchung muß auch unter dem Aspekt vorgenommen werden, daß ein Beitrag zur Ausbildung des sozialistischen Nationalbewußtseins geleistet wird, wenn man das Erbe, den Stolz auf humanistische nationale Traditionen, als Bestandteil der Menschheitskultur bewußt macht.

3. Durch die gemeinsame kommunistische Perspektive aller sozialistischen Länder sowie durch den Charakter der sozialistischen Nationalliteratur als Bestandteil der sozialistisch-kommunistischen Weltkultur tritt ein bisher stark vernachlässigter Gesichtspunkt hervor: die Bedeutung der Beziehung zwischen den Völkern sowohl als Widerspiegelungsobjekt der Literatur wie als internationale Literaturbeziehung. Das erfordert von der Germanistik eine Erweiterung und Vertiefung der methodologischen Fragestellung in Richtung auf sozialistisch weltliterarisch komparative Aspekte. Gegenwärtig gehen in der literaturhistorischen Forschung und Lehre nationalliteraturgeschichtliche und weltliteraturgeschichtliche Orientierung theoretisch nebeneinander her. Die Literaturhistorie als Geschichtsschreibung der Nationalliteratur kann aber heute ihre Aufgabe, ein sozialistisches Bewußtsein bilden zu helfen, nicht mehr erfüllen, wenn sie nicht zugleich ein ausreichendes Wissen von dem in der literarischen Widerspiegelung gestalteten Stand der Weltbewegung zur kommunistischen Gesellschaftsordnung gibt. Die Literaturwissenschaftler müssen sich vergegenwärtigen, daß mit der Oktoberrevolution – und verstärkt mit der Bildung eines sozialistischen Weltlagers nach 1945 – eine qualitativ neue Aufgabe entstanden ist: Das wissenschaftlich vergleichende Erarbeiten und Darstellen der literarischen Wechselbeziehungen zwischen den sozialistischen Ländern, die sich durch die Tatsache der Widerspiegelung verwandter Bewegungen und ähnlicher Probleme und Sujets gebildet haben. Dieser

aus der gegenwärtigen Literatursituation mit besonderer Dringlichkeit erwachsende komparative Aspekt gilt darüber hinaus für die Erforschung der Literatur aller vergangenen Epochen. [. . .]

Den hier angedeuteten Gesichtspunkten einer Neukonzeption der Literaturgeschichtsschreibung liegt das Prinzip zugrunde, daß die Literaturgeschichtsforschung von der sozialistisch-realistischen Leistung der Literatur unserer Epoche ausgeht und von hier aus die großen historischen Verbindungslinien nach rückwärts zieht. Das bedeutet nicht, daß die Systematik der Kapitel einer von diesem Prinzip ausgehenden Literaturgeschichte in umgekehrter historischer Richtung aufgebaut sein müßte, sondern trifft vielmehr die gemeinsame Erarbeitung der Fragestellungen. Es kommt dabei nicht auf die isolierte Erforschung literaturgeschichtlicher Schwerpunkte an, sondern auf die Darstellung der gesamten Literaturentwicklung als Vorgeschichte (im oben angedeuteten weiten Sinn) des sozialistischen Realismus. Dieses Prinzip bedeutet die Abkehr von der bürgerlichen Wissenschaftstradition mit ihrer einseitigen Ausrichtung auf die Vergangenheit, mit ihrer Orientierung, die Literatur nur soweit als Forschungsgegenstand anzuerkennen, als es sich um abgeschlossene literarische Prozesse handelt. Zugleich geht dieses Prinzip davon aus, daß die Gesetzmäßigkeiten der literarischen Gegenwartsprozesse nur im Zusammenhang der historischen Prozesse erforscht werden können. [. . .]

WALTER MUSCHG
(1898–1965)

Seit 1936 Professor in Basel.

Text: Euphorion 59, 1965, S. 18 ff (auch in: W. M., Studien zur tragischen Literaturgeschichte, Bern 1965).

GERMANISTIK?

In memoriam Eliza M. Butler

Wird es je wieder dazu kommen, daß man die Dichtung nicht aus der nationalen Perspektive betrachtet? Noch die kosmopolitische Aufklärung sah in ihr eine Sache der europäischen Kultur, der menschlichen Vernunft. Erst die Romantik entdeckte in ihr den ‹Gottesgedanken der Nation›, der sich bald genug als eine Drachensaat herausstellte. Die Germanistik, in der Romantik als eine patriotische Wissenschaft geboren, begann um die deutschen Dichter einen Mythus zu weben, der sie als Offenbarungen deutschen Wesens verherrlichte und verfälschte. Die dazu ungeeigneten Außenseiter verfielen in Acht und Bann. Die moderne Religion des Nationalbewußtseins durchtränkte auch die Literaturgeschichte und stellte sie in den Dienst der Machtpolitik. Seither läßt es das nationale Interesse nicht mehr zu, daß die großen Dichter wissenschaftlich, das heißt kritisch beurteilt werden. Je stärker ihr Ruhm als Klassiker mit dem nationalen

Prestige zusammenhängt, desto heftiger ist die Reaktion auf ihre objektive Betrachtung, die doch ungleich tiefere Wirkungen auslösen müßte als ihre Erhebung zu nationalen Idolen. Kritische Bücher über GOETHE werden seit langem nur von Ausländern oder ausgewanderten Deutschen geschrieben.

Keine Niederlage der staatlichen Autorität vermochte bisher die Macht dieser literarischen Mythologie zu brechen. Sogar in Deutschland, wo die Germanistik zuletzt, durch *völkische* Schlagworte vergiftet, zur Komplizin der Verbrechen wurde, denen die Nation samt ihrer Literatur zum Opfer fiel, hat der Klassikerkult die Katastrophe überstanden. In Ostdeutschland betreibt man ihn jetzt nach marxistischem Rezept, das den Begriff der Nation durch den Begriff der Klasse ersetzt. In Westdeutschland versuchte man der Literaturwissenschaft mit dem Zauberwort Interpretation aus ihrem Bankrott aufzuhelfen. Aber auch die angeblich wertfreie, rein ästhetische Beurteilung einzelner Werke hält sich mit Vorliebe an die kanonischen Größen und liest aus ihnen noch einmal das ab, was wir schon wissen. Auch diese Flucht ins Geschichtslose, Unverbindliche ist keine Antwort auf die Fragen, die der Germanistik heute gestellt sind. Am ehesten scheint sich die vergleichende Literaturwissenschaft vom nationalen Denken gelöst zu haben. Sie blickt auf die Weltliteratur, setzt die Literaturen der einzelnen Völker zueinander in Parallele, untersucht ihre gegenseitige Beeinflussung und beobachtet die Wirkung einzelner Autoren in andern Ländern. Auch diese Methode fußt jedoch auf dem Begriff des Nationalen, ja sie begünstigt im Grunde das Operieren mit gegebenen Größen. Um zu greifbaren Ergebnissen zu kommen, muß sie sich an die Urteile und Anschauungen halten, die in den nationalen Wissenschaften über die Dichter kursieren. Außerdem ist ihr Ziel praktisch kaum erreichbar. Schon die europäischen Literaturen kann nur ganz ausnahmsweise ein Einzelner gründlich genug kennen, und Europa ist nicht die Welt. Die Vorstellung der Weltliteratur zerfließt ins Grenzenlose, seitdem die Literaturen Asiens, Afrikas, Südamerikas durch Übersetzungen bekannt werden und Ausgrabungen immer neue antike Räume erschließen, die bis ins Prähistorische zurückreichen.

Dieser stofflichen Erweiterung der Literatur ist nur eine phänomenologische Betrachtung gewachsen. Sie begnügt sich nicht mit der Feststellung von Einflüssen, sondern interessiert sich für wesensgleiche Erscheinungen, die in verschiedener nationaler oder geschichtlicher Brechung gleichzeitig oder im Rhythmus der historischen Abläufe auftreten. Denn auch in der Literaturgeschichte gibt es eine Wiederkehr des Gleichen. In der vergleichenden Analyse dichterischer Phänomene aus allen Zeiten und Zonen treten die Eigenschaften, die am einzelnen Dichter, an der einzelnen Nationalliteratur singulär wirken, als Grundzüge des Dichterischen hervor, das älter ist als seine historischen Sonderfälle. Es zeigen sich typische Formen der Dichtung, vielleicht sogar ihre Ursprünge, die ihr Wesen erklären. Nur auf diesem Weg kann die Wissenschaft von ihr eine Disziplin mit eigenen Kategorien werden, die auf der Grundfrage aller Wissenschaft nach dem *Warum* der Erscheinungen beruht. Sie muß ihre Begriffe empirisch aus ihrem Gegenstand selbst ableiten, darf also nicht auswählen,

Ein Poet «verzinset oft einen Gedanken mit fünfzig Prozent ...

... oft mit mehr», schrieb Theodor Gottlieb von Hippel. (Welche Aussichten für den Fiskus bei Einführung der Mehrwertsteuer!)

Hippel hatte entweder viele verzinsbare Gedanken oder er verstand es, sie mit mehr als 50 Prozent zu verzinsen: Er, der einst Mittellose, hinterließ ein Vermögen von 140 000 Talern.

Doch Quod licet Poetae, non licet Monetae. Beim Gelde sind 50 Prozent Zinsen im Jahr reiner Wucher. Man kann indes Spargeld auch mit hundert Prozent verzinsen: bei prämienbegünstigter Anlage in Pfandbriefen. Allerdings nicht in einem Jahr. Es dauert acht Jahre, bis sich das Geld verdoppelt hat.

was sie spontan ergreift, sondern hat auch das zunächst Gleichgültige und Abstoßende kritisch zu untersuchen und jede bewußte oder unbewußte Identifikation mit einem Dichter oder einer Nation zu vermeiden. Nur auf diesem Weg, durch Vergleich mit Erscheinungen des gleichen Typus, kann auch die Besonderheit eines Dichters zuverlässig festgestellt werden. Die Beschäftigung mit den großen und kleinen Autoren der eigenen Nation ist nur wissenschaftlich verbrämte Liebhaberei, solange sie nicht, wie jede Wissenschaft, über die Einzelfälle hinausblickt. Viele Dinge werden aber klein, wenn sie in den universalen Zusammenhang rücken, und für die großen Gestalten braucht es große Maßstäbe. Man beurteilt sie falsch, solange man sie als Fetische der nationalen Selbstbespiegelung behandelt, wo sie doch vielmehr zur Selbsterkenntnis und oft zur heilsamen Entlarvung eines Volkes bestimmt sind. Die großen wie die kleinen Ereignisse der Literaturgeschichte können erst dann objektiv gewürdigt werden, wenn ein archimedischer Punkt außerhalb der nationalen Provinz gefunden ist, von dem aus ihr Verhältnis zum Phänomen des Dichterischen erkannt werden kann.

In dieser Perspektive erstrecken sich die Stoffmassen und Probleme der Literatur über ein so riesiges Feld, daß kein Einzelner sie bewältigen kann. Grundlagenforschung und Gruppenarbeit sind auch für die Literaturforschung unerläßlich geworden. Dabei handelt es sich nicht nur um Vervollkommnung des technischen Apparats, sondern um eine neue geistige Orientierung. Kritische Distanz zu einer nationalen Literatur wird schon durch die geographische Entfernung von ihr begünstigt. Englische, französische, russische Germanisten beispielsweise sind der Gefahr der nationalistischen Befangenheit gegenüber der deutschen Literatur von vornherein weniger ausgesetzt. Besonders die englische Germanistik steht ihr mit der inneren Freiheit gegenüber, die den britischen Geist auszeichnet. Sie steht ihr nahe genug, um sich mit ihr verwandt zu fühlen, aber auch fern genug, um sie kritisch betrachten zu können. Sie blieb darum unberührt vom germanischen Hokuspokus und den mythischen Nebeln, die den Horizont der deutschen Literarhistoriker älterer und neuerer Zeit trübten. Nüchtern und klug, mit philologischer Zucht und musischer Sensibilität ging sie ihre eigenen Wege abseits der kontinentalen Heerstraßen mit ihrer beflissenen Mitläuferei und ihren vergänglichen Illusionen. Die englische Philologie ist in ihrer besten Tradition bei aller pragmatischen Sachlichkeit frei von dem unpersönlichen, ideologischen Fanatismus, der an den deutschen Universitäten gezüchtet wurde. Philologische Forschung gilt in England weit mehr als Sache der originellen Persönlichkeit, der Anteil des individuellen Temperaments an ihr ist größer, der Stil der wissenschaftlichen Darstellung weniger geschraubt und weltfremd. Wenn die deutsche Literatur schon von Wien oder Basel aus anders aussieht als von Bonn oder Berlin aus, um wieviel mehr in der Sicht der britischen Insel. Errungenschaften des modernen Denkens wie Psychoanalyse, Phänomenologie und Soziologie, von denen die deutsche Germanistik dank ihrem Hang zur Mythenbildung bisher keine Notiz nahm, wurden von der englischen längst fruchtbar gemacht. [...]

ÜBER DEN VERFASSER

KARL OTTO CONRADY, geboren am 21. Februar 1926 in Hamm (Westf.), studierte seit 1947 an den Universitäten Münster und Heidelberg, legte 1952 das Staatsexamen in den Fächern Deutsch und Latein ab und promovierte 1953 mit einer von BENNO VON WIESE betreuten Arbeit über die Erzählweise HEINRICH VON KLEISTS. 1954–1957 war er Stipendiat der Deutschen Forschungsgemeinschaft. 1957 habilitierte er sich in Münster und übernahm 1958 eine Dozentur an der Universität Göttingen. 1961 wurde er zunächst außerordentlicher, dann ordentlicher Professor an der Universität des Saarlandes in Saarbrücken. Seit 1962 ist er Ordinarius für Neuere deutsche Literaturgeschichte an der Universität Kiel

Veröffentlichungen:
Lateinische Dichtungstradition und deutsche Lyrik des 17. Jahrhunderts, Bonn 1962.

Aufsätze in der Zeitschrift ‹Euphorion› (Zu den deutschen Plautusübertragungen, 1954; Zur Erforschung der neulateinischen Literatur, 1955), in der ‹Germanisch-Romanischen Monatsschrift› (Kleists ‹Erdbeben in Chili›, 1954; Moderne Lyrik und die Tradition, 1960), Beiträge zu den von BENNO V. WIESE herausgegebenen Sammelbänden ‹Die deutsche Lyrik›, Düsseldorf 1956, und ‹Das deutsche Drama›, Düsseldorf 1958 (über GOTTSCHED). – Das Moralische in Kleists Erzählungen, in: Literatur und Gesellschaft, Bonn 1963. – Tendenzen der deutschen Gegenwartsliteratur, Moderna språk 59, 1965. – Theodor Däubler, in: Deutsche Dichter der Moderne, Berlin 1965.

PERSONEN- UND SACHREGISTER

Personenregister

Aischylos 36, 130, 223, 224 (Fußn.)
Aldridge, J. W. 61
Alewyn, R. 25 (Fußn.), 40 (Fußn.),
    46, 53 (Fußn. 17), 62, 97, 107
Alexis, W. 113
Amelung 210
Angelus Silesius 115
D'Annunzio, G. 149
Aristoteles 130
Arminius 195
Arndt, E. M. 123
–, J. 116
Arnim, A. von 22 (Fußn. 2), 123
Arnold, G. 116
Auerbach, B. 199
–, E. 57 (Fußn.), 108
Ava, Frau 199
Avancini, N. 115

Babilas, W. 63
Bach, A. 108
Balde, J. 115
de Balzac, H. 132, 141
Bangen, G. 97 f, 99 (Fußn.), 100 f
Barlach, E. 128
Baudelaire, Ch. 132
Baumgarten, E. 9, 11
Beer, J. 116
Beethoven, L. van 207
Beiss, A. 61
Beissner, F. 43
Benn, G. 128
Berenson, B. 224 (Fußn.)
Bergengruen, W. 129
Bergson, H. 221
Beutler, E. 149
Bidermann, J. 115
Birken, S. von 116
Bismarck, O. von 215
Blunck, H. F. 59

Boccaccio, G. 130
Bodenstedt, F. 125
Bodmer, J. J. 117
–, M. 150
Boeckh, A. 22 (Fußn.), 31 f
Böhme, J. 116
Börne, L. 124
Boesch, B. 50
de Boor, H. 48 f, 51
Bossuet, J.-B. 141
Bräker, U. 118
Braemer, Edith 34 (Fußn.)
Brandt, L. 40 (Fußn.)
Brant, S. 114
Braune, W. 210
Braunschweig, A. U. von 116
–, H. J. von 93
Brecht, B. 129
Brednich 114
Breitinger, J. J. 117
Brentano, C. 22 (Fußn. 2), 62, 79,
    122, 198
Brinkmann, H. 109
Broch, H. 129
Brockes, B. H. 116
Brooks, C. 61 (Fußn. 25)
Brühl, H. Graf von 198
Büchner, G. 79, 124
Bürger, G. A. 24, 118
Burdach, K. 207 ff
Burger, H. O. 49, 58, 63
Byron, G. G. N. 132

Caesar, G. J. 170
Calderón de la Barca, P. 36, 131,
    223
Carossa, H. 129
Celtis, C. 115
de Cervantes, M. 131, 196
Chamisso, A. von 123, 198

237

Sachregister

Eva Schafferus

Bei Rowohlt erschienen folgende in der
Leseliste aufgeführten Werke:

Georg Philipp Harsdörffer
– Poetik des Barock. Hg. von Marian Szyrocki (rk 508/09)*

Daniel Georg Morhof
– Poetik des Barock. Hg. von Marian Szyrocki (rk 508/09)*

18. JAHRHUNDERT

Barthold Heinrich Brockes, Proben aus: Irdisches Vergnügen in Gott:
– Lyrik des 18. Jahrhunderts. Hg. von Karl Otto Conrady (rk 504/05)*

Albrecht von Haller, Proben aus: Die Alpen, Trauerode beim Absterben seiner geliebten Mariane, Vorrede zu der Sammlung ‹Versuch schweizerischer Gedichte›:
– Lyrik des 18. Jahrhunderts. Hg. von Karl Otto Conrady (rk 504/05)*

Friedrich Hagedorn, Gedichte, Proben aus: Versuch in poetischen Fabeln und Erzählungen:
– Lyrik des 18. Jahrhunderts. Hg. von Karl Otto Conrady (rk 504/05)*

Johann Elias Schlegel, Canut, Vergleichung Shakespeares und Andreas Gryphs:
– Lyrik des 18. Jahrhunderts. Hg. von Karl Otto Conrady (rk 504/05)*

Wilhelm Ludwig Gleim, Proben aus: Versuche in scherzhaften Liedern, Proben aus: Preußische Kriegslieder von einem Grenadier:
– Lyrik des 18. Jahrhunderts. Hg. von Karl Otto Conrady (rk 504/05)*

S. G. Lange / I. J. Pyra, Proben aus: Thirsis und Damons freundschaftliche Lieder:
– Lyrik des 18. Jahrhunderts. Hg. von Karl Otto Conrady (rk 504/05)*

Christian Fürchtegott Gellert, Die Betschwester, Proben aus: Fabeln und Erzählungen, Leben der schwedischen Gräfin von G.:
– Lyrik des 18. Jahrhunderts. Hg. von Karl Otto Conrady (rk 504/05)*

Ewald von Kleist, Der Frühling:
– Lyrik des 18. Jahrhunderts. Hg. von Karl Otto Conrady (rk 504/05)*

Gotthold Ephraim Lessing, Minna von Barnhelm, Emilia Galotti, Nathan der Weise:
– G. E. Lessing, Minna von Barnhelm, Emilia Galotti, Nathan der Weise (rk 118/19)

Johann Heinrich Jung, gen. Jung-Stilling, Heinrich Stillings Leben:
– Jung-Stilling, Lebensgeschichte. Hg. von Karl Otto Conrady (rk 516/17)

Friedrich Gottlieb Klopstock, Gedichte, Messias:
– F. G. Klopstock, Messias, Gedichte, Abhandlungen. Hg. von Uwe Keltelsen (rk 512/13)

Ludwig Heinrich Christoph Hölty, Gedichte:
– Lyrik des 18. Jahrhunderts. Hg. von Karl Otto Conrady (rk 504/05)*

Matthias Claudius, Proben aus: Asmus omnia sua secum portans:
– Lyrik des 18. Jahrhunderts. Hg. von Karl Otto Conrady (rk 504/05)*

Gottfried August Bürger, Gedichte:
– Lyrik des 18. Jahrhunderts. Hg. von Karl Otto Conrady (rk 504/05)*

Friedrich Leopold Graf zu Stolberg, Gedanken über Herrn Schillers Gedicht ‹Die Götter Griechenlands›:
– Lyrik des 18. Jahrhunderts. Hg. von Karl Otto Conrady (rk 504/05)*

Christian Friedrich Daniel Schubart, Gedichte, Leben und Gesinnungen:
– Lyrik des 18. Jahrhunderts. Hg. von Karl Otto Conrady (rk 504/05)*

Johann Gottfried Herder, Auszug aus einem Briefwechsel über Ossian und die Lieder alter Völker, Shakespeare, Proben aus: Ideen zur Philosophie der Geschichte der Menschheit, Proben aus: Briefe zur Beförderung der Humanität:
– H. G. Herder, Schriften. Hg. von Karl Otto Conrady (rk 502/03)
– Lyrik des 18. Jahrhunderts. Hg. von Karl Otto Conrady (rk 504/05)*

GOETHEZEIT UND ROMANTIK

Johann Wolfgang von Goethe, Römische Elegien:
– J. W. von Goethe, Römische Elegien, Venetianische Epigramme, Tagebuch der italienischen Reise (rk 98/99)

Friedrich Schiller, Die Räuber, Kabale und Liebe, Don Carlos, Wallenstein, Wilhelm Tell:
– F. Schiller, Don Carlos – Infant von Spanien, Briefe über Don Carlos, Dokumente (rk 72/73) – Wallensteins Lager, Die Piccolomini, Wallensteins Tod, Dokumente (rk 84/85) – Die Räuber, Vorreden, Selbstbesprechung, Textvarianten, Dokumente (rk 177/78) – Kabale und Liebe / Ein bürgerliches Trauerspiel, Textvarianten, Dokumente (rk 211) – Wilhelm Tell / Quellen, Dokumente, Rezensionen (rk 224/25)

Wilhelm Heinrich Wackenroder, Herzensergießungen eines kunstlieben-
den Klosterbruders:
– W. H. Wackenroder, Sämtliche Schriften. Hg. von Karl Otto Conrady (rk 506/07)

Friedrich von Hardenberg (Novalis), Hymnen an die Nacht, Heinrich von
Ofterdingen, Die Christenheit oder Europa:
– Novalis, Monolog, Die Lehrlinge zu Sais, Die Christenheit oder Europa, Hymnen an die Nacht, Geistliche Lieder, Heinrich von Ofterdingen, Ludwig Tieck: Novalis' Lebensumstände (rk 130/31)

Heinrich von Kleist, Über das Marionettentheater:
– H. von Kleist, Über das Marionettentheater, Zur Poetik, Der Find-
ling, Die Marquise von O. (rk 163/64)

Clemens Brentano, Gedichte:
– C. Brentano, Gedichte (rk 229/30)

19. JAHRHUNDERT

Adalbert Stifter, Der Hochwald:
– A. Stifter, Der Hochwald, Der Waldsteig (rk 126)

Wilhelm Raabe, Stopfkuchen:
– W. Raabe, Stopfkuchen (ro 100)

20. JAHRHUNDERT

‹*Menschheitsdämmerung. Symphonie jüngster Dichtung*›, hg. v. K. Pinthus
– ‹Menschheitsdämmerung› Ein Dokument des Expressionismus. Hg v.
Kurt Pinthus (rk 55–56a)
Autoren: Johannes R. Becher, Gottfried Benn, Theodor Däubler, Albert
Ehrenstein, Iwan Goll, Walter Hasenclever, Georg Heym, Kurt Hey-
nicke, Jakob van Hoddis, Wilhelm Klemm, Else Lasker-Schüler, Rudolf
Leonhard, Alfred Lichtenstein, Ernst Wilhelm Lotz, Karl Otten, Lud-
wig Rubiner, René Schickele, Ernst Stadler, August Stramm, Georg
Trakl, Franz Werfel, Paul Zech.

Ernst Toller, Masse – Mensch:
– E. Toller, Prosa, Briefe, Dramen, Gedichte (RP 1)

Heinrich Mann, Die Jugend des Königs Henri Quatre:
– H. Mann, Die Jugend des Königs Henri Quatre (ro 689–91), Die
Vollendung des Königs Henri Quatre (ro 692–94)

Kurt Tucholsky, Proben:
– K. Tucholsky, Ausgewählte Werke I. u. II. (‹Bücher der 19› Bd. 128) (R)

Robert Musil, Der Mann ohne Eigenschaften:
– R. Musil, Der Mann ohne Eigenschaften (R)

Hermann Hesse, Siddhartha:
– H. Hesse, Siddhartha, Eine indische Dichtung (ro 951)

Joseph Roth, Radetzkymarsch:
– J. Roth, Radetzkymarsch (ro 222/23)

Anna Seghers, Das siebte Kreuz:
– A. Seghers, Das siebte Kreuz (ro 751/52)

Elisabeth Langgässer: Das unauslöschliche Siegel:
– E. Langgässer, Das unauslöschliche Siegel (ro 739/40)

Bertolt Brecht, Die Hauspostille – Die Mutter:
– B. Brecht, Die Mutter (ro 971) – Kalendergeschichten (ro 77)

WELTLITERATUR

Homer, Odyssee:
– Homer, Die Odyssee. Übersetzt in deutsche Prosa von Wolfgang Schadewaldt (rk 29/30)

Aischylos, Orestie:
– Aischylos, Tragödien und Fragmente (rk 213–15)

Platon, Symposion:
– Platon, Sämtliche Werke II: Menon, Hippias I, Euthydemos, Menexenos, Kratylos, Lysis, Symposion (rk 14/14a)

Heliodor, Äthiopische Reisen:
– Heliodor, Aithiopika – Die Abenteuer der schönen Chariklea. Ein griechischer Liebesroman (rk 120/21)

Horaz, Gedichte:
– Horaz, Episteln. Lateinisch und Deutsch (rk 144–46)

William Shakespeare, Dramen:
– W. Shakespeare, Werke. Englisch und Deutsch. Romeo und Julia (rk 4), Hamlet. Prinz von Dänemark (rk 19/19a), Macbeth (rk 36), Ein

Sommernachtstraum (rk 48), Julius Caesar (rk 57), Antonius und Cleopatra (rk 117), Der Widerspenstigen Zähmung (rk 133), Maß für Maß (rk 160), Das Wintermärchen (rk 174), Troilus und Cressida (rk 192/93), König Heinrich IV., 1. und 2. Teil (rk 198–200), Was ihr wollt (rk 212), Coriolanus (rk 222/23), Viel Lärmen um nichts (rk 228), Die Komödie der Irrungen (rk 233)

Alain René le Sage, Gil Blas:
– Le Sage, Die Geschichte des Gil Blas von Santillana (rk 127–29)

Abbé Prévost, Manon Lescaut:
– Abbé Prévost, Geschichte des Chevalier des Grieux und der Manon Lescaut (rk 86)

Edgar Allan Poe, Erzählungen:
– E. A. Poe, Der Mord in der Rue Morgue. Geschichten zwischen Tag, Traum und Tod (rk 53)

Honoré de Balzac, Romane:
Gesammelte Werke / La Comédie Humaine. 40 Bände (R)

Charles Baudelaire, Gedichte:
– Ch. Baudelaire, Die künstlichen Paradiese (rk 161)

Walt Whitman, Proben aus: Grashalme:
– W. Whitman, Grashalme (rk 231/32)

Knut Hamsun, Hunger:
– K. Hamsun, Hunger (ro 315)

* Bände, in denen unter anderem auch das betreffende Stichwort ausführlicher behandelt wird.

rowohlts monographien

GROSSE PERSÖNLICHKEITEN IN SELBSTZEUGNISSEN UND
BILDDOKUMENTEN · HERAUSGEGEBEN VON KURT KUSENBERG
JEDES TASCHENBUCH MIT 70 ABBILDUNGEN

Umschlagentwurf unter Verwendung eines Fotos
der Plastik Ernst Barlachs ‹Der Buchleser›
Gesetzt aus der Linotype-Aldus-Buchschrift
und der Palatino (D. Stempel AG)
Gesamtherstellung Clausen & Bosse, Leck/Schleswig